Schattauer

Die digitalen Zusatzmaterialien haben wir zum Download auf www.klett-cotta.de bereitgestellt. Geben Sie im Suchfeld auf unserer Homepage den folgenden Such-Code ein:
OM40186

Renato Kruljac

Achtsamkeit für Skeptiker

Warum jede Heilung eine achtsame Basis benötigt

Mit einem Beitrag von
Dipl.-Psych. Michaela Schaumann

Besonderer Hinweis:
Die in diesem Buch beschriebenen Methoden sollen psychotherapeutischen Rat und medizinische Behandlung nicht ersetzen. Die vorgestellten Informationen und Anleitungen sind sorgfältig recherchiert und nach bestem Wissen und Gewissen weitergegeben. Dennoch übernehmen Autor und Verlag keinerlei Haftung für Schäden irgendeiner Art, die direkt oder indirekt aus der Anwendung oder Verwertung der Angaben in diesem Buch entstehen. Die Informationen sind für Interessierte zur Weiterbildung gedacht.

Schattauer
www.schattauer.de

Cover: Jutta Herden, Stuttgart
unter Verwendung einer Abbildung von © AlSimonov
Gesetzt von Eberl & Koesel Studio, Kempten
Gedruckt und gebunden von CPI – Clausen & Bosse, Leck
Lektorat: Miriam Seifert-Waibel
Projektmanagement: Dr. Nadja Urbani
ISBN 978-3-608-40186-8
E-Book ISBN 978-3-608-12333-3
PDF-E-Book ISBN 978-3-608-20677-7

Bibliografische Information der Deutschen Nationalbibliothek
Die Deutsche Nationalbibliothek verzeichnet diese Publikation in der Deutschen Nationalbibliografie; detaillierte bibliografische Daten sind im Internet über http://dnb.d-nb.de abrufbar.

»In der Ewigkeit ist fürwahr etwas Wahres und Erhabenes. Aber alle diese Zeiten, Orte und Gelegenheiten sind jetzt und hier [...]. Wir sind nur dann imstande, alles Edle und Erhabene aufzufassen, wenn wir stets die uns umgebende Wirklichkeit in uns aufnehmen, uns von ihr ganz durchdringen lassen.«

Henry David Thoreau

Inhalt

1 Einleitung

Willkommen in einer Ära, in der Achtsamkeit zu einem wirtschaftlichen Aushängeschild geworden ist, getrieben von McMindfulness-Apps und vermarktet wie Fast Food; in einer Zeit, in der die Rückgriffe auf spirituelle Traditionen weniger der Befreiung des Geistes als monetären Interessen oder der Festigung verstaubter Ideologien und Dogmen zu dienen scheinen. Diese Entwicklung führt dazu, dass sich viele Menschen von diesen wertvollen Traditionen abwenden, da sie nicht mehr als Wege zur spirituellen Erkenntnis oder zur Verbesserung des individuellen und kollektiven Wohlbefindens angesehen werden.

Du liest dieses Buch vielleicht, weil du die leeren Versprechungen satthast, die dir von sogenannten Gurus gemacht wurden; weil du die Wahrheit suchst, nicht eine weitere schön verpackte, übersüßte Version davon. Ich habe dieses Buch geschrieben, weil ich nicht nur durch eigene Praxis der Achtsamkeit in die tieferen Winkel meines Bewusstseins vorgedrungen bin, sondern auch wiederholt die Bekanntschaft mit jener Naivität und Eitelkeit gemacht habe, die nicht selten mit dieser Praxis einhergehen. Bevor wir nun über die Lösung sprechen, müssen wir das Problem erkennen und anerkennen: Fehlinformationen *zu* und Missbrauch *von* Achtsamkeit sind real und weit verbreitet. Sie sind nicht nur ein Nebenprodukt des modernen Kapitalismus, sondern auch Symptom einer Kultur, die an der Oberfläche lebt – und stets auf der Suche nach schneller Heilung ist.

Die Weltgesundheitsorganisation hat Stress als eine der hauptsächlichen Gesundheitsbedrohungen des 21. Jahrhunderts identifiziert und prognostizierte, dass ab dem Jahr 2020 stressbedingte Beschwerden für jede zweite Krankschreibung verantwortlich sein werden (vgl. Max-Planck-Institut für Kognitions- und Neurowissenschaften o. J.). Die Ursachen dafür sind vielfältig: Zeit- und Arbeitsdruck, Mobbing, körperliche Schmerzen, zahlreiche begründete und unbegründete Ängste, so zum Beispiel die Angst vor Krankheit, die Angst, zu versagen, die Angst, ausgegrenzt zu werden, die Angst, nicht zu genügen. Es ist einfach, sich in dieser Flut von Stress, Angst und schmerzhafter Realität zu verlieren. Wir alle kämpfen gegen unsere eigenen Dämonen und sind auf der Suche nach einem Hafen in diesem Sturm. Manche wenden sich achtsamkeitsbasierten Stressreduktionstechniken zu, als wären sie magische Elixiere. Andere glauben, dass alte spirituelle Traditionen Antworten bieten, die in der modernen Welt verloren gegangen sind. Doch Vorsicht: Es ist leicht, auf den Achtsamkeitszug aufzuspringen und dabei die wahre Bedeutung und das Potenzial dieser Praxis zu übersehen. Es ist ein naiver Fehler, zu glauben, dass du mit ein paar Atemübungen und positiven Affirmationen deinen inneren Turbulenzen adäquat begegnen kannst. Bevor du also weiterliest, lass deine Vorurteile hinter dir und räume deinen Geist frei von überholten Dogmen und Klischees.

Viele der oben genannten Ängste haben mehr mit unseren Selbstüberzeugungen und Interpretationen als mit realen Tatsachen zu tun, und so wächst in uns stetig das Gefühl, dass unser Leben von etwas – vor allem vom Außen – abhängig sei: von unserem Job, der Gesundheit, den materiellen Dingen, die wir besitzen und anhäufen, sowie von den Personen, die uns umgeben und von denen wir uns Anerkennung wünschen. Einiges scheint verrückt. Im wahrsten Sinne des Wortes *ver*rückt – nicht mehr in der Spur, in Balance, im Fluss, im Einklang mit dem Leben. Der harte Wettbewerb in der Wirtschaftswelt, der sich schon in der Grundschule mit der Jagd nach Bestnoten entwickelt, sowie der ständige Vergleich mit anderen fördern zunehmend Stress, Unbehagen und Verhärtung. Wir nehmen unsere Bedürfnisse gar nicht mehr wahr und ignorieren die Botschaften unseres Körpers: die chronische Müdigkeit, die Gereiztheit und die Verspannungen, bis der komplette Zusammenbruch eintritt, ein Burn-out. Ausgebrannt, beherrscht von einer lebensfeindlichen Angst, tritt Härte an die Stelle von Weichheit, zeigt sich Verschlossenheit statt Offenheit und Kälte statt Wärme. Eine zunehmende Entfremdung von uns selbst, den anderen und letztlich vom wahren Leben tritt ein. Das ist kein ganz neues Phänomen, schrieb doch schon der indische Mystiker und Dichter Kabir (1414–1518) vor langer Zeit:

> »Ich lache, wenn ich höre,
> dass der Fisch dürstet im Wasser.
> Du siehst nicht, dass Zuhause die Wirklichkeit ist,
> und du wanderst von Wald zu Wald lustlos!
> Hier ist die Wahrheit!
> Gehe hin, wo immer du willst, nach Benares oder Mathura –
> wenn du die eigene Seele nicht findest,
> bleibt dir die Welt unwirklich.« (Kabir 1984, S. 55)

In meinen MBSR[1]-Kursen begegnen mir immer wieder Menschen mit großem Leid und harten Schicksalsschlägen. Sie wurden konfrontiert mit Krebs, unerwarteten Todesfällen naher Angehöriger oder sie kämpfen seit Jahrzehnten mit chronischen Krankheiten und Schmerzen. Vieles haben sie ausprobiert, zahlreiche Ärzte[2], Heilpraktiker und andere Experten konsultiert, ohne Heilung zu erfahren. Oft sage ich dann, dass wir das Problem nicht immer lösen, aber das Leid zumindest verringern können – denn je größer der Widerstand gegen den Schmerz ist, desto größer ist das Leid. Indem wir mithilfe der Achtsamkeitspraxis den Widerstand *gegen ein*, das Hadern *mit einem* Problem allmählich aufgeben, verringern wir das Leid. Der Schmerz – sei er körperlicher oder auch seelischer Art – bewirkt Druck. Kommt dazu noch Widerstand, erhöht sich der Druck und verschlimmert das Leid. Widerstand bedeutet: Nicht-haben-Wollen. Das ist das Gegenteil von Akzeptanz. Akzeptanz wiederum bedeutet nicht, alles gut zu

---

1 *Mindfulness based stress reduction* (achtsamkeitsbasierte Stressreduktion).

2 Aus Gründen der besseren Lesbarkeit wird in diesem Buch in der Regel das generische Maskulin verwendet. Sämtliche Personenbezeichnungen gelten im Folgenden, sofern sie nicht auf eine konkrete Person verweisen, gleichermaßen für alle Geschlechter.

finden oder hinzunehmen. Sie bedeutet, die Situation zuerst einmal so anzunehmen, wie sie ist – auch wenn sie nicht schön ist.

Nicht anders ist es beim Haben-Wollen, der Anhaftung. Wir halten oftmals an Dingen fest, an unserer Gesundheit, an unserer Schönheit, materiellen Besitztümern. Diese Anhaftung kann ebenso das Leid verstärken wie der Widerstand. Wir wollen das Angenehme nicht verlieren, das Unangenehme nicht zulassen.

Hier wie dort geht es um Akzeptanz; um das Annehmen dessen, was ist. In vielen Fällen bleibt uns schließlich nichts anderes übrig, als die Dinge anzunehmen, wie sie sind. Sich über schlechtes Wetter zu beklagen, wird keinen Sonnenschein bringen. Wenn wir aber Möglichkeiten haben, etwas zu verändern, dann sollten wir es auch tun. Es ist nicht sinnvoll, Dinge, auf die wir keinen Einfluss haben, verändern zu wollen; genauso wenig wie etwas auf sich beruhen zu lassen, das wir positiv verändern können. Wir haben immer eine Wahl. Wir können frei entscheiden, welche Einstellung wir zu den Dingen und Lebensumständen haben. Entsprechend schrieb der Psychologe und Wissenschaftler Viktor Frankl in seinem berühmten Buch *… trotzdem Ja zum Leben sagen*, das er ein Jahr nach seiner Befreiung aus dem Konzentrationslager 1946 verfasste, »*daß man dem Menschen […] alles nehmen kann, nur nicht die letzte menschliche Freiheit, sich zu den gegebenen Verhältnissen so oder so einzustellen*« (Frankl 1977, S. 108; Hervorh. im Original).

Der Weg der Achtsamkeit kann vieles und nichts: vieles, wenn man sich auf den Weg macht und auf das Abenteuer einlässt; nichts, wenn man beim Zweifeln bleibt und nicht ausprobiert. Es gibt aber auch ein Nichts, das in den spirituellen Traditionen als Leerheit oder Erleuchtung beschrieben wird. Die Leerheit, in der die Dualität aufgehoben ist und wo sich der Mensch in seiner Unvollkommenheit vollkommen und frei erleben kann. Man sollte nicht denken, dass wir dazu etwas erschaffen und erreichen müssen. Es geht dabei vorrangig um ein Loslassen von starren Konzepten, Identifikationen und Vorstellungen, wie man sein und was man haben sollte. Das durch die Praxis entstehende Weniger wandelt sich dann allmählich zu einem Mehr. Einem Mehr an Sein und Lebensqualität.

Dieses Buch wird keine allumfassenden Antworten bieten, aber es wird dich herausfordern, kritisch zu denken und deine eigenen Schlüsse zu ziehen. Wir werden den Mythos von der Achtsamkeit als universellem Heilmittel dekonstruieren und die dunklen Ecken dieser Praxis beleuchten, die oft übersehen werden.

Wenn du nach einer Sammlung oberflächlicher Weisheiten und *instagramable* Mantras suchst, lege dieses Buch jetzt weg. Wenn du jedoch bereit bist, dich mit den komplexen Wahrheiten hinter diesem modernen Phänomen auseinanderzusetzen, dann lies weiter.

Achtsamkeit ist keine Pille, die man schluckt, um Probleme zu lösen; sie ist ein Prozess, ein ständiges Infrage-Stellen und Entwirren des Wollknäuels deiner konditionierten Gedanken und Überzeugungen. Dies ist kein weiteres Buch, das Achtsamkeit zur Heilsbringerin erklärt. Es ist eine Auseinandersetzung mit dem, was Achtsamkeit wirklich ist und was nicht. Es ist ein Buch für Skeptiker, Suchende und auch für bereits Überzeugte, die den Mut haben, ihre eigenen Überzeugungen nochmals zu hinterfragen.

Hier beginnt unsere Reise. Lass dich ein auf ein Abenteuer des Bewusstseins, eine Expedition des Geistes und eine Erkundung des Herzens. Du hältst nicht nur ein Buch in den Händen, sondern auch einen Kompass für die Seele. Und so gehen wir voran, Schritt für Schritt, Atemzug für Atemzug, im Rhythmus des Jetzt.

2 Erste Schritte zur Achtsamkeit

2.1 Auf der Suche: Meine persönliche Reise zur Achtsamkeit

> »Im Haus meines Vaters gibt es viele Wohnungen.«
> *Johannes 14,2*

Mein erster Kontakt mit Meditation erfolgte in jungen Jahren. Als ich acht war, begann ich mit den Kampfkünsten. Gelegentlich führten wir im Training neben Körperübungen kleine Meditations- und Konzentrationspraktiken durch. Durch Bücher und persönliche Begegnungen lernte ich Kampfkunstmeister aus dem fernen Osten kennen, die außergewöhnliche Leistungen erbracht hatten. Viele Jahre blieben diese Erkenntnisse unterschwellig haften, bis ich mich mit Anfang 20 intensiver damit zu beschäftigen begann. Ich las, recherchierte im Internet, besuchte zahlreiche Meditationsgruppen. Doch verspürte ich bei Letzteren Unbehagen. Die Lehrenden und ihre unterschiedlichen Meditationsformen und Rituale waren mir entweder zu esoterisch, zu kommerziell oder zu dogmatisch.

So stieß ich beispielsweise mit einem Freund zu einer Gruppe, die als Wohngemeinschaft in einem Haus eine traditionelle Form des Zen praktizierte. Der Leiter, ein Schüler einer fernöstlichen spirituellen Meisterin, gab mir vor dem ersten Besuch am Telefon zu verstehen, dass nur die Praxis zähle und wir, wenn wir dabei sein wollten, täglich mit der Gruppe sitzen müssten. »Natürlich«, dachte ich mir, denn mir war klar, dass Wissen allein nicht ausreicht und die praktische Erfahrung entscheidend ist. Also machten wir uns nach ein paar Tagen auf den Weg dorthin. Angekommen, wurden wir in die erste Etage des Hauses begleitet, wo eine riesige Buddhastatue stand. Die Zeremonie begann, der Leiter und die wenigen Schüler fingen laut und ekstatisch an, in einer asiatischen Sprache immer wieder denselben Text zu rezitieren. Meinem Freund war das Ganze zu viel, er blickte mich mit leicht verstörtem Blick an, stand auf und verließ den Raum. Aus Respekt gegenüber den Gastgebern blieb ich, schaffte es aber auch nicht, bis zum Ende durchzuhalten. Das Einzige, das mir nachhaltig durch den Kopf ging, war die Frage, wie bloß die riesige Buddhastatue in die erste Etage gebracht worden war.

Ein anderer Versuch führte uns zu einem Lehrer der transzendentalen Meditation. Auf durchaus freundliche Weise wollte er uns davon überzeugen, dass diese Art von Meditation mehr oder weniger alle Probleme dieser Welt lösen könne. Der Einführungsabend war kostenlos und die späteren Einheiten, in denen jeder sein spezielles

Mantra zum Üben bekommen sollte, wurden als ultimatives Werkzeug für teures Geld angeboten. Ich empfand das nicht als stimmig und verabschiedete mich auch hier.

Ich besuchte weitere Schulen und begegnete dabei Lehrenden, die anstatt von ihrer eigenen Erfahrung von den Erfahrungen anderer berichteten – angelesene Weisheiten, ohne wirklich Bescheid zu wissen. Im Internet stieß ich dann auf eine Meditationsgruppe, die sich in regelmäßigen Abständen in der Nähe meines Wohnortes traf. Es war einfaches Zen. Keine großen Versprechen auf der Website, sehr schlicht und bodenständig. Dieses Einfache sprach mich an. Inzwischen aber reichlich ernüchtert, zögerte ich dennoch, zu der Gruppe zu gehen. Jener Freund, der mich meistens begleitet hatte, redete mir aber gut zu. »Diese eine Gruppe noch«, dachte ich, »danach ist Schluss.« Der vereinbarte Termin fand in einem kleinen, schwach beleuchteten Nebenraum einer Kirche statt. Drei Frauen saßen dort. Die Anweisung war schlicht: »Setz dich hin und versuche, einfach still zu sein.« Mit einem kleinen Ritual beendeten wir den Abend. Nichts Spektakuläres. Wir bekamen dann noch den Hinweis, dass es in Würzburg einen Zen-Meister namens Willigis Jäger gebe und es sich eventuell lohnen könnte, ihn zu besuchen. Die Frauen erzählten uns von Übungstagen, bei denen von morgens bis abends in Stille meditiert werde. Ganz verstand ich nicht, um was es gehen sollte. Wo war der Unterricht, der Input, um den Output – also die Erleuchtung oder zumindest etwas mehr von dem Glück, nach dem ich suchte – erreichen zu können? Eine der Frauen gab mir noch einen Buchtipp: *Die Welle ist das Meer* von Willigis Jäger (2020). Ich besorgte mir das Buch. Das, was ich dort las, war exakt, wonach ich gesucht hatte. Die Rede war von einer inneren Weisheit, die in uns allen vorhanden ist. Ich bin die Welle und das Meer. Die Welle kann nie getrennt sein vom Meer. Ich bin ein Teil und zugleich das Ganze. Bei jedem Satz spürte ich tief im Inneren ein Ja. Kein Glaube, sondern eine Ahnung von dem, was ich irgendwie schon immer *gewusst* hatte.

Daraufhin besuchte ich das Kloster, in dem Willigis Jäger seine Kurse leitete. Doch er war nicht da. Auf die Frage, wann und wie ich an einer seiner Veranstaltung teilnehmen könnte, sagte man mir, dass die Voraussetzung sei, einen Einführungskurs besucht zu haben. Ich buchte den Kurs. Die Reise war ein kleines Abenteuer, denn der Ort an der Schweizer Grenze lag abgelegen. Es kostete mich einiges an Überwindung, durch die verlassen wirkende winterliche Landschaft zu fahren, den Berg hoch hinauf zum Seminarhaus, in dem die Einführung stattfinden sollte. Auf der Fahrt und am Seminarort kam immer wieder der Gedanke auf, was ich denn hier überhaupt suchte und ob es nicht besser wäre, zurückzukehren.

Die Einführung wurde nicht von Willigis Jäger gehalten, sondern von einer Zen-Lehrerin, einer seiner Weggefährtinnen. Was mich ansprach, war weniger ihre Person als die ganze Atmosphäre und die Haltung der Lehrerin. Irgendwie nahm ich in mir eine Veränderung wahr, ein besonderes Gefühl: etwas, das mich stärkte und in mir innere Ruhe und Vertrauen bewirkte. Am Ende des Kurses fuhr ich inspiriert und motiviert nach Hause und meldete mich für das nächste Abenteuer an.

Nach einiger Zeit und fleißiger Praxis zu Hause folgte im Frühjahr 2003 die Teilnahme an einem mehrtätigen Schweigeretreat. Der Benediktinermönch Willigis Jäger war damals bereits ein recht bekannter Zen-Meister, der auf der Grundlage seines eigenen spirituellen Weges den Zugang zu tiefen Erfahrungen vermittelte. Der Ablaufplan des Zen-Seminars war klar strukturiert: Aufstehen um 5 Uhr, Meditieren auf dem Kissen, Gehmeditation, Meditieren auf dem Kissen bis zum Abend mit einigen kleinen Pausen. Schweigen, sitzen, gehen, essen, schlafen. Am dritten Tag konnte ich es kaum noch aushalten: Die vielen Gedanken in meinem Kopf, die Schmerzen im Rücken und in den Beinen, die Verspannungen im ganzen Körper machten mir das Leben zur Hölle. Auch hatten sich meine negativen Projektionen auf die Personen, die neben mir saßen, verstärkt. Ihr Atmen oder ein kurzes Schmatzen brachten mich zur Weißglut. Willigis Jäger hatte uns gewarnt: »Ist die Bühne frei, tanzt der Teufel.« Am Nachmittag ging mir immer wieder der Gedanke durch den Kopf, ob ich das Seminar vorzeitig beenden sollte. Bis jetzt hatte ich nichts als Anstrengung, Widerstand, Schmerz erfahren.

In der letzten Meditationseinheit vor dem Abendessen geschah dann etwas Unbegreifliches: Mit einem Mal kehrte eine unbeschreibliche Ruhe ein; ein bis dahin nie erlebter Frieden, ein Gefühl des vollkommenen Angenommen-Seins; als wäre ich nach langer Suche endlich nach Hause gekommen. Es war ein Gefühl der Verbundenheit mit den im Raum anwesenden Personen. Ich war ein Teil des Ganzen und das Ganze. In dem für mich jetzt heiligen Raum nahm ich mich nur noch als Energie wahr, die alle umhüllte und durchdrang. Gedanken*los*, zeit*los*, grenzen*los*. All dies geschah bei völliger Präsenz – ich war mir dessen, was im Raum geschah, bewusst. Doch mein Ich beziehungsweise ein Teil von mir war irgendwie nicht mehr vorhanden. Diese Erfahrung ließ mich erkennen, was es wirklich bedeutet, ganz und vollkommen im Hier und Jetzt zu sein.

Auf die Sitzmeditation folgte eine Gehmeditation. Auch hierbei war ich eingebettet in etwas Größeres und Teil eines nicht erklärbaren Prozesses. Am Ende des Tages ging ich in mein Zimmer, machte das Fenster auf, blickte hinaus. Eine grenzenlose Liebe durchströmte mich. Ich hatte das Gefühl, dass jede und jeder meine Schwester und mein Bruder sind. Begriffe, die man aus Ordensgemeinschaften kennt, erschienen mir hier auf einmal sinnvoll. In diesem besonderen Zustand gab es kein Gut und Böse, kein Richtig und Falsch. Diese ekstatische Erfahrung hielt die ganze Nacht an.

Ab diesem Zeitpunkt lief der Kurs so, als sei ich schon seit Jahren dabei. Widerstände und negative Gedanken schwanden, alles war leicht und fließend. Keine körperlichen Verspannungen mehr, der Kopf war frei von dem, was mich sonst belastete. Tagelang war ich wie verwandelt und konnte das, was ich erlebt hatte, kaum in Worte fassen. Mir war, als sei ich in etwas so viel Größerem angekommen, als sei ich aus der Enge meines Schneckenhauses herausgekommen.

Im Traum symbolisiert ein Haus uns selbst. Manchmal träumen wir von einem Haus, das brüchig, alt ist, oder von unbekannten Räumen, die uns Angst machen. Es gab Zeiten, in denen ich von Kellerräumen träumte, in großer Furcht, diese zu begehen. Ich fürchtete mich vor den sogenannten Leichen im Keller, also meinen Schattenseiten, die ich verdrängte. Es gab aber auch Zeiten, in denen ich Räume, von denen ich nichts geahnt hatte, entdeckte. Im Zuge dieser für mich neuen Erfahrung erlebte ich mich – die eingangs zitierten Worte Jesu als Metapher nehmend – in dem unbeschreiblich großen Haus des Vaters angekommen. Und zugleich erfuhr ich mich in einer bis dato nicht gekannten Freiheit.

Euphorisch sprach ich über meine Erfahrung, diesen grenzenlosen Raum, den wir alle sehen und erfahren sollten. Ich fühlte mich fast verpflichtet, den anderen zu sagen: »Kommt hierher, hier ist viel mehr vorhanden, hier ist die Freiheit.« Die Menschen, denen ich davon erzählte, einschließlich meiner Frau, konnten mich nicht verstehen und schauten mich verständnislos an.

Es hat Zeit gebraucht, um diese Erfahrung in den Alltag zu integrieren. Ich bin überzeugt, dass ich ohne diese Erfahrung nicht da wäre, wo ich nun bin, nicht der wäre, der ich geworden bin – und dass ich dieses Buch nicht geschrieben hätte. Dass ich als Achtsamkeits- und Meditationslehrer heute tätig bin, hatte ich mir nicht zum Ziel gesetzt. Es waren die verschiedenen und für mich tiefgreifenden Erfahrungen, die ich auf dem Weg machen durfte und die dazu geführt haben, dass ich nun Menschen in der Kunst der Achtsamkeit und Meditation unterrichte. Mit den Jahren änderte sich vieles: die Sichtweise auf die Welt, mein Freundeskreis und die privaten und beruflichen Interessen. Manches blieb, war aber irgendwie anders als zuvor.

Einige Jahre später machte ich wiederum in einem Retreat eine interessante Erfahrung. Meine Gedanken und Gefühle fuhren wie so oft Karussell. Immer wieder hörte ich die Worte meines Lehrers Willigis Jäger: »Geh in deine Übung.« – »Hat er denn nichts anderes zu bieten?«, dachte ich mir. Nein. Geh in deine Übung – sonst nichts. So richtete ich also meine Aufmerksamkeit auf den Atem. Das Kommen, das Gehen, die Pause dazwischen. Plötzlich überkam mich eine tiefe Stille. Meine Gedanken, Gefühle und Körperempfindungen nahm ich wie entfernte Objekte wahr. Meine Biografie, mein ganzes Leben mit all seinen freudvollen und leidvollen Erfahrungen, zog vor meinem geistigen Auge wie ein feiner Windhauch an mir vorbei. Ich war in einem Zustand tieferer Erkenntnis. Auf der einen Seite nichts Besonderes, da mir die meisten Erfahrungen doch bekannt waren; aber irgendwie war es doch ganz anders, wie ein Film, der mir im Zeitraffer noch einmal mein Leben in seiner Ganzheit zeigte: Bekanntes und Vergessenes, Schönes und Hässliches, einfach alles. Ich konnte alles wahrnehmen, war aber mit all dem nicht identifiziert. Wie ein Beobachter blickte ich auf all das – wie ein *neutraler* Beobachter. Ich war mir plötzlich der tieferen Zusammenhänge bewusst. Ich verstand, wer ich im tiefsten Inneren bin und nicht geglaubt hatte zu sein. Das Wichtigste aber war, dass ich mich dabei in meiner Unvollkommenheit bedingungslos annehmen konnte. Kein Hadern, kein Wünschen, kein Machen und kein Erreichen-Müssen. In diesem Zustand des Zulassens all dieser Erfahrungen konnte ich einfach sein. Diese Erkenntnis löste nicht alle Probleme und so manches kam mit der Zeit wieder, aber es war eine sehr wertvolle Erfahrung, die mich auf meinem Weg der Selbsterkenntnis – meinem Weg der Achtsamkeit – weitergebracht hat.

2.2 Einatmen, ausatmen

»Es gibt nur zwei Fehler, die man auf dem Weg zur Wahrheit machen kann: Nicht den ganzen Weg gehen und nicht beginnen.«
Buddha

Vor Kurzem stieß ich in einer Buchhandlung auf das Buch des israelischen Historikers Yuval Noah Harari. In seinem Bestseller *21 Lektionen für das 21. Jahrhundert* erzählt er davon, dass er zwar viel Wissen und Erfahrungen in seinem Leben gesammelt habe – er promovierte 2002 an der Oxford University und lehrt aktuell an der Hebrew University in Jerusalem –, die Stille und das beurteilungsfreie Wahrnehmen in der Meditation sein ganzes Wissen jedoch relativiert hätten.

Zu Anfang seiner Achtsamkeitspraxis beim indischen Meditationslehrer S. N. Goenka lehrte dieser ihn eine Übungsanleitung, die Harari als das Wichtigste bezeichnet, was jemals irgendjemand zu ihm gesagt habe: »Wenn der Atem einströmt, bist du dir einfach nur bewusst – jetzt strömt der Atem herein. Wenn der Atem hinausfließt, bist du dir einfach nur bewusst – jetzt fließt der Atem hinaus. [...] Und wenn du die Konzentration verlierst und dein Geist damit beginnt, zu Erinnerungen und Fantasien abzuschweifen, bist du dir einfach bewusst – jetzt schweift mein Geist vom Atem ab.« (Harari 2020, S. 473–477) Das Erste, was er lernte, als er seinen Atem bewusst wahrnahm, war, dass er trotz all der Bücher, die er gelesen, und all der Seminare, die er besucht hatte, so gut wie nichts über seinen Geist wusste – und nur ganz wenig Kontrolle über ihn besaß.

Es bedarf schon einer gewissen Intelligenz, um das zu erkennen. Viele würden sagen, dass das Beobachten des Atems doch nichts Besonderes ist. Oh doch, den Atem nur zu beobachten und sich von den eigenen Widerständen und Anhaftungen zu lösen, ist alles andere als leicht. Die, die es versucht haben, wissen um die Herausforderung. Eine große Veränderung kann also mit einer vermeintlich kleinen Sache wie dem Wahrnehmen, dem Beobachten unseres Atems beginnen.

Möchten wir etwas im Leben verändern, braucht es Mut, neue Wege zu gehen. Mut, nach innen zu schauen, um sich selbst ehrlich zu begegnen. Mut, die ganze Verletzlichkeit, die unangenehmen Gefühle und Schattenseiten, denen wir gern aus dem Weg gehen, bewusst wahrzunehmen. Es geht um ein beurteilungsfreies und annehmendes Nach-innen-Schauen, um die Dinge so zu sehen, wie sie sind. Es geht darum, den Atem zu spüren, wie er kommt und geht. Unsere auftauchenden Gefühle zu spüren. Die Angst, die unseren Körper eng macht und den Atem stocken lässt. Die Wut, die sich ausbreitet und die Muskeln zum Kampf bereit macht. Es geht um ein Erkennen der eigenen Wünsche, Vorlieben und Anhaftungen, der Widerstände gegen all die Dinge, die wir nicht haben wollen. Wenn wir all dem offen und neugierig begegnen, haben wir die Chance, mehr über uns und das Leben zu erfahren.

Mit der folgenden Atemmeditation üben wir, im gegenwärtigen Moment zu sein oder zu merken, wenn wir es nicht sind. Richte während der gesamten Übung auf eine sanfte und entspannte Art deine Aufmerksamkeit auf das, was sich in dir vollzieht.

ÜBUNG »Der Anker«

Um mit der Praxis der Atemmeditation zu beginnen, ist es hilfreich, eine Zeit zu wählen, in der du von äußeren Störungen nicht abgelenkt bist. Schalte dein Telefon aus und richte den Raum so ein, dass du dich gut in ihm fühlst.

- Nimm auf einem Meditationskissen, einer Meditationsbank oder auf einem Stuhl eine bequeme, aber wache Haltung ein. Egal, welche Sitzposition du wählst, versuch aufrecht, mit geradem Rücken zu sitzen. Die Augen sind geschlossen oder leicht geöffnet und richten sich auf den Boden. Die Hände liegen offen, mit den Handflächen nach unten auf den Oberschenkeln. Falls du beim Sitzen Schmerzen hast, such nach einer für dich angenehmeren Haltung.
- Spür nun den Kontakt deiner Füße und Beine mit dem Boden/Stuhl. Spür dein Gesäß und die Unterlage, auf der du sitzt, sowie deinen aufgerichteten Oberkörper, deine Wirbelsäule, die aus dem Becken emporsteigt. Spür deinen Rücken, die Schultern, den Nacken und den Kopf. Nimm den Kontakt der Hände mit den Oberschenkeln wahr. Spür den ganzen Körper, so, wie es für dich im Moment möglich ist.
- Lenk jetzt deine Aufmerksamkeit auf die Tatsache, dass du atmest. Nimm dich als atmenden und lebendigen Menschen wahr. In der Übung wird der Atem, unabhängig davon, ob er schnell oder langsam, flach oder tief ist, einfach beobachtet. Er wird so angenommen, wie er ist.

  Der anfangs manchmal eher kurze Atem wird mit der Zeit immer länger und tiefer. Bei der Übung kann sich die Aufmerksamkeit auf die ein- und ausströmende Luft richten, deren Temperatur, auf die Nase und den Rachen sowie die Bewegung der Brust und des Bauches. Es ist hilfreich, die Aufmerksamkeit auf jene Körperstelle zu lenken, wo du den Atem am besten wahrnehmen kannst. Verweile mit der Achtsamkeit auf dieser Körperstelle und atme weiter. Versuch auch, in der Pause zwischen Ein- und Ausatmung achtsam zu bleiben.

  Deine Aufmerksamkeit kann von Zeit zu Zeit zu einem Gedanken, einer Körperempfindung oder etwas anderem abschweifen. Nimm das einfach wahr und kehr dann sanft mit deiner Aufmerksamkeit zur Atmung zurück. Sei mit dem Atem. Erlebe den Atem im Atmen.

Die Atemübung kann auch informell im Alltag praktiziert werden, zum Beispiel im Büro, im Zug oder beim Warten an der Ampel. Dazu müssen wir nur unsere Aufmerksamkeit auf den Atem lenken.

2.3 Im Hier und Jetzt

»Jetzt. Das ist es. Das ganze Ziel und der ganze Sinn allen Seins.«
Weisheit aus dem fernen Osten

Meist leben wir in einer Erwartungshaltung auf etwas hin, das wir ersehnen, erträumen, das uns glücklich machen soll, in der Zukunft liegt und mit der Klausel »wenn ... dann« eingeleitet wird: *Wenn* endlich die Kinder aus dem Haus sind; ... ich in Rente bin; ... der Kredit für das Haus abbezahlt ist; ... ich im Lotto gewinne; ... ich irgendwann mehr Zeit habe, *dann* ...

Ist der Zeitpunkt des Dann endlich gekommen, sieht die Welt jedoch inzwischen ganz anders aus. Das Leben macht keine Pause, und die Natur lebt nach ihren eigenen Gesetzen. Was auch geschieht und ob wir uns darüber freuen oder ärgern, ob wir angesichts dessen weinen oder lachen: Es ist, wie es ist. Jetzt, genau so. Den Augenblick anzunehmen, wie er ist, und nicht wie wir ihn haben wollen, ist die Kunst der Achtsamkeit. Dies zu verstehen und wirklich zu leben, stellt die große Herausforderung auf unserem Weg dar.

Am Anfang meiner Zen- und Kontemplationsschulung hörte ich meinen Lehrer immer wieder von der Wichtigkeit des Augenblicks sprechen. Die Koanschulung, die ich bei ihm machte, war dabei hilfreich. Koans sind paradoxe Fragen und Geschichten aus der Zen-Tradition, die zum Ziel haben, die Übenden weg vom Denken und in eine vertiefte Erfahrung zu bringen, in eine wache radikale Akzeptanz des gegenwärtigen Augenblicks. Hier ein Beispiel: »Goso sagte: ›Begegnet ihr unterwegs einem Mann, der auf dem *Weg* Vollendung erlangt hat, grüßt ihn weder mit Worten noch mit Schweigen. Sagt mir: Wie wollt ihr ihn grüßen?‹« (Yamada 2011, S. 230). Auf der Ebene des Verstands ist diese Frage nicht sonderlich sinnvoll und alle logischen Herangehensweisen werden scheitern. Irgendwann, wenn man genügend über dieses Koan meditiert hat, wird der Verstand kapitulieren und man wird eins mit dem Faktum dieser Frage – und so den tieferen Sinn erfahren. Gäbe ich hier nun die Antwort, würde dir das gar nichts nützen. Es wäre einfach eine »tote« Information, die bei dir keinen tieferen Lösungsprozess anstößt. Die Frage ist hier der Funke, der das Feuer entfachen soll, um die Augen für die wahre Wirklichkeit zu öffnen.

Im Zustand der Gegenwärtigkeit verlieren unnötige Gedanken ihre Macht. »Leiden braucht Zeit, es kann im Jetzt nicht überleben«, sagt Eckhart Tolle und weist in diesem Zusammenhang auf Texte aus dem Evangelium hin, auf Aussagen, die im Christentum bekannt sind und die Wichtigkeit des Augenblicks betonen: »Sorge dich nicht um das Morgen, das Morgen wird sich um sich selbst sorgen.« – »Niemand, der den Pflug führt und zurückschaut, ist reif für das Königreich Gottes.« (Tolle 2018, S. 70)

»Was fehlt im jetzigen Augenblick?«, fragte einmal der große Zen-Meister Rinzai (ebd., S. 71). Unabhängig von den äußeren und inneren Turbulenzen, die jeder mehr oder weniger erlebt, ist in der tieferen Erfahrung der Gegenwart der Augenblick rein und frei.

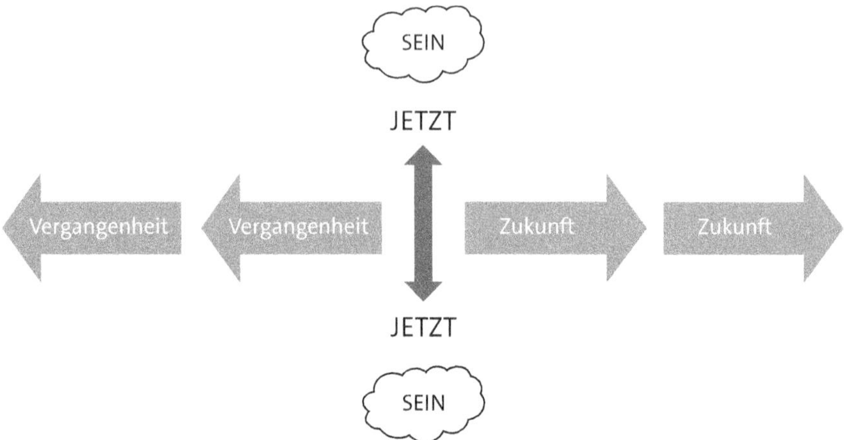

Abb. 2.1: Die Freiheit des Hier und Jetzt: In der bewusst erlebten Gegenwart erfahren wir die Freiheit von Vergangenheit und Zukunft. Quelle: Renato Kruljac.

In der bewussten Erfahrung der Gegenwärtigkeit – im achtsamen Zustand des Seins – sind wir frei von belastenden Gedanken, die sich mit der Vergangenheit und der Zukunft beschäftigen. Den gegenwärtigen Zustand anzunehmen, heißt nicht, ihn gut zu finden, sondern ihn zunächst einmal wahrzunehmen, wie er in diesem Moment ist. Manche mögen denken, die Situation würde anders ausgehen, wenn sie in einer für sie unangenehmen Situation in den inneren Widerstand gehen oder bestimmte Gedanken ausblenden. Das ist aber nicht der Fall. Im Gegenteil: Wenn wir lernen, uns auch dem Unangenehmen zuzuwenden und es anzunehmen, wird die Macht des Unliebsamen entkräftet.

ÜBUNG »Der Schlüssel zur Gegenwart«

Richte deine Aufmerksamkeit häufiger am Tag auf den Atem. Schon fünf Minuten können hilfreich sein, um aus dem gedanklichen Hamsterrad auszusteigen. Nimm deinen Körper wahr, wie er sich in diesem Moment anfühlt; nimm den Atem wahr, sein Kommen und Gehen. Die Wahrnehmung des Körpers hilft uns, in die Gegenwart zu kommen. Hier ist, wo dein Körper ist. Du hast ihn immer bei dir, er kann nicht woanders sein. Das kann nur der Geist. Und das Jetzt ist der Moment, in dem du den Atem spürst.

Nutz diese Momente der bewussten Atmung, um deinen Körper und deinen Geist zu erden. Mit jedem Atemzug, mit jeder bewussten Wahrnehmung, trittst du tiefer in den gegenwärtigen Moment ein – den einzigen Ort, an dem das Leben wirklich stattfindet.

2.4 Jenseits der Gedanken muss die Freiheit wohl grenzenlos sein

»Die große Freiheit besteht darin, zu wissen,
dass wir im Geiste und im Herzen frei sind [...].«
Jack Kornfield

Von anderen kritisiert, ignoriert oder nicht freundlich behandelt zu werden – was macht das mit uns? Ist es möglich, sich von den Meinungen anderer nicht beeinflussen zu lassen? Worte haben eine große Macht. Sie können uns zu großen Leistungen bewegen, uns berühren, uns geschätzt und glücklich fühlen lassen. Worte können ebenso kränken und vernichten – vor allem, wenn sie von aus unserer Sicht wichtigen Personen kommen. Gerade negative Äußerungen können sehr heftig und nachhaltig in Erinnerung bleiben und uns das Leben erschweren. Oft sind es aber nicht nur die Worte der anderen, die das Gefühl von Scham, Schuld, Wut oder Minderwertigkeit in uns hervorrufen, sondern es ist unser Urteil über uns selbst. Das geschieht dann, wenn die Worte unserem verinnerlichten Glaubenssatz entsprechen. Wenn sie ins Schwarze treffen, den wunden Punkt berühren. Dann erwecken sie unangenehme Bilder in uns zum Leben und lassen uns leiden. In solchen Momenten erzeugt die Kritik in unseren eigenen Unsicherheiten und Zweifeln eine Resonanz. Sie ist ein Echo unserer innersten Gedanken und Gefühle – und nährt sie zugleich.

Wenn wir Worte als Worte und nicht als Tatsachen begreifen könnten, hätten sie nicht diese zerstörerische Kraft. Wer möchte das nicht – in sich ruhen, in schwierigen Situationen einen kühlen Kopf bewahren und über den Dingen stehen; von den Gedanken der Schuld und Bosheit, den Gefühlen Scham, Angst und Wut freundlich Abstand nehmen? Es ist nicht einfach, sich davon zu befreien. Oder anders gesagt: Es ist nicht einfach, Mensch zu sein.

»Über den Wolken muss die Freiheit wohl grenzenlos sein. Alle Ängste, alle Sorgen, sagt man, blieben darunter verborgen und dann würde, was uns groß und wichtig erscheint, plötzlich nichtig und klein«, textete einst der deutsche Liedermacher Reinhard May. Ja, über den Wolken ist der Himmel frei. Die buddhistische Nonne Pema Chödrön geht einen Schritt weiter und führt uns näher an eine Art Freiheit heran, die immer schon da ist. Wir müssen nur die Perspektive wechseln. Folgender Satz von ihr, den ich im Zuge einer angeleiteten Meditation hörte, fasst das wunderbar zusammen: »Du bist der Himmel. Alles andere ist nur das Wetter.«

Dass wir nicht unsere Gedanken sind, war mir am Anfang meiner Praxis vom Verstand her klar. Aber es hat lange Zeit gebraucht, dies auf einer tieferen Ebene zu begreifen. Die wirkliche Erfahrung, dass ich nicht meine Gedanken bin, dass ich mich nicht von ihnen beeinflussen und zu ungewollten Handlungen verleiten lassen *muss*, war befreiend. Das war Begreifen auf der Metaebene, kein Wahrnehmen aus der Verstandesperspektive, sondern ein anderer Bewusstseinszustand: ein *Er*leben aus einer völlig anderen Perspektive.

Wenn Menschen behaupten, dass sie sich nicht frei fühlen, und ich sie dann frage, welche Gedanken sie in diesem Zustand denn hätten, so sagen sie meist, dass sie eigentlich keine belastenden Gedanken wahrnehmen können. Wie uns die Forschung zeigt, liegt das daran, dass die meisten Gedanken, die wir im Laufe des Tages haben, unbewusst sind. Alltägliche Entscheidungen werden zu 90 Prozent ohne längeres vorheriges Nachdenken getroffen. In solchen Situationen kommen automatisierte »Entscheidungs- und Steuerungsprozesse« zum Tragen (vgl. Roth 2008). Jedoch kann ich mich nicht sorgen, ohne sorgenvolle Gedanken zu haben. Wenn ich sie nicht wahrnehmen kann, dann sind es unbewusste Gedanken. Man könnte vereinfacht sagen: Denke ich positiv, fühle ich mich positiv. Denke ich negativ, fühle ich mich negativ.

»Wir sind, was wir denken«, sagte Buddha. »Alles, was wir sind, entsteht aus unseren Gedanken. Mit unseren Gedanken erschaffen wir die Welt.« (Dhammapada o. J.) Deshalb ist es so wichtig, sich bewusst zu machen, auf was wir unsere Aufmerksamkeit im Alltag richten. In der hektischen und unvorhersehbaren Welt von heute ist es ein Muss, sich ab und an eine Pause zu gönnen und darüber klarzuwerden, worauf wir unsere geistige Energie lenken. Jeder Moment, jeder Atemzug, jede Regung unseres Geistes oszilliert zwischen Positivem und Negativem. Jede Emotion und jeder Gedanke sind ein Spiegelbild dessen, worauf wir unseren Fokus richten und wie wir die Welt, die uns umgibt, deuten. Das heißt nicht, dass man die unangenehmen Dinge des Lebens ignorieren sollte, denn das wäre eine Verdrängung der Realität, eine Flucht. Es geht darum, das Licht und den Schatten, die in uns existieren, zu erkennen und zu umarmen. Unsere Gedanken und Emotionen formen unseren Weg, unsere Realität und unser Selbst.

Hier kommt die Achtsamkeit ins Spiel. Sie ist eine Brücke zur Selbstakzeptanz, im Zuge derer verdrängte Gedanken und Emotionen ihre Dominanz verlieren. Es geht um die Entwaffnung des inneren Feindes und die Begrüßung eines Freundes, um die Befreiung von automatisierten Reaktionen und das Erwachen als eine authentische, bewusste Existenz. Achtsamkeit ist unser persönlicher Reset-Knopf, ein kraftvolles Werkzeug zur De-Automatisierung unseres Geistes.

Stell dir einen Computer vor, der unter der Last unaufhörlicher Prozesse und Anforderungen ins Stocken gerät. In solchen Momenten wird die Reset-Taste zu unserer Retterin, sie ist ein simples, aber wirkungsvolles Mittel, um den Betrieb wieder ins Fließen zu bringen. Genauso verhält es sich mit der Achtsamkeit. Sie befreit unseren Geist von der Fessel automatisierter Gedanken und Reaktionen, spült die mentalen Blockaden fort, stellt die Klarheit und Leichtigkeit wieder her. In diesem Zustand der geistigen Erneuerung lassen wir uns von den trügerischen Spiegelungen unserer eigenen Vorurteile und Ängste nicht mehr täuschen und erblicken die Welt in ihrer unverstellten Wahrheit.

Heute weiß man um die Neuroplastizität unseres Gehirns. Es ist formbar und kann bis ins späte Alter trainiert und verändert werden (vgl. Jäncke 2017). Durch Methoden wie das Achtsamkeitstraining können wir unsere automatisierten Verhaltensweisen und unsere verinnerlichten Glaubenssätze in Echtzeit wahrnehmen und geeignetere Alternativen für sie finden. Es bedarf bewusster Impulse und neuer Erfahrungen, um neue Verschaltungen im Gehirn entstehen zu lassen. Und man muss sich bewusst machen, dass wir jederzeit Schöpfer unserer Realität sind.

Das Problem ist, dass die meisten Menschen nicht merken, dass sie mit ihren Gedanken identifiziert sind. Und was wir nicht merken, was uns nicht bewusst ist, können wir auch nicht verändern. Die meisten Gedanken laufen zudem, wie erwähnt, auch unbewusst ab. Und es sind leider sehr viel mehr negative als positive. Eine Methode, diesen Gedanken auf die Schliche zu kommen, ist, den umgekehrten Weg zu gehen und zunächst auf die Körperempfindungen zu achten. Verspannungen im Rücken, eine gefühlte Faust im Magen, ein zugeschnürter Hals oder Gefühle wie Wut und Angst sind letztendlich Ausdruck unserer Gedanken, vor allem der unbewussten, die sich in Gefühlen oder Körperempfindungen manifestieren. Alles fängt mit einem Gedanken an. Der Geist geht dem Gefühl voraus, ist aber so blitzschnell, dass wir unsere Gedanken erst durch das nachfolgende Gefühl beziehungsweise die Körperempfindungen dechiffrieren können.

Mithilfe der folgenden Achtsamkeitsübung können wir uns dieser im Hintergrund ablaufenden Gedanken bewusst werden.

ÜBUNG »Die innere Welt entdecken«

Gönn dir eine Pause in deinem vollen Terminkalender und begib dich auf eine Entdeckungsreise in die Welt deiner inneren Empfindungen. Erlaube dir, inmitten der täglichen Hektik, zum Beispiel beim Autofahren, innezuhalten und in dich hineinzuhören.

- Stell dir vor, du sitzt am Steuer, die Straße vor dir ist belebt und hektisch. Wie reagiert dein Körper darauf? Lehnst du dich instinktiv vor? Umklammern deine Hände das Lenkrad ein wenig zu fest? Nimm jede Regung, jede Spannung wahr.
- Jetzt versetz dich in die dichte, pulsierende Energie einer vollen U-Bahn. Fühlst du die Enge? Die Wärme der Menschen um dich herum? Oder betrachte ein spielendes Kind – spürst du die Unbeschwertheit, die Freude in deinem eigenen Körper widerhallen?
- Bei jedem Szenario, das du durchlebst, lenk deine Aufmerksamkeit auf die Empfindungen, die in dir aufsteigen. Wo ist das Gefühl lokalisiert? Ist es ein Flimmern in deinem Bauch, eine Wärme, die sich in deiner Brust ausbreitet, oder ein Kribbeln, das durch deine Hände strömt?
- Tauch nun tiefer ein: Lass deinen inneren Blick in die Region deines Herzens wandern. Was spürst du dort? Ist es ein Raum der Offenheit, der Wärme, der Weichheit – oder verspürst du Verschlossenheit, Kälte, Härte?
- Stell dir vor, dass jedes Gefühl eine Farbe, eine Form hat – visualisier sie. Wie viel Raum nehmen diese Gefühle ein? Wie beeinflussen sie deine Gedanken, dein Handeln, dein Sein?

Diese Übung ist nicht nur eine Momentaufnahme, sondern ein Schlüssel, um tiefer in deine eigene innere Welt einzutauchen. Sie schärft nicht nur deine Selbstwahrnehmung, sondern bereichert auch deine Beziehung zur äußeren Welt. Mit jedem Mal, wo du diese Übung machst, werden die Farben deiner inneren Welt lebendiger, die Empfindungen klarer – gehst du einen weiteren Schritt in Richtung eines bewussteren, achtsameren Selbst.

Wenn du auf die in der Übung beschriebene Weise in Kontakt mit deinen Körperempfindungen und Gefühlen trittst, können in diesem offenen Raum Bilder aus der Vergangenheit oder innere Muster, also Gedanken beziehungsweise Glaubenssätze, auftauchen. Diese wiederum kannst du dann freundlich und in einer annehmenden Haltung anschauen. Indem du sie wahrnimmst und ihnen erlaubst, zu sein, verlieren sie allmählich ihre Macht. Sie haben nicht mehr diesen störenden Einfluss auf dich, da sie erkannt wurden und du sie hinterfragen kannst. Im Zuge dieser Erfahrung des Erkennens und Zulassens kannst du für dich Handlungsalternativen finden, die geeigneter sind als die Muster und Überzeugungen, die du in der Vergangenheit unreflektiert erzeugt oder von anderen übernommen hast.

Unsere ganze Identität besteht letztendlich aus Bildern und Überzeugungen, die wir *von* und *zu* uns und der Welt haben. Diese Konzepte und Glaubenssätze sind entstanden durch die Erziehung, das kulturelle und religiöse Umfeld sowie den Kreis der Menschen, die uns umgeben und beeinflusst haben. Manches wurde uns auf eine direkte Art gesagt, zum Beispiel: »Du kannst das nicht«, »Du bist nicht gut genug«, »Du musst es den anderen recht machen«, »Du musst stark sein«, »Du darfst keine Schwäche zeigen«. Möglicherweise hatten wir Glück und hörten eher positive Sätze.

Manches ist über unsere Vorstellungskraft – vor allem in der Kindheit, wenn die Fantasie sehr lebhaft und undifferenziert ist – zu einer inneren Überzeugung avanciert. Da ist zum Beispiel der Erwachsene, der als Kind öfter bestraft wurde und so den Glaubenssatz »Ich bin nicht liebenswert« entwickelt und verinnerlicht hat. Die Symptome verinnerlichter Gedanken über sich selbst und andere zeigen sich dann oft im Alltag in Form destruktiver Gefühle wie Wut, Neid und Eifersucht sowie schädlicher Verhaltensweisen, die nach außen oder innen gerichtet sind. Die Erkenntnis, dass diese Gedanken auf eine bestimmte Erfahrung zurückgehen, ist der erste und wichtigste Schritt, um sich von ihnen lösen zu können.

Wenn wir in die mystischen Ebenen alter Weisheitslehren und die schillernden Labore der modernen Kognitionsforschung eintauchen, wird die gleiche unumstößliche Wahrheit auf uns warten: Das konstante Ich, das wir so selbstverständlich für gegeben halten, ist nichts weiter als eine Illusion. Vielmehr ist das Ich ein sich ständig wandelndes Mosaik aus Erfahrungen, Emotionen und Gedanken. Wie ein unbeschriebenes Pergament, das sich im Laufe eines Lebens mit der Tinte der Existenz füllt, entwickeln wir eine Identität, die sowohl ungreifbar als auch ständig im Fluss ist. Unsere Vorstellungen über uns selbst sind keine harmlosen Gedankenspiele. Sie sind vielmehr wie Zauberformeln, die tief in das Gewebe unserer Wirklichkeit einwirken und uns auf einer Reise begleiten, bei der wir oft nur glauben, das Steuer fest in der Hand zu halten. In Wahrheit tanzen wir meistens nur nach der Melodie eines unsichtbaren Puppenspielers: unseres eigenen Verstandes. Ja, das gedankliche Räderwerk in unserem Kopf lässt selten eine Gelegenheit aus, die Bühne für sich allein zu beanspruchen und uns in die Rollen der Statisten zu verweisen.

Im meditativen Stillstand wird unmissverständlich klar: Während wir denken, lediglich den Atemfluss als stilles Zentrum unseres Bewusstseins beobachten, schleichen sich Gedanken ein – wie ungeladene Gäste auf einer exklusiven Party. Sie ziehen uns weg von der Ruhe, von der Achtsamkeit. Und genau in diesem Moment der Ablenkung erkennen wir: Der Diener – unser Verstand – hat den Thron bestiegen und regiert als Herrscher unser inneres Königreich. Diese Erkenntnis, so erschütternd sie auch sein mag, ist ein goldenes Tor zu einer tieferen Weisheit. Sie ist der erste, notwendige Schritt auf dem Weg zur echten Selbsterkenntnis und vielleicht, nur vielleicht, zur Meisterschaft über den ungezähmten Fluss unserer Gedanken.

Eine Kursteilnehmerin berichtete mir, dass ihre Gedanken sie sowohl in der Meditation als auch im Alltag immer wieder belasten. Bei den angeleiteten Meditationen könne sie zwar ihre Gedanken beobachten, sich aber nicht von ihnen befreien. Ihr Kopf sei einfach voll mit Gedanken über die Vergangenheit und die Zukunft, über Dinge, die sie zu erledigen habe: den Einkauf, die Steuererklärung, die Aufgaben im Job und zu Hause etc. Ihr Verstand vergiftete zunehmend ihren Geist, sie war chronisch angespannt.

Einer der Übungen in der Achtsamkeitsmeditation[3] ist, auftauchende Impulse und Gedanken einfach nur zu beobachten. Nichts hinzuzufügen und nichts wegzunehmen. Die Gedanken werden nur als Gedanken wahrgenommen, sonst nichts. Die Gefühle, die in den meisten Fällen eine Folgeerscheinung der Gedanken sind und quasi als Signalgeber dienen, sollten ebenfalls beurteilungsfrei wahrgenommen werden. Gefühle sind nie falsch, sie zeigen in der Regel nur das, was die Gedanken zuvor produzieren. Und das gilt auch für die Körperempfindungen. Sie zu ignorieren oder zu verdrängen, wäre so, als würde man bei einem Auto die Kontrollleuchten entfernen. Letztendlich sind sie Botschaften des Körpers, die Hinweise auf die Ursachen geben.

Wir sind es nicht gewohnt, nur wahrzunehmen, ohne dem Impuls, etwas verändern zu wollen, nachzugeben. Wir gehen dem Unangenehmen auch gern aus dem Weg. Wir wollen es weghaben oder nicht sehen. Das Wahrnehmen dessen, was ist – in einer akzeptierenden und urteilsfreien Haltung –, ist nicht einfach, aber notwendig. So geht es weniger darum, *von* etwas frei zu sein als *mit* etwas frei zu sein. Hier liegt der feine, aber wichtige Unterschied. Loslassen bedeutet in diesem Kontext Da-sein-Lassen. Es ist ein Zulassen der Widerstände und Anhaftungen *gegen* beziehungsweise *an* etwas.

In meinen Kursen berichten mir Teilnehmende immer wieder, dass sie es als entlastend empfinden, wenn es ihnen gelingt, in einer Stresssituation ihre Reaktionen lediglich zu beobachten und zuzulassen. Sie müssen dann nicht eingreifen, nichts verändern, und zwar ohne dabei ein schlechtes Gefühl zu haben. Das ist eine wichtige Erfahrung, denn der Drang, etwas zu verändern, oder der gut gemeinte Ratschlag von außen implizieren, dass man so, wie man ist, nicht gut sei.

Der Prozess kann erweitert werden, indem wir uns forschend auf die für uns unangenehme Situation und das damit verbundene Erleben einlassen. Dabei versuchen wir,

---

3 Zur Begrifflichkeit sei an dieser Stelle erwähnt, dass Achtsamkeit, vereinfacht gesagt, einen Zustand der Geistesgegenwärtigkeit meint, also das bewusste Sein im Hier und Jetzt; Meditation wiederum ist ein Oberbegriff für verschiedene Methoden und Techniken, um diverse Qualitäten wie Konzentration und Präsenz, offenes Gewahrsein, inneres Erforschen oder Mitgefühl zu entwickeln.

alles, was geschieht, offen und urteilsfrei in einer neugierigen Haltung zu ergründen. Erst dann ist es möglich, dass Veränderung eintritt. Der Mitbegründer der Gestalttherapie, Fritz Perls, meint dazu: »Solange man ein Symptom bekämpft, wird es schlimmer. Wenn man Verantwortung übernimmt für das, was man sich selber antut, dafür, wie man seine Symptome hervorbringt [...], wie man sein ganzes Dasein hervorbringt – in dem Augenblick, in dem man mit sich selbst in Berührung kommt –, beginnt das Wachstum, beginnt die Integration.« (Perls 1974, S. 187) Oder, wie es der Psychologe und Gestalttherapeut Werner Bock in eine einfache Formel gefasst hat: »Was ist, darf sein, und was sein darf, kann sich verändern.« (Bock 2015, S. 7)

Wichtig ist, seine Gefühle fühlen zu können, denn diese wollen uns ja auf Bedürfnisse in uns hinweisen. Gefühle werden jedoch oft als etwas Irrationales gesehen, sie zu zeigen, wird als ein Zeichen von Schwäche interpretiert. Dann heißt es: »Die hat sich nicht im Griff« oder »Der kann sich nicht zusammenreißen«. Gefühle gelten in der Geschäftswelt und Politik als unprofessionell und unintelligent. Es ist aber vielmehr ein Zeichen von Gelassenheit und Integrität, wenn man gut im Kontakt mit seinen Gefühlen ist; wenn Erwachsene auch in ernsten Situationen mal Verspieltheit wagen und damit zur Entspannung beitragen können. Gefühle gehören zum Menschsein, sie gehören zu unserer Natur. Wenn ich den Dalai Lama und so manch andere weise Menschen, die nicht mehr an ihrem Ego festhalten, anschaue, ist bei ihnen viel von den Qualitäten eines Kindes zu entdecken. Und das bedeutet nicht, kindisch, sondern kindlich frei und spontan zu sein; zu lachen und zu weinen; wütend, ängstlich, traurig oder freudig, mutig und stolz zu sein. Also mit seinen Gefühlen im Einklang zu leben.

Emotionen sind Gemütsbewegungen, das englische Wort *motion* steckt darin, was übersetzt Bewegung heißt. Sie können somit als Energie verstanden werden. Gefühle wollen uns zu einer Handlung bewegen und entladen sich in einem Ausdruck der Aktivität. Unterdrücke ich diese beziehungsweise kann ich sie nicht angemessen kanalisieren, zeigen sich körperliche Symptome wie Verspannungen, Krankheiten, Neurosen. Wenn Gefühle verdrängt werden, ist das bildhaft gesprochen so, als ob man einen Wasserfluss stoppt. Es entsteht ein Stau, der Druck erzeugt, bis er irgendwo unkontrolliert ausbricht. Das kennen wir von Menschen, die zu Gefühlsausbrüchen neigen. Eine meiner Ausbilderinnen in der Gestalttherapie sagte einmal: »Eindruck ohne Ausdruck macht Druck.« In der Tat. Das meint nicht blindes Ausagieren, sondern es geht darum, einen angemessenen Ausdruck dafür zu finden, was wir fühlen. In manchen Fällen kann schon das Benennen des unangenehmen Gefühls ausreichen, etwa: »Da ist Wut.«

Ich selbst kenne das von meinem intensiven und langjährigen Training der Kampfkünste. Nach einem Zweikampf, der kontrolliert, aber dennoch sehr hart sein konnte, erlebte ich mich oft als friedlich und gelassen. Mit meinem damaligen Freund führte ich beim Taekwondo manchmal Zweikämpfe durch, die für Außenstehende brutal ausgesehen haben mögen. Für uns war es aber nicht so. Ich empfand mich dabei eher im Flow, was sich manchmal fast wie ein transzendentes Erlebnis anfühlte – frei von Zeit, Raum und einem denkenden Ich. Für uns beide war es wie ein Tanz. Einen Unterschied gibt es jedoch zu dem, was ich später auf dem Weg der Achtsamkeit erfahren habe.

Meist handelte sich um eine Entweder-oder-Erfahrung. Freundlich und ruhig oder aggressiv und aktiv. Wurde meine Aggression in den Kampfkünsten ausagiert oder wurde ihr, wie oben beschrieben, ein Ausdruck verliehen, löste sie sich rasch auf. Das heißt, ich fühlte mich ruhig und friedvoll.

Manche Experten raten, die über den Tag aufgestaute Energie, das heißt unseren Stress und Ärger, durch Sport oder andere Aktivitäten abzubauen. Oder es werden Entspannungsübungen wie autogenes Training und progressive Muskelentspannung empfohlen. Auch dies ähnelt mehr der Entweder-oder-Erfahrung, einer Symptombehandlung, die nicht nach der Ursache sucht und die feineren Botschaften, verdrängten Gefühle und Bedürfnisse nicht wahrnimmt. Auf diese Weise bekämpfen wir nur Symptome, nicht die wahren Ursachen. Es ist, als würden wir ein Fieber behandeln und die Infektion übersehen. Unsere Ängste, unsere Unsicherheiten und unsere nicht erkannten Bedürfnisse bleiben in den Schatten verborgen, während wir uns auf oberflächliche Heilmittel verlassen.

Wenn wir uns selbst als Erforscher unseres inneren Kosmos betrachten, begreifen wir, dass Achtsamkeit mehr ist als eine Methode; sie ist eine lebensverändernde Haltung. Sie fordert nicht nur unsere Aufmerksamkeit, sondern auch unsere völlige Hingabe. In diesem heiligen Raum des Bewusstseins geben wir uns nicht nur hin, sondern wir bieten unser konditioniertes Ich auf dem Altar der wahren Selbsterkenntnis als Opfer dar.

Im Rahmen dieses introspektiven Heiligtums ist es unsere Aufgabe, uns selbst in voller Nacktheit zu sehen und den Mut zu finden, uns in dieser Verletzlichkeit zu baden. Wir tun hierbei nichts. Ja, wir tun absolut nichts. Wir drücken nicht auf die geistige »Vorwärtstaste«, wir suchen keine Ablenkungen und verdrängen nicht die wogenden Wellen unserer Gefühle. Wir lassen sie einfach zu. Wir halten aus. Denn in diesem Zustand der völligen Präsenz können wir feststellen: Diese Gefühle können uns nichts anhaben, sie sind wie Wolken, die den Himmel durchqueren, aber niemals das endlose Blau darüber trüben können.

Eine solche bewusste und annehmende, nur beobachtende Haltung ist nichts weniger als alchemistischer Natur. Sie besitzt die geheimnisvolle Fähigkeit, die Rohmaterialien unserer Ängste, Sorgen und unerfüllten Bedürfnisse in den Goldschatz der inneren Freiheit und des Wohlseins zu verwandeln. Auf diese Weise entdecken wir also nicht nur die Wurzeln unserer Unruhen, sondern öffnen auch die Tür zu einer Welt, in der der Geist wirklich frei ist.

2.5 Zur transformativen Kraft der Beobachterrolle

»Leben heißt Wachsein.«
Plinius der Ältere

Das Einnehmen der Beobachterrolle ist etwas, das durch das Achtsamkeitstraining sehr gut geschult werden kann. Dieses tiefe Eintauchen in die Essenz des Seins, diese Befreiung von den Fesseln identifizierter Gedanken und Emotionen – das ist es, was die Achtsamkeitsmeditation auszeichnet, was sie so einzigartig und transformierend macht. Hier geht es um einen Perspektivenwechsel, der uns Abstand nehmen lässt von der Identifikation mit den Inhalten des Ich-Bewusstseins.

Der Beobachter

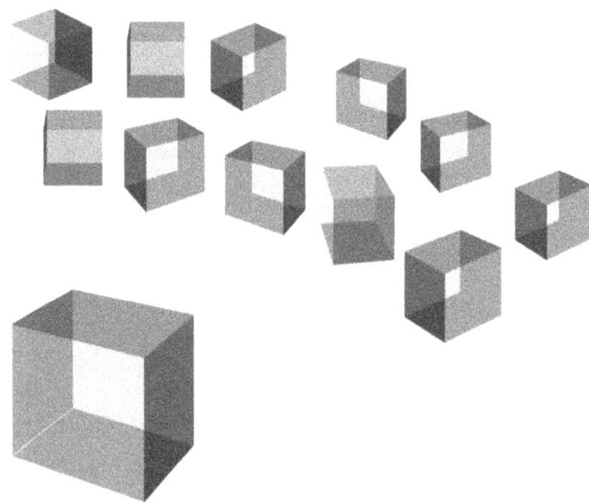

Abb. 2.2: Der große Kubus symbolisiert den »inneren Beobachter«, während die kleineren Kuben die verschiedenen Aspekte unseres Geistes repräsentieren. Quelle: Renato Kruljac.

Im Kontext der Achtsamkeit wird das Konzept der Meta-Ebene neu definiert: Wir überschreiten die Grenzen der einfachen Reflexion – unseres Denkens und Sprechens – und tauchen in eine intensivere, authentischere Selbsterfahrung ein. Es ist ein Mit-anderen-Augen-Sehen. Bei der Achtsamkeitsmeditation geht es um einen wesentlich tiefgreifenderen Zustand des Erlebens. Es ist eine Erfahrung, bei der ich mich in einer Dritte-Person-Perspektive von meinen Gedanken und Gefühlen lösen kann. Ich sehe die Gedanken als Gedanken und die Gefühle als Gefühle. Diese Erfahrung ist von einer sehr befreienden Qualität. So lerne ich, wie mein wahres Selbst die eigentliche und immer gleichbleibende Führungsrolle im eigenen Haus übernimmt.

Es gilt, in Kontakt mit sich selbst zu kommen, also mit dem Teil in uns, der im Gegensatz zum veränderbaren Ich konstant und authentisch ist. Wir kennen aus unserem alltäglichen Sprachgebrauch Sätze wie: »Ich bin nicht ich selbst« oder »Ich muss wieder zu mir kommen«. Wer oder was ist aber dieses Selbst und wer bin ich, wenn ich nicht ich selbst, nicht bei mir bin? Ein Anteil, eine Rolle, in die ich unbewusst geschlüpft bin?

Es gibt eine Instanz in uns, die auf einer tieferen Erfahrungsebene liegt und frei vom Denken und logischen Schlussfolgern ist. Wie er Zugang zu dieser Instanz gefunden hat, davon berichtet Eckhart Tolle, einer der bekanntesten spirituellen Lehrer unserer Zeit, in seinem Buch *Jetzt! Die Kraft der Gegenwart:*

> »Bis zu meinem 30. Lebensjahr hatte ich immer wieder Phasen lebensmüder Depression. [...] Eines Nachts erwachte ich mit einem Gefühl absoluten Grauens. [...] Der Gedanke ›Ich kann mit mir selbst nicht weiterleben‹ kreiste endlos in meinem Verstand. Plötzlich wurde mir bewusst: Wenn ich mit mir selbst nicht leben kann, dann muss es zwei von mir geben. [...] Vielleicht ist aber nur eins von beiden wirklich. Ich war fassungslos über diese Erkenntnis, mein Verstand hielt an, es waren keine Gedanken mehr da. Dann fühlte ich mich in eine Art Energiewirbel hineingezogen. Zuerst langsam, dann schneller. Ich wurde von heftiger Angst ergriffen und mein Körper begann zu zittern. Wie aus dem Innern meiner Brust hörte ich die Worte: ›Wehre dich nicht!‹ Ich fühlte, wie ich in eine Leere hineingesaugt wurde. Plötzlich war keine Angst mehr da und ich ließ mich in diese Leere hineinfallen. [...] Ich wurde vom Zwitschern eines Vogels geweckt. Nie zuvor hatte ich einen solchen Klang gehört. [...] Ich stand auf und ging im Zimmer umher. Alles erschien frisch und unberührt. Ich nahm einige Dinge in die Hand, einen Bleistift, eine leere Flasche, voll Wunder über die Schönheit und Lebendigkeit von allem. [...] Fünf Monate lebte ich ununterbrochen in einem Zustand tiefen Friedens und tiefer Glückseligkeit.« (Tolle 2018, S. 15–17)

Das Denken ist eine Tätigkeit des Ich-Bewusstseins und die daraus resultierende Verstandestätigkeit ist zugleich auch eine Begrenzung. Wir werden getrennt von dem Ganzen, dem Größeren, das dahinter liegt. Beherzigen wir nun, dass wir nicht Herr im eigenen Haus sind, sondern dass unser Verstand, der Diener, immer wieder das Zepter übernimmt, so wäre es unklug, den Diener zu entlassen, denn dieser könnte uns wertvolle Dienste leisten. Er sollte nur nicht dauerhaft die Herrschaft übernehmen.

Manche glauben, dass es um das Auslöschen jeglicher Gedankenprozesse geht. Das Ziel ist aber nicht, den Denkprozess zu löschen, als formatierten wir eine Festplatte neu. Das wäre so, als würden wir das Schwert wegwerfen, das uns verteidigt und formt. Ziel ist, das Schwert klug zu schwingen, zwischen nützlichen und schädlichen Gedanken zu unterscheiden. Einige Gedanken sind wie Wegmarken der Weisheit, sie führen uns auf behüteten Wegen. Andere sind wie die vergifteten Dolche der Wegelagerer, die unser inneres Wohlsein bedrohen.

Die erstaunliche Einsicht, dass unsere Gedankenprozesse die Architekten unseres emotionalen und physischen Universums sind, eröffnet ein Portal zu radikalen Veränderungen. Ob im Mikrokosmos unseres eigenen Geistes oder im Makrokosmos der gesellschaftlichen Dynamiken – unsere Gedanken haben die Macht, den Verlauf der Geschichte selbst zu formen. Die Kunst besteht nun, wie gesagt, darin, innezuhalten und den flüchtigen Momenten der Geistesaktivität Beachtung zu schenken. Diese Pausen sind Filter der Seele, mit denen die wir den Lärm unnützer Gedanken aussortieren können. Es sind die Zeiten, in denen wir das Elixier des Jetzt trinken, ob wir nun im Garten arbeiten, Musik komponieren oder in kindlicher Freude spielen.

Der Neurowissenschaftler und Gesundheitsforscher Tobias Esch spricht von drei Aspekten der Achtsamkeitsmeditation: »Attention control« (Aufmerksamkeitskontrolle), »Emotion regulation« (Emotionsregulation) und »Self-awareness« (Selbstwahrnehmung). Diese werden in der Achtsamkeitspraxis trainiert und führen zur »Self-regulation« (Selbstregulation; vgl. Esch 2016).

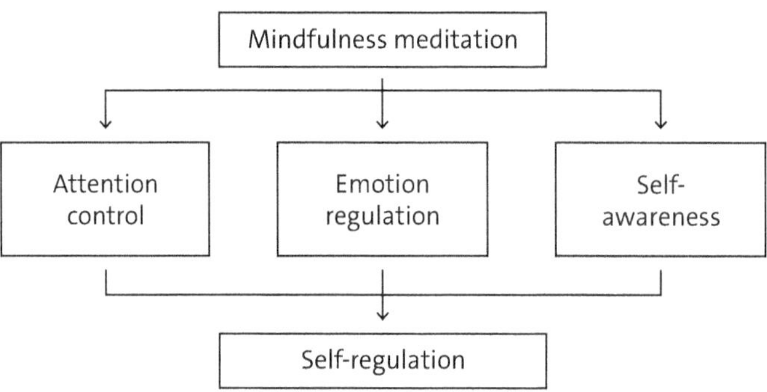

Abb. 2.3: Schlüsselkomponenten der Achtsamkeitspraxis, die zur Selbstregulation führen – Aufmerksamkeitskontrolle, Emotionsregulation und Selbstwahrnehmung. Quelle: Esch 2016.

Mithilfe der Aufmerksamkeitskontrolle lernen wir, unsere Aufmerksamkeit willentlich zu lenken, zum Beispiel auf unseren Körper, auf die Gedanken und Emotionen sowie all das, was unsere Sinne wahrnehmen können. Bei den Emotionen sprechen wir nicht von Kontrolle, sondern von Regulierung. Wie uns die Hirnforschung zeigt, können wir das Entstehen unserer Emotionen – sind sie doch letztlich das Produkt zahlreicher Konditionierungen und Prägungen – nur bedingt kontrollieren, es nur regulieren. Wir haben die Wahl, ob wir den Impulsen folgen möchten. Und je besser wir in Achtsamkeit geübt sind, das heißt, je bewusster wir die inneren und äußeren Impulse wahrnehmen können, umso größer ist die Chance, dass wir den alten Mustern widerstehen. Der dritte Aspekt, die Bewusstheit beziehungsweise Selbstwahrnehmung, kann durch den inneren Beobachter geschult werden. Wir lernen, der Kapitän unseres Schiffes zu sein, und zwar in stürmischen wie in ruhigen Gewässern.

Aufmerksamkeitskontrolle ist der Kompass, mit dem wir unseren Fokus bewusst steuern können. Emotionsregulierung ist das Ruder, mit dem wir unseren emotionalen Kurs halten, ohne von den Wellen der impulsiven Gefühle überwältigt zu werden. Selbstwahrnehmung ist die Seekarte, die uns hilft, durch das unbekannte Gewässer unserer inneren Welt zu navigieren, geleitet vom Leuchtturm des inneren Beobachters.

Mit der folgenden Übung kannst du die Beobachterrolle trainieren. Mit regelmäßiger Praxis wird sie verinnerlicht. Du wirst feststellen, dass du im täglichen Leben bewusster, präsenter und weniger reaktiv bist. Die Fesseln der automatischen Reaktionen lösen sich – und die Freiheit des wachen Bewusstseins erhebt sich majestätisch.

ÜBUNG »Achtsames Erkunden von Bewusstsein und Denken«

Beginne, indem du eine Position einnimmst, in der du dich gleichzeitig entspannt und aufmerksam fühlst. Dein Körper ist dein Anker, ein stiller Zeuge der aufkommenden und vergehenden Gedanken.

- *Körperliche Wahrnehmung:* Lass deinen Atem frei und natürlich fließen. Spür in jeden Bereich deines Körpers hinein; akzeptiere jede Empfindung, ob Verspannung oder Leichtigkeit. Hier gibt es nichts zu korrigieren, nichts zu verändern. Jede Sensation ist ein willkommener Gast in deinem Bewusstseinsraum.
- *Der Atem als Anker:* Vertiefe deine Aufmerksamkeit auf den Atem. Spür, wie jede Einatmung Frische bringt und jede Ausatmung Entspannung. Du bist ein stiller Beobachter des lebendigen Flusses deines Atems.
- *Das Gedankenkarussell:* Mit der Innenschau entfaltet sich das Panorama deiner Gedanken. Sie kommen und gehen wie Wellen im Ozean. Deine Aufgabe ist es, sie zu beobachten, ohne Urteil, ohne Engagement.
- *Kino des Geistes:* Visualisiere eine Leinwand, auf die deine Gedanken wie Filmszenen projiziert werden. Jede Szene, angenehm oder unangenehm, ist flüchtig und vergänglich. Du bist der stille Zuschauer, unberührt und ungebunden.
- *Navigation im Denkfluss:* Es ist menschlich, sich im Strudel der Gedanken zu verlieren. Wenn du feststellst, dass du ein Teil des Films geworden bist, kehre sanft zur Rolle des Beobachters zurück. Jede Erkenntnis, jedes Erwachen aus der Identifikation ist ein Sieg der Achtsamkeit.
- *Das Erwachen der inneren Stille:* Mit jedem Moment der Beobachtung tritt der Lärm der Gedanken in den Hintergrund, und die innere Stille breitet ihre Flügel aus. Du bist nicht deine Gedanken; du bist das Bewusstsein, das sie beobachtet.
- *Abschluss:* Fühle in deinen Körper hinein. Spür die Energie, die durch diese Begegnung mit dem inneren Selbst freigesetzt wurde. Folg dem Impuls deines Körpers und beweg dich sanft.

Notiere nach jeder Praxis deine Erfahrungen in einem Tagebuch. Beobachte, wie sich deine Beziehung zu deinen Gedanken und Emotionen mit der Zeit verändert und wie die Früchte der Achtsamkeit dein Leben bereichern.

Die oben beschrieben Übung kann sehr gut im Alltag praktiziert werden. Von Zeit zu Zeit kannst du dir die Frage stellen: Welche Gedanken sind gerade jetzt da? Das kann zum Beispiel in einem Meeting oder in einer Begegnung mit einem unbekannten Menschen geschehen. Es kann auch hilfreich sein, die vorhandenen Gedanken innerlich zu benennen. Zum Beispiel: »Da ist ein Gedanke, dass ich das nicht schaffen werde.« – »Da ist ein Gedanke, dass ich nicht gut genug bin.« Die bewusste Wahrnehmung und Benennung trennt mich als Subjekt, also als Erkennender, von dem Objekt, dem Erkannten, und löst mich so von der Identifikation. Es ist ein großer Unterschied, ob ich denke: »Ich bin nicht liebenswert«, und das auch glaube, oder ob ich den Gedanken nur wahrnehme als das, was er ist. Nämlich nur ein Gedanke, der in diesem Moment suggeriert: »Ich bin nicht liebenswert.« Ich bemerke in letzterem Fall also, dass ich so über mich denke, und eröffne mir gleichzeitig die Möglichkeit, diesen Gedanken zu hinterfragen und ihn durch einen förderlichen zu ersetzen.

2.6 Ungeduld ist die Feindin der Achtsamkeit

> »Geduld ist das Vertrauen, dass alles kommt, wenn die Zeit reif ist.«
> *Verfasser unbekannt*

In meinen Seminaren führe ich meist eine Eröffnungsrunde durch. Jeder darf sagen, was im Augenblick bei ihm im Vordergrund steht. Die Einladung dabei lautet: »Sprich von Herzen. Alles, was du fühlst und denkst, darf mitgeteilt werden.« Die Teilnehmenden berichten dann von ihren Erfahrungen mit der Achtsamkeit; von den Übungen und den Herausforderungen des Alltags. Nicht selten höre ich, dass sie es nicht schaffen, die formellen Übungen regelmäßig zu praktizieren. Meist heißt es, sie hätten keine Zeit. Das, was ihnen im Weg stehe, sei die viele Arbeit, die Versorgung der Kinder, der Haushalt und andere tägliche Verpflichtungen.

Gerade weil es nicht leicht ist, das alles unter einen Hut zu bekommen, ist es wichtig, für sich Prioritäten zu setzen. Wir Menschen sind nicht geschaffen, um ständig auf Hochtouren zu laufen. Das ist in der Natur nicht vorgesehen. Und da die Natur und der Mensch nichts Getrenntes sind, wir Teil der Natur sind (auch wenn wir uns anders verhalten), unterliegen wir bestimmten natürlichen Lebenszyklen und Veränderungen. Wir brauchen das Aktive und das Passive, den Tag und die Nacht, die Bewegung und den Schlaf, das Einatmen und das Ausatmen. Der stetige Drang, etwas haben und erreichen zu müssen, und der damit verbundene Druck zermürben uns mit der Zeit. Wenn wir uns keine Ruhepunkte im Leben setzen und uns nicht den eigenen wahren Bedürfnissen zuwenden, wenn der natürliche Rhythmus nicht gewahrt werden kann, dann werden wir krank. Permanenter Stress führt langfristig zu körperlicher und geistiger Zerrüttung. Um ganz zu werden, müssen wir lernen, das Ganze zu sehen.

Nicht selten werden Gründe, die zu Stress führen, verdrängt oder verlagert. Wenn ich auf einer heißen Herdplatte sitze, sollte ich den Schmerz fühlen und nicht verdrängen. Das Gefühl, das haben wir bereits gelernt, sendet uns eine wichtige Botschaft. Die Achtsamkeitspraxis soll uns helfen, auch in subtileren Situationen zu erkennen, dass wir »auf der Herdplatte sitzen«. Gemeint ist mit diesem Bild vielleicht das Unternehmen, das den Arbeitnehmer durch irrsinnige Aufgaben und extreme Überlastung ausnutzt.

In meine Kurse kommen manchmal Personen, bei denen ich klar erkenne, dass nicht sie das Problem sind, sondern die Zustände und Dinge, mit denen sie konfrontiert sind. Ich erlebe diese Menschen als intelligent, feinsinnig und reflektiert. Eine neurotische Gesellschaft führt zu Symptomen, die sich sowohl auf der individuellen wie auch auf der kollektiven Ebene widerspiegeln. Diese Gesellschaft fragt sich nicht, ob sie etwas falsch macht, sondern verurteilt den Einzelnen und versucht, ihn zu »heilen«: auffällige Kinder beispielsweise, die im Kindergarten oder in der Schule als aggressiv, zappelig oder als verhaltensgestört bezeichnet und mit Psychopharmaka ruhiggestellt werden. Dabei geht es oft um eine natürliche und gesunde Reaktion auf das Erleben in einem für das Kind ungesunden Umfeld. Hier müssten vorrangig diejenigen, die die Ursache des Problems sind, behandelt werden und nicht die, die eine ganz normale Reaktion auf die Umstände zeigen. Auch bei Erwachsenen ist dies zu beobachten. Immer noch stehen in unserem stark wirtschaftsorientierten System Macht, Leistung und Profitstreben im Vordergrund und nicht Achtsamkeit, Wertschätzung und Mitgefühl.

In einer Reportage formulierte Erich Fromm eine herausfordernde These: »Die Normalsten sind die Kränksten, und die Kranken sind die Gesündesten.« Der renommierte Psychoanalytiker und Philosoph beabsichtigte damit, auf markante Weise darzulegen, dass Menschen mit psychischen Symptomen häufig noch über eine natürliche Wahrnehmung und Empathie verfügen. Diese als »krank« Bezeichneten reagieren mit gesunden Reaktionen auf ein pathogenes Umfeld. Im Kontrast dazu sind die »Normalen« in Fromms Sichtweise so entfremdet von gesunden, reflektierenden Aspekten und einer authentischen menschlichen Wahrnehmung, dass sie eher »roboterhaft« und nur angepasst innerhalb der Gesellschaft agieren (vgl. Fromm 1977).

Ich kann mich gut an einen Manager erinnern, der mir erzählte, dass er unter einem »perversen Stress« stehe. Auf die Frage, was er damit meine, antwortete er, dass er jeden Tag bis zu 14 Stunden arbeite und kaum Zeit für sich selbst habe. Daraufhin fragte ich ihn, warum er denke, dass Achtsamkeit ihm helfen könne. Seine Vorstellung war, dass er durch einen Achtsamkeitskurs stressfreier und leistungsfähiger sein würde trotz gleichbleibendem Arbeitstempo und -pensum. Das aber kann nicht funktionieren. Die ständige Überforderung, hervorgerufen durch überzogene Erwartungen und Ansprüche seitens der Unternehmen – wie auch der Angestellten, die diese oft tolerieren –, stellt einen Raubbau am eigenen Körper und der Seele dar. In einigen Ländern, beispielsweise Japan, hat dieses Phänomen bereits einen eigenen Namen: *Karōshi*, was »Tod durch Überarbeitung« bedeutet. Es erfordert nicht nur Mut, sondern auch kluge Einsicht, sich der Aufrechterhaltung eines fehlerhaften und wankenden Systems zu verweigern. Stattdessen kann das bewusste Zulassen des eigenen Scheiterns ein kraftvoller Impuls für die dringend benötigte echte und nachhaltige Veränderung und Systemerneuerung sein. Und nicht zuletzt erfordert das auch Muße und Zeit.

Ein Teilnehmer einer meiner MBSR-Kurse meinte, er komme irgendwie nicht weiter, die ganze Achtsamkeitsmeditation helfe ihm nicht. Das Meditieren kenne er schon vom Yoga. Er war ungeduldig und wollte schnellstens seine Probleme loswerden. Der Teilnehmer war in der vierten Kurseinheit, hatte somit gerade die Hälfte des achtwöchigen Programms »Stressbewältigung durch Achtsamkeit« absolviert, in welchem die Aufmerksamkeitslenkung und die Erweiterung des Bewusstseins eingeübt werden. Ziel ist, die eigenen Verhaltensmuster, vor allem in Stresssituationen, zu erkennen und sich achtsam von ihnen zu lösen. Die Methode dient vor allem zur Stressreduktion und -prävention. Der Teilnehmer stand also ganz am Anfang. Auf die Frage, wie lange er denn meditiere, antwortete er, dass die Einheiten etwa 5 Minuten dauern. Diese Zeitspanne ist in der Regel zu kurz, um eine vertiefte Aufmerksamkeit für Aspekte wie Körper, Gedanken und Gefühle zu entwickeln. Zum Runterkommen mag das sicher manchmal ausreichend sein und auch für eine Entlastung von Alltagsproblemen – für die vertiefte Erforschung des Selbst allerdings nicht.

In einen Zustand der Ruhe zu kommen, ist die erste Stufe. Danach braucht es Zeit, um den inneren Beobachter zu aktivieren und die inneren Vorgänge zu erforschen.

Ein Zen-Meister sagte einmal, dass 15 Jahre Meditation erst die Einführung seien. Gut, nicht jeder muss sich an diesem Maßstab orientieren, aber das sagt etwas über die Ernsthaftigkeit aus, mit der man sich auf den Weg begeben sollte. Achtsamkeitsmeditation ist kein Instant-Programm im Sinne von: Wasser auf den Würfel und fertig ist die Suppe. So verständlich es ist, dass sich Menschen von unangenehmen Dingen befreien möchten, so unmöglich ist es, dies auf die Schnelle zu tun. Wenn Menschen in einen Kurs mit der Bezeichnung »Stressbewältigung durch Achtsamkeit« kommen, bereitet ihnen ihre Ungeduld noch zusätzlichen Stress. Der aktive Geist oder »Affengeist«, wie man ihn in Asien nennt, ist es einfach nicht gewohnt, einmal nichts zu tun. Das Aktive ernährt sich durch die Aktivität. Das Ruhende durch die Ruhe. Es gibt keine Zauberformel, die uns vom Unerwünschten über Nacht befreien kann. Manches braucht Zeit. So wie Gras nicht schneller wachsen wird, nur weil man daran zieht.

Die Ungeduld ist die Feindin der Achtsamkeit. Beim Bodyscann eine halbe Stunde die einzelnen Körperteile wahrnehmen – megalangweilig für den ständig auf Hochtouren laufenden Geist. Die inneren Antreiber toben und schreien, halten die Übung für den letzten Blödsinn. Lieber aufs Rad steigen oder durch den Park rennen, Strecke machen, die Leistung in Kilometern oder verbrauchten Kalorien messen. Das sind sichtbare, messbare Ergebnisse. Aber im Geiste durch den Körper zu reisen? Der Effekt ist vielen zunächst nicht unmittelbar genug. Bewegung gehört neben Entspannung und Ernährung zu den drei Eckpfeilern der Gesundheit. Achtsamkeit sollte aber nicht mit Entspannung verwechselt werden. Achtsamkeit ist mehr. Sie ist eine Art Bewusstseinsschulung, die das Fundament einer achtsamen Lebensführung bildet. Diese umfasst alle Bereiche des Lebens – ob es sich nun um Sport, zwischenmenschliche Beziehungen, Essen, Spielen, Liebe oder den Beruf handelt. Mit der Achtsamkeitspraxis installieren wir eine Art Frühwarnsystem. Sie sensibilisiert uns für das, was in uns und um uns herum abläuft. Die Grundlage dafür bilden Ruhe und geduldiges Schauen und Spüren.

3 Einblicke in unsere Wahrnehmungswelt

3.1 Von Faultieren und Elefanten

»Die Wahrnehmung ist real, auch wenn sie nicht die Realität ist …«
Edward de Bono

Fast jeder Mensch hat schon einmal ein Faultier gesehen, auf einem Foto oder in echt. Wir nennen es faul, weil es aus unserer Perspektive langsam ist und nicht durch die Gegend hetzt. Das ist unsere Interpretation, bei der wir unsere Sichtweise als Maßstab nehmen. Das Faultier würde sich selbst vermutlich nicht als zu langsam, sondern uns als zu schnell bezeichnen. Die menschliche Wahrnehmung ist eine unzuverlässige Linse, beeinträchtigt von einer Vielzahl kognitiver Verzerrungen und Fehler, die den klaren Blick auf die Realität trüben. Unsere Wahrnehmung, so einnehmend sie auch sein mag, erfolgt von einem individuellen Stand- respektive Referenzpunkt aus, der nicht nur unser Verständnis von uns selbst, sondern auch das der Welt um uns herum maßgeblich beeinflusst.

Ein prominentes Beispiel ist die Projektion. Stell dir vor, du steckst in einem emotional belastenden Streit mit einem Kollegen. Deine innere Abwehr könnte dazu führen, dass du deine eigenen Ängste und Unzulänglichkeiten auf ihn projizierst. »Er ist so aggressiv und unfähig«, könntest du denken, während in Wirklichkeit deine eigene Angst vor Konfrontation im Raum steht. Ein weiteres Beispiel ist der sogenannte »Heiligenschein-Effekt« oder »Horns-Effekt«. Wenn Elon Musk, einer der erfolgreichsten Unternehmer der Welt, eine Aussage zu einem beliebigen Thema macht, sind wir aufgrund seiner Erfolge in der Technologiebranche eher geneigt, seine Meinung als allgemeingültig zu akzeptieren – ein klassisches Beispiel dafür, wie positive Leistungen auf die Gesamtpersönlichkeit projiziert werden.

Beurteilungen, die in Referenz zu den eigenen Leistungsansprüchen getroffen werden, sind ebenfalls weit verbreitet. Man denke nur an das Faultier. Angenommen, du bist ein erfahrener Marathonläufer und siehst jemanden, der stolz darauf ist, 5 Kilometer gelaufen zu sein. Deine innere Stimme mag sagen: »Das ist doch gar nichts!«, obwohl die Leistung für diese Person vielleicht ein Meilenstein ist. Dein Referenzpunkt beeinflusst also, wie du die Leistungen anderer beurteilst.

Das der Kognitionspsychologie entstammende Konzept des Anker-Effekts geht zudem davon aus, dass unser erstes Urteil oder unsere erste Wahrnehmung als Anker dient, der unsere nachfolgenden Einschätzungen beeinflusst (vgl. Tversky & Kahneman 1974). Wenn du beispielsweise einen exzellenten ersten Eindruck in einem Vorstellungsgespräch machst, sind die Chancen höher, dass die Interviewer deine folgenden Antworten ebenfalls positiv bewerten.

In der komplexen Landschaft menschlicher Wahrnehmung und Urteilsbildung können solche Verzerrungen gravierende Folgen haben, von fehlgeleiteten Beziehungen bis hin zu Fehlentscheidungen auf organisatorischer und sogar gesellschaftlicher Ebene. Ein bewusstes Erkennen dieser Wahrnehmungsfehler kann der erste Schritt in Richtung einer klareren, realitätsnäheren Sichtweise sein.

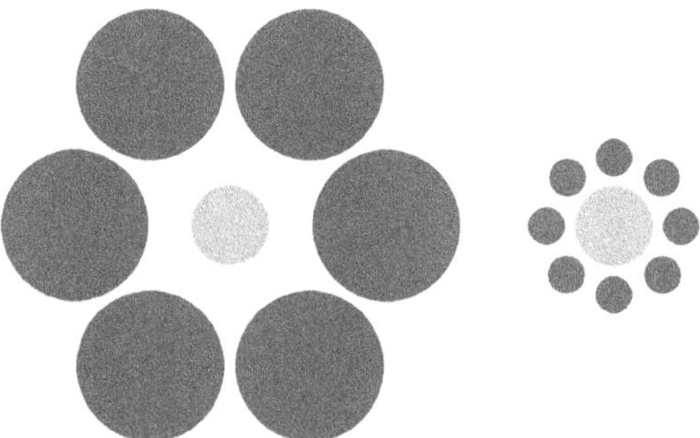

Abb. 3.1: Der Blickwinkel zählt: Achtsamkeit betont die Einzigartigkeit des eigenen Wertes unabhängig von Vergleichen. Quelle: Renato Kruljac.

Dass unsere Wahrnehmung abhängig ist von unserem jeweiligen Stand- beziehungsweise Referenzpunkt, Blickwinkel, verdeutlicht auch die Abbildung oben. Vergleiche ich mich ständig mit anderen Menschen, wird die Sicht auf meinen Wert als Mensch immer abhängig vom Außen sein. Wenn ich mich mit anderen vergleiche, die in meinen Augen besser, größer und erfolgreicher sind, entstehen automatisch Gefühle wie »Ich bin kleiner« oder »Ich bin schlechter« – beziehungsweise umgekehrt. Achtsamkeit hilft uns, unseren Wert als etwas Einzigartiges zu sehen. Unser Wert als Mensch verändert sich nämlich genauso wenig wie der Kreis in der Mitte – ganz egal, ob die Kreise um uns herum groß sind oder klein.

Unsere Lebenserfahrung, die verschiedenen kulturellen Prägungen und das soziale Umfeld sowie die neuronalen, biochemischen Prozesse im Gehirn haben auf unsere Wahrnehmung und unser Denken einen entscheidenden Einfluss. So zeigen wissenschaftliche Untersuchungen, dass es bei geometrischen Experimenten wie der obigen Abbildung unterschiedliche Wahrnehmungen gibt. Beispielsweise bestimmt der kulturelle Hintergrund, auf was sich das Gehirn fixiert. Die in Südafrika beheimateten San fielen etwa in geometrischen Tests mit geraden Linien auf perspektivische Tricks gar nicht herein, waren ihnen gerade Linien doch nicht oder kaum geläufig. Interessant sind auch Studien, die zeigen, dass sich bei US-Amerikanern das Belohnungszentrum im Gehirn aktiviert, wenn sie eine dominante Person auf einem Bild sehen, während dasselbe bei Japanern auftritt, wenn sie Menschen in bescheidenen Posen betrachten (vgl. Chang 2016, S. 187–192).

Unabhängig von diesen wissenschaftlichen Studien machen wir alle im Alltag die Erfahrung, dass Menschen unterschiedlich auf die Welt schauen. Während in manchen Teilen der Welt etwa Insekten als normale Nahrungsquelle dienen, erzeugt der Gedanke daran bei den meisten Menschen in Deutschland wohl noch eher Ekel. Und während es hierzulande vollkommen üblich ist, Rindfleisch zu essen, gelten Kühe in Indien als heilig und werden von Hindus traditionellerweise nicht geschlachtet. Man muss gar nicht so weit blicken. Selbst bei Nachbarn oder Geschwistern kann sich die Sicht auf die Welt ziemlich unterscheiden. Jenseits kultureller Prägungen gibt es in jedem von uns Persönlichkeitsanteile, die verschiedene Ansichten und Vorlieben haben. So steckt in jeder Fremdbeurteilung auch eine Selbstbeurteilung, oder wie es Reinhard K. Sprenger, Bestsellerautor im Bereich Managementliteratur, bemerkte: »Alle Beurteilungen sagen also immer mehr über den Beurteiler aus als über den Beurteilten. In einem Wort: Jede Beurteilung ist Selbstbiographie.« (Sprenger 1995, S. 212)

In diesem Zusammenhang möchte ich die Geschichte vom Elefanten und den blinden Weisen erzählen, da sie aufzeigt, wie fragmentarisch und unterschiedlich unsere Sicht auf die Welt ist: Fünf Weise wurden von ihrem König auf eine Reise geschickt, um herauszufinden, was ein Elefant ist. Sie begaben sich nach Indien und wurden dort zu einem Elefanten geführt. Die fünf Gelehrten versuchten nun, sich durch Ertasten ein Bild von dem Tier zu machen. Als sie zurück zu ihrem König kamen, berichtete der erste Weise, der am Kopf des Tieres gestanden und den Rüssel betastet hatte: »Ein Elefant ist wie ein langer Arm.« Der zweite Gelehrte hatte das Ohr des Elefanten mit seinen Händen betastet und sprach: »Nein, ein Elefant ist wie ein großer Fächer.« Der dritte Gelehrte sprach: »Nein, nein, ein Elefant ist wie eine dicke Säule.« Er hatte ein Bein des Elefanten berührt. Der vierte Weise sagte: »Ich finde, ein Elefant ist wie eine Schnur«, denn er hatte nur den Schwanz des Elefanten ertastet. Und am Ende sprach der letzte Weise zum König: »Also, ein Elefant ist wie eine riesige runde Masse, mit ein paar Borsten darauf.« Dieser Gelehrte hatte den Rumpf des Tieres mit seinen Händen erkundet.

Viele von uns sehen die Welt, als blickten wir durch ein Schlüsselloch. Unsere Perspektive ist begrenzt; manchmal fokussieren wir uns so sehr auf ein Detail, dass wir das große Ganze aus den Augen verlieren. Wir sind wie Entdecker mit einer Karte, die nur einen Teil des unbekannten Territoriums zeigt. Blinde Flecken in unserer Wahrnehmung halten uns davon ab, das vollständige Bild zu erkennen, und manchmal sind wir auf einem Auge blind für die vielfältigen Farben und Konturen der Realität um uns herum.

Es passiert, dass wir in den Schatten unserer eigenen Beschränkungen wandern, und wenn das Licht der Wahrheit diese Dunkelheit durchbricht, sind wir oft enttäuscht. Diese Enttäuschung, so schmerzhaft sie auch sein mag, ist jedoch ein Geschenk. Es ist das Aufleuchten der Erkenntnis, das Ende einer Illusion, der wir vielleicht unbewusst erlegen sind. In diesem Augenblick werden wir also *ent*täuscht in einem eher positiven Sinne. Die Schleier der Selbsttäuschung werden weggenommen, und plötzlich stehen wir, vielleicht zum ersten Mal, vor der unverhüllten Wahrheit. Es ist, als erwachten wir aus einem Traum und sähen die Welt mit neuen, klaren Augen. Es ist ein Moment der Verwundbarkeit und zugleich ein Moment der Befreiung. In diesem scharfen, klaren Licht der Erkenntnis liegt unsere Chance zur Transformation. Es ist der Punkt, an dem das Erkennen zur Einsicht wird, wo der Bruch mit unseren bisherigen Überzeugungen und Annahmen den Raum für ein tieferes Verständnis und eine echte Veränderung eröffnet. Wir stehen an der Schwelle einer Erneuerung, bewaffnet mit der mächtigen Waffe der Klarheit. In diesem Moment sind wir nicht länger Gefangene unserer eigenen Illusionen, sondern Pioniere in einer neu entdeckten Wirklichkeit.

3.2 Der Pfad zur inneren Klarheit und Intuition

> »Ihre Zeit ist begrenzt, also verschwenden Sie sie nicht.
> Lassen Sie sich nicht von Dogmen in die Falle locken. Lassen Sie nicht zu, dass die Meinungen anderer Ihre innere Stimme ersticken.
> Am wichtigsten ist es, dass Sie den Mut haben, Ihrem Herzen und Ihrer Intuition zu folgen. Alles andere ist nebensächlich.«
> *Steve Jobs*

Achtsamkeit ist mehr als Konzentration und stilles Sitzen auf dem Meditationskissen. Konzentration ist fokussiert und grenzt wie bei einer Rechenaufgabe andere Dinge aus. Dies gleicht einem Laserstrahl. Achtsamkeit beziehungsweise Achtsamkeitsmeditation ist ganzheitlich. Sie kann das Bewusstsein auf ein Objekt oder den Atem fokussieren und gleichzeitig den Wahrnehmungsraum für andere Aspekte öffnen. Wenn ich beispielsweise einer Person die Frage stelle, was sie vor zwei Tagen zwischen 17 und 20 Uhr gemacht hat, dann wird sie wie bei einer Rechenaufgabe konzentriert nachdenken und die Konzentration förmlich im Kopf spüren. In der Regel im Bereich der Stirn, wo auch der präfrontale Kortex sitzt, der als Zentrum des bewussten Denkens gilt. In solchen Momenten neigen wir dazu, unbewusst die Stirnmuskulatur anzuspannen und oftmals berühren wir, ohne es bewusst wahrzunehmen, reflexartig mit der Hand unsere Stirn.

Um in die achtsame Wahrnehmung zu kommen, bedarf es einer ganzheitlichen Haltung beziehungsweise einer Weitung des Bewusstseins. So können wir in einem entspannten Zustand stärker wahrnehmen, was in und um uns geschieht. Das Gegenteil ist Enge. Sie tritt auf im Falle von Angst und Stress. Sie engen uns im wahrsten Sinne des Wortes ein: Der Hals ist wie zugeschnürt, die Muskel sind angespannt, der Blick ist fokussiert und der Brustbereich verengt sich, schränkt den Atem ein.

Wie aber weiten wir den Blick? Unser Bewusstsein kann wie ein Teleobjektiv ein weit entferntes Motiv näher heranholen und Details erkennbar machen – oder eben wie ein Weitwinkelobjektiv die Perspektive aufspannen, um einen größeren Ausschnitt und Zusammenhang deutlich zu machen und damit die Wahrnehmungsperspektive zu verändern. Die fokussierte Ausrichtung läuft über den Verstand, zum Bespiel in alltäglichen Situationen, in denen wir uns über anfallende Aufgaben Gedanken machen. Der bewusste Verstand blendet dabei automatisch andere Dinge aus. Der Weitwinkel beziehungsweise das panoramische Wahrnehmen ist hingegen eine intuitive Fähigkeit, die alle Sinne anspricht, um mehr von dem, was in und um uns geschieht, zu erkennen.

Intuitiv zu handeln, und hier dürfen wir durchaus von einer inneren Weisheit sprechen, fällt den verstandsmäßig orientierten Menschen schwerer als jenen, die in Verbindung mit der Natur leben: Menschen auf dem Lande, die mit einer anderen Art von Wissen in Kontakt sind, das auch als Ur-Wissen bezeichnet werden könnte. Wenn ich an meinen verstorbenen Onkel denke, der ein einfacher Bauer in Kroatien war, dann erinnere ich mich an seine sehr einfache, bodenständige und naturverbundene Lebensweise. Nichts Kompliziertes und nichts von dem, was ich heute bei vielen gedanken- und konzeptgeleiteten Menschen wahrnehme. Wenn er schlief, dann schlief er, wenn er aß, dann aß er, wenn er sprach, dann sprach er, und wenn er arbeitete, dann arbeitete er. Man könnte sagen, er war im Hier und Jetzt, ohne dass ihn dazu ein anderer Mensch angeleitet hätte. Er lebte es auch sich selbst heraus, seiner Natur gemäß.

Die Intuition, dieses geheimnisvolle, unerklärliche Wissen, das aus der Tiefe unseres innersten Selbst zu sprudeln scheint, ist ein faszinierendes Phänomen. In einer Welt, die von Daten, Fakten und wissenschaftlichen Analysen dominiert wird, kann sich die leise, wenngleich durchdringende Stimme der Intuition oft nicht durchsetzen. Wir sind von so vielen externen Stimuli umgeben, dass ihr Flüstern erstickt werden kann. Und dabei ist die Intuition ein unverzichtbarer Bestandteil der menschlichen Erfahrung. Sie ist ein Kompass, der uns durch das unerforschte Territorium unseres Lebens führt, oft mit einer Präzision, die Logik und Verstand übersteigt. Daher hat die Wissenschaft begonnen, eine Brücke zwischen der empirischen Analyse und der mystischen, intuitiven Erkenntnis zu schlagen. Beide, so unterschiedlich sie auch erscheinen mögen, sind unerlässliche Werkzeuge auf unserer Reise zur Erkenntnis und Selbstverwirklichung.

Studien im Bereich kognitiver Psychologie und Neurowissenschaften zeigen, dass Intuition eine Art unbewusster Problemlösung darstellt (vgl. Gigerenzer 2008, S. 242). Es ist der Aha-Moment, der oft auftritt, wenn unser bewusster Verstand auf ein Hindernis stößt und der unbewusste Teil unseres Gehirns, und vielleicht auch noch etwas darüber hinaus, die Kontrolle übernimmt. Diese Momente intuitiver Einsicht können als neurologische Prozesse im Gehirn nachgewiesen werden und zeigen, dass unser Gehirn auf Informationen reagiert, derer wir uns nicht einmal bewusst sind.

Die authentische Lebensweise von Menschen wie meinem kroatischen Bauern-Onkel erleichtert den Zugang zu dieser Form inneren Wissens. Eingebettet in die natürliche Ordnung – in eine Welt, die weniger von künstlichen Strukturen und mehr von den Rhythmen der Natur geprägt ist –, scheinen sich sämtliche Sinne zu schärfen und die innere Stimme wird lauter. Hier ist jeder Moment eine Reflexion des puren Seins, ungefiltert und unverfälscht. Wie indigene Völker und diverse andere naturverbundene Gemeinschaften uns lehren, kann ein Leben, das im harmonischen Einklang mit den Rhythmen der Erde und des Himmels, der Flüsse und Berge geführt wird, einen Zugang zu einer Quelle der Weisheit und Intuition eröffnen. Die Aborigines in Australien navigieren intuitiv mittels sogenannter Liederlinien beziehungsweise Traumpfade, spirituelle und physische Wege, die durch jahrhundertealte Überlieferungen festgelegt sind. Native Americans wie die Sioux verbinden eingehende Naturbeobachtungen mit intuitivem Wissen, um über Jagd und Ernte zu entscheiden. Und die Maori in Neuseeland navigieren meisterhaft durch den Pazifik, geleitet von Sternen und Meeresströmungen, ohne auf moderne Instrumente angewiesen zu sein. Diese traditionellen Kulturen zeugen von einer tiefen, von der Natur genährten Intuition, die auch heute noch eine Quelle der Weisheit und Inspiration ist.

Diese Menschen, deren Existenz weitgehend unberührt von der Hektik und Komplexität der modernen Zivilisation ist, leben in einer Welt, in der die Grenzen zwischen dem Selbst und der umgebenden Natur verschwimmen. In solchen Kulturen wird die Weisheit nicht nur durch Worte oder Konzepte vermittelt, sondern durch das tägliche Erleben der Natur und das Interagieren mit ihr. Sie leben in einem Zustand des Seins, der tief in der Gegenwart verwurzelt ist. Es ist eine Existenz, bei der jedes Blatt, jeder Stein, jeder Atemzug mit Bedeutung und Bewusstsein erfüllt ist. Dieser Lebensstil fördert eine Intuition, die der tiefen Verbindung zwischen dem Individuum und seinem natürlichen Umfeld entspringt. Es ist eine Weisheit, die nicht durch analytisches Denken, sondern durch das pure Erleben und Fühlen erlangt wird.

Indem wir uns von diesen uralten, naturverbundenen Weisen inspirieren lassen, können auch wir den Pfad zur inneren Ruhe und Klarheit betreten. Es beginnt mit dem Ehren der Stille zwischen unseren Gedanken und der Wertschätzung der leisen, aber unermesslich kraftvollen Stimme der Intuition, die in jedem von uns erklingt.

3.3 Trio in Balance: Alarm-, Antriebs- und Fürsorgesystem

> »Du kannst die Wellen nicht aufhalten,
> aber du kannst lernen zu surfen.«
> *Jon Kabat-Zinn*

In stressigen Situationen erreichen wir mit gut gemeinten Ratschlägen und Tipps, wie wir zurück zur Ruhe und Gelassenheit kommen, nicht die tieferen Schichten des Gehirns. Das Zentrum für bewusstes und logisches Denken befindet sich in der Großhirnrinde, genauer gesagt im präfrontalen Cortex. Hier entstehen unsere Pläne und Vorstellungen in Bezug auf die Zukunft, werden Bewertungen und Entscheidungen getroffen sowie Erfahrungen reflektiert, die wir in der Vergangenheit gemacht haben. Es ist die Hirnregion, die uns zum Menschen macht und uns von Tieren unterscheidet. Befinden wir uns in einer stressigen Situation oder haben wir Angst, sind aber vorrangig das Stamm- und das Zwischenhirn aktiv. Letzteres ist sozusagen das emotionale

Gehirn; beim Stammhirn spricht man auch vom sogenannten Reptiliengehirn oder alten Gehirn. Die Sprache dieser Gehirnregionen sind beispielsweise Bilder, Körperkontakt und Empfindungen, Musik, Rhythmus und Bewegung. Deshalb nützt es nichts, jemandem, der sich gerade fürchterlich aufregt oder in großer Angst befindet, zu sagen, er möge sich beruhigen. Um das Beruhigungssystem anzusprechen, bedarf es anderer Ansätze beziehungsweise Impulse: Bilder und Metaphern, Körperkontakt, also das Spüren, und die Ebene der Gefühle, die beispielsweise durch Musik und Rhythmus angesprochen wird.

So sind Körperarbeit und Vorstellungskraft – beides nutzen wir auch in der Meditation – die Vehikel für eine Transformation. Das Ganze muss nicht logisch sein. Was zählt, ist, was es mit uns macht. Das Unbewusste bedient sich einer anderen Sprache und Logik. Und genau darum geht es in den vielen Übungen im Bereich der Achtsamkeit und Meditation. Die Frage ist somit weniger, ob es meinem Kopf gefällt, meinem Verstand zusagt, sondern was es mit mir macht und ob es mir hilft.

Im Achtsamkeitsprogramm MBCL[4], in dem das Selbstmitgefühl eine zentrale Rolle spielt, spricht man von drei emotionalen Regulationssystemen (vgl. van den Brink & Koster 2013, S. 50–54). Neben dem *Alarm-* und dem *Antriebssystem* gibt es noch das sogenannte *Fürsorge-* beziehungsweise *Beruhigungssystem*. Alle drei waren und sind evolutionsbiologisch für das Überleben von Bedeutung.

Das Alarmsystem, welches sich in Emotionen wie Angst, Wut oder Ekel äußert, hat für uns Menschen eine Warnfunktion. Wird dieses System aktiv, kommt es zu den bekannten Reaktionen wie Flucht, Kampf oder Erstarrung. Das Alarmsystem gehört zu den ältesten Regulationssystemen, und die beschriebenen Verhaltensmechanismen sind in den älteren Hirnregionen gespeichert, dem Stammhirn beziehungsweise dem sogenannten Reptiliengehirn. So gibt es Momente, in denen fast alle Menschen Stress spüren, zum Bespiel beim Reden vor Publikum. Hier muss man nicht gleich an Minderwertigkeitsgefühle, traumatische oder nicht verarbeitete Erfahrungen in der Kindheit denken. Vielmehr spielen solche Gefühle seit der Steinzeit in unserem Erleben eine Rolle, da sie überlebenswichtig waren: Vor einer fremden Gruppe zu stehen, bedeutete früher, als Freund angenommen oder als Feind ausgestoßen und gegebenenfalls sogar getötet zu werden. Heute sind die Gefahren nicht dieselben wie früher. Säbelzahntiger und andere gefährliche Raubtiere sind in unseren Breitengraden nicht mehr vorhanden. Wir haben es aber geschafft, durch unseren Verstand zahlreiche neue, meist nicht reale Gefahren zu kreieren, die das Alarmsystem aktivieren. In negativen beziehungsweise für uns gefährlichen Situationen sind wir wesentlich aufmerksamer und das Gehirn speichert diese Erfahrungen nachhaltiger ab als die positiven. Das ist auch der Grund, warum es für uns Menschen nicht leicht ist, negative Erfahrungen zu vergessen und zu verarbeiten. Erkenntnisse aus der Stressforschung lassen vermuten, dass für den Ausgleich einer negativen Erfahrung etwa fünf positive Erfahrungen erforderlich sind.

---

4 *Mindfulness-Based Compassionate Living* (achtsamkeitsbasiertes Mitgefühlstraining).

Das zweite System, das Antriebssystem, hat die Aufgabe, uns zu motivieren, etwas zu erreichen. Es ist aktivierend und auf Belohnung ausgerichtet – sei sie materieller oder geistiger Natur. Auch das Erfüllen von Bedürfnissen – wie das Streben nach Anerkennung und der Fortpflanzungstrieb – gehören dazu. Im Vergleich zum Alarmsystem sind die Emotionen und Gefühle hier, vor allem dann, wenn wir die Ziele erreichen, angenehm.

Das dritte Regulationssystem, das sogenannte Fürsorgesystem oder Beruhigungssystem, hat einen für Körper und Geist besänftigenden und entspannenden Effekt und ist durch angenehme Gefühle wie Ruhe, Sicherheit und Zufriedenheit gekennzeichnet. Die positive Beziehung sowohl zu sich selbst als auch zu anderen spielt dabei eine wichtige Rolle. Das im Kontext dieses Systems in erster Linie ausgeschüttete Hormon ist Oxytocin, das sogenannte Bindungshormon, welches soziale Bindung und Vertrauen fördert. Das Alarmsystem hingegen sorgt für eine Ausschüttung der Stresshormone Adrenalin, Noradrenalin und Cortisol, das Antriebssystem setzt wiederum das Belohnungshormon Dopamin frei.

Alle drei Systeme haben evolutionsbiologisch eine wichtige Bedeutung und sind für unser Überleben notwendig. Was es braucht, ist eine gesunde Balance zwischen ihnen. Als Beispiel kann dafür eine Katze dienen: Bei Gefahr, wenn zum Beispiel ein Hund angreift, wird ihr Alarmsystem aktiv und sie flieht oder kämpft. Das Antriebssystem wird aktiv, wenn sie selbst auf Nahrungssuche geht, auf die Mäusejagd. In Momenten, wenn die Katze ruht und schläft oder gestreichelt wird und dabei genussvoll schnurrt, ist das Fürsorge- beziehungsweise Beruhigungssystem aktiv. Alle drei Systeme sind überlebensnotwendig und es ist wichtig, dass man sich ihrer bewusst ist, damit die Balance zwischen ihnen erhalten bleibt.

Die folgende kurze Übung soll dir helfen, ein ausgewogenes Zusammenspiel deiner emotionalen Regulationssysteme zu fördern und somit dein inneres Gleichgewicht und Wohlbefinden zu stärken.

ÜBUNG »Alarm, Antrieb, Fürsorge: Dein inneres Trio harmonisieren«

Reflektiere, welches deiner emotionalen Systeme – Alarm, Antrieb oder Fürsorge – im Alltag am aktivsten ist. Erinnere dich an spezifische Situationen und Emotionen, die jedes System charakterisieren.

- *Alarmsystem:* Denk an Momente, in denen Angst, Wut oder Stress vorherrschten. Was hat diese Gefühle ausgelöst und wie hast du reagiert?
- *Antriebssystem:* Überleg, welche Ziele und Motivationen dich antreiben. Wie fühlst du dich, wenn du ein Ziel verfolgst oder erreichst?
- *Fürsorgesystem:* Erinnere dich an Situationen der Ruhe und Geborgenheit. Wie und wann treten diese Gefühle auf?

Betrachte deine Reflexionen und frag dich, welches System in deinem Alltag dominiert. Wie beeinflussen diese Systeme dein Verhalten, deine Entscheidungen und dein Wohlbefinden?
Wie kannst du eine *harmonische Balance* zwischen den Systemen herstellen?

Entwickle kleine, praktische Schritte, um jedes System bewusst zu fördern und ins Gleichgewicht zu bringen.
Schreibe die Schritte auf und integriere sie in deinen Alltag. Beobachte, wie sich durch das bewusste Einbeziehen aller drei Systeme dein Wohlbefinden und deine Lebensqualität verbessern.

4 Wahrnehmungswandel

4.1 Vom Grübeln zur Dankbarkeit

»Wir brauchen nicht so fort zu leben, wie wir gestern gelebt haben.
Macht euch nur von dieser Anschauung los und tausend Möglichkeiten
laden uns zu neuem Leben ein.«
Christian Morgenstern

In der Achtsamkeitspraxis trainieren wir bestimmte Gehirnregionen, um mehr Führung über unseren Verstand zu erlangen. Dabei schärfen wir unser Bewusstsein für die Wahrnehmung dessen, was in der Gegenwart vorhanden und frei von unseren verzerrten Sichtweisen ist. »Meditation ist angewandte Neurowissenschaft«, sagt der Psychologe Ulrich Ott vom Bender Institute of Neuroimaging an der Universität Gießen (zit. nach Stüvel 2010). Die Achtsamkeitsmeditation fördert die Entwicklung eines erweiterten Bewusstseins, das sowohl das bewusste als auch das unbewusste Denken beeinflusst und somit zu neuen Erkenntnissen und Wahlmöglichkeiten führt. Bei Körperwahrnehmungsübungen wie dem Bodyscan wird uns das bewusst. Indem wir achtsam durch unseren Körper wandern, richten wir unsere Wahrnehmung nicht nur auf das, was schmerzt und sich unwohl anfühlt – verspannte Bereiche, Narben, Wunden, Krankheiten –, sondern auch auf das, was heil ist, gesund, angenehm, in einem gewissen Sinne funktioniert. Letzteres betrachten wir oft als selbstverständlich und nehmen es deshalb nicht wahr. Unser Gewohnheitsmuster scannt bevorzugt das, was nicht funktioniert, und richtet darauf die Gedanken.

Lass und an dieser Stelle ein Klischee entlarven: nämlich die Vorstellung, dass beim Achtsamkeitstraining die Aufmerksamkeit speziell auf problematische Aspekte gerichtet wird, also auf das, was uns belastet. Sicher ist das ein wichtiger Punkt, um negative Verhaltensmuster und Gedanken zu erkennen und tiefer zu erforschen. Die Aufmerksamkeit auf die schönen Dinge des Lebens zu richten, gehört aber ebenso dazu. Wir müssen uns proaktiv um das Schöne und Gute kümmern, denn das Nicht-vorhanden-Sein von Leid bedeutet nicht automatisch, dass wir glücklich sind. Hilfreich ist, seine Aufmerksamkeit mehrmals täglich auf Dinge und Umstände zu richten, die positiv sind; uns bewusst zu machen, was wir Gutes erfahren, besitzen. Das steigert die Wertschätzung und trägt zu mehr Zufriedenheit bei.

Wertschätzung ist weit mehr als ein nettes Wort oder eine freundliche Geste; sie ist ein mächtiges Werkzeug, das das Wohlbefinden und die Lebensqualität sowohl des Gebenden als auch des Empfangenden steigert. Sie ist die Kunst, das Gute im anderen zu sehen, die Anstrengungen anzuerkennen und die Einzigartigkeit eines jeden Individuums zu schätzen. In der Psychologie ist Wertschätzung eng mit dem Konzept der positiven Verstärkung verbunden. Im Kontext der Beziehungsdynamik ist anerkannt, dass die Ausdrücke von Wertschätzung entscheidend zur Vertiefung der Zufriedenheit und emotionalen Verbundenheit zwischen Partnern beitragen. Die Annahme basiert auf dem Verständnis, dass Individuen, die sich wertgeschätzt fühlen, eine stärkere Bereitschaft zeigen, sich konstruktiv in die Beziehung einzubringen und positive Verhaltensweisen zu fördern. Wertschätzung fördert aber nicht nur positive Gefühle, sondern reduziert auch Stress und Angst. Sie eröffnet einen Raum der Anerkennung und Bestätigung, der dazu beiträgt, dass Selbstwertgefühl und die Resilienz zu stärken. In einer Welt, die vorrangig von Kritik und Urteilen geprägt ist, avanciert Wertschätzung zu einem Leuchtfeuer der Positivität, das das menschliche Herz wärmt und nährt. Jeder Moment der Dankbarkeit und Wertschätzung pflanzt einen Samen der Güte und des Verständnisses. Und es ist dieses blühende Feld der Dankbarkeit, das den Boden für ein erfülltes und harmonisches Leben bereitet. Indem wir die Praxis der Wertschätzung kultivieren, fördern wir nicht nur unser eigenes Wohlbefinden, sondern tragen auch zu einem liebevolleren und mitfühlenderen Weltbild bei.

Jeden Morgen praktiziere ich eine kleine Dankbarkeitsübung. Ich mache mir bewusst, dass ich ein Dach über dem Kopf habe, dass ich genug zu essen habe, dass ich in einem Land lebe, in dem kein Krieg herrscht. Ich bin dankbar, dass ich sehen, hören, denken und mich selbstständig bewegen kann. Ich bin dankbar für meine Familie und die Menschen und Freunde, die mich umgeben, und für all die Möglichkeiten, die ich habe. Dieser kleine Impuls am Morgen erfüllt mich mit Wertschätzung und lässt mich ganz anders in den Tag starten, als wenn ich als Erstes auf mein Smartphone schaue oder Nachrichten höre. Abends kann man die Übung so gestalten, dass man zum Beispiel kurz vor dem Schlafengehen reflektiert, was schön war: Menschen, mit denen ich gut in Kontakt gekommen bin; der freudige Blick meiner Kinder, als ich nach Hause kam; die Arbeit, die mir leicht von der Hand ging; das Hilfsangebot eines Kollegen. Diese bewusste Wahrnehmung arbeitet in uns und führt in unserem Gehirn zu neuen, positiven neuronalen Vernetzungen. Wir stärken unser geistiges Immunsystem.

ÜBUNG »Für was bin ich dankbar?«

Ich empfehle dir, morgens nach dem Aufstehen folgende Dankbarkeitsübung zu praktizieren: Mach dir fünf Dinge oder Eigenschaften in deinem Leben bewusst, für die du dankbar bist.

Die nachfolgende Liste (vgl. Weltdorf o.J.; leicht abgewandelt) mag dich dabei anregen, denn vieles, was wir für selbstverständlich halten, ist es nicht. Immerhin leben die meisten Menschen auf diesem Planeten in schwierigen ökonomischen, ökologischen oder sozialen Verhältnissen.

- Falls du heute Morgen gesund und nicht krank aufgewacht bist, bist du glücklicher als 1 Million Menschen, welche die nächste Woche nicht erleben werden.

- Falls du nie einen Krieg erlebt hast, nie die Einsamkeit einer Gefangenschaft oder Hunger verspürt hast, dann bist du glücklicher als 500 Millionen Menschen der Welt.
- Falls du in dein Glaubenshaus gehen kannst, ohne die Angst, dass man dich dafür verhaften oder umbringen wird, bist du glücklicher als 3 Milliarden Menschen weltweit.
- Falls sich in deinem Kühlschrank Essen befindet, du Kleidung, ein Bett und ein Dach über dem Kopf hast, bist du reicher als 75 Prozent der Menschen weltweit.
- Falls du ein Konto bei der Bank hast, etwas Geld im Portemonnaie oder etwas Kleingeld in einer kleinen Schachtel, gehörst du zu den 8 Prozent der wohlhabendsten Menschen auf dieser Welt.
- Wenn du diesen Text gelesen hast, kannst du dich glücklich schätzen, denn: Du gehörst nicht zu den 2 Milliarden Menschen, die nicht lesen können.

4.2 Von Missgunst zu Mitgefühl

»Der Gedanke an die Vergänglichkeit aller irdischen Dinge
ist ein Quell unendlichen Leids – und ein Quell unendlichen Trostes.«
Marie von Ebner-Eschenbach

Wir Menschen streben von Natur aus nach Glück. Einmal erreicht, halten wir daran fest, möchten es für immer bewahren. Das wichtigste Naturgesetz aber lautet: Nichts bleibt, wie es ist. Alles ist vergänglich, alles wandelt sich. Es ist diese Erkenntnis, die uns oft in eine Art Existenzkrise stürzt, welche den Sinn des Lebens und unseres Strebens infrage stellt. Veränderungen und Leid – Krankheit, Alter und Tod – gehören zum Leben. Wir können dem nicht entfliehen. Wir kommen mit nichts auf die Welt, und wir gehen mit nichts. Alles, was wir ansammeln, alle materiellen und geistigen Reich- und Besitztümer, lassen wir am Ende unseres Lebens los. Gewollt oder ungewollt. Sich das immer wieder bewusst zu machen, kann dabei helfen, sich dem Fluss des Lebens anzuvertrauen, sich von Widerständen und Anhaftungen zu lösen. Denn all das erzeugt Stress und damit auch Leid. Die Akzeptanz der Vergänglichkeit kann paradoxerweise eine Quelle der Freiheit und Leichtigkeit sein, nämlich wenn wir erkennen, dass wir nicht die Kontrolle über alles haben – und dass das in Ordnung ist. Dabei geht es nicht nur um den Widerstand gegen und die Anhaftung an die Dinge im Außen, sondern auch um das, was in uns liegt.

In der Lehre des Buddhismus werden »Drei Geistesgifte« hervorgehoben, auch bekannt als »Drei Geistesverschmutzungen« oder »Drei Wurzeln des Übels«: Gier, Hass und Verblendung (vgl. Trainor 2004, S. 70). Sie spielen eine entscheidende Rolle für das Verständnis unserer mentalen Haltung und deren Auswirkung auf unser Leben.

Gier zeigt sich in einem starken Verlangen nach materiellen oder auch geistigen Dingen sowie im Streben nach fortwährender Existenz. Diese Gier – sie ist eng verknüpft mit intensiven Begierden und einer Art »Durst« nach mehr – steht im Kontrast zu den positiven Eigenschaften der Großzügigkeit und Mildtätigkeit, bekannt als *Dāna*. Gier führt uns in wiederkehrende Zyklen von Begehren und Enttäuschung. Hass äußert sich in Form von Wut oder Aggression und entsteht durch die Behauptung eines falschen Selbstbilds gegenüber anderen. Die Praxis von Güte, auch Metta genannt, ist hier ein heilender Gegenpol. Verblendung bezeichnet die Unwissenheit über die wahre Beschaffenheit der Dinge und ist der Nährboden, auf dem die anderen Geistesgifte wachsen.

Diese drei Geistesgifte sind die Basis für schädliche Handlungen, während ihr Gegensatz – die Freiheit von Gier, Hass und Verblendung – zu heilsamen Handlungen führt. Die Heilung dieser Zustände verlangt Liebe und Mitgefühl. Durch die Verbindung von formellen und informellen Übungen kannst du aktiv an der Überwindung dieser Geistesgifte arbeiten, was zu innerem Frieden und einem erfüllten Leben führt.

ÜBUNG »Die drei Geistesgifte überwinden«

Gier

Denk an den Einfluss von Werbung und Trends in unserer Konsumkultur. Sie können unerfüllte Wünsche und fortwährende Frustration verursachen.

- *Formelle Übung:* Praktiziere täglich die Dankbarkeitsmeditation (→ Übung S. 45), indem du dir Zeit nimmst, über Dinge nachzudenken, für die du dankbar bist.
- *Informelle Übung:* Übe bewussten Konsum. Stell dir bei Entscheidungen Fragen wie: »Ist das wirklich notwendig?« oder »Was treibt meinen Wunsch danach an?«.

Hass

Achte darauf, wie Konflikte oft durch Missverständnisse und vorschnelle Urteile ausgelöst werden.

- *Formelle Übung:* Führe regelmäßig die Metta-Meditation[5] durch, bei der du positive Gedanken zuerst an dich selbst und dann an andere richtest.
- *Informelle Übung:* Versuch dich im Alltag in andere hineinzuversetzen, bevor du handelst.
  Betrachte, wie Probleme oft aus falschen Annahmen und Erwartungen entstehen.

5 Die Metta-Meditation, auch als Loving-Kindness-Meditation bekannt, ist eine Praxis, bei der man liebevolle Güte und Mitgefühl für sich selbst und andere entwickelt. Man beginnt mit liebevollen Wünschen für sich selbst und erweitert dann die Wünsche auf geliebte Menschen, neutrale Personen, schwierige Beziehungen und schließlich auf die gesamte Welt.

Verblendung

- *Formelle Übung:* Praktiziere täglich eine Achtsamkeitsmeditation (z. B. Übung »Achtsames Erkunden von Bewusstsein und Denken«, S. 31), bei der du deine Gedanken und Gefühle beobachtest, ohne sie zu beurteilen.
- *Informelle Übung:* Reflektiere dich regelmäßig selbst. Stell deine Überzeugungen infrage und erforsche deren Grundlagen.

Im Zuge meiner inneren Kämpfe mit Anteilen, die mir nicht lieb waren, verstand ich mit der Zeit, dass die Menschen, die mich besonders aufregten, oft Eigenschaften verkörperten, die ich selbst an mir nicht mochte. Dieser Spiegel, den andere uns vorhalten, kann ein mächtiges Werkzeug für persönliches Wachstum und für Selbsterkenntnis sein, wenn wir den Mut haben, hineinzuschauen. Uns selbst mit Strenge zu begegnen oder von außen sanktioniert zu werden, führt eher dazu, das unerwünschte Verhalten zu unterdrücken, als es zu verändern. Hingegen können wir mit Achtsamkeit und Freundlichkeit unsere unerwünschten Gewohnheiten und Verhaltensweisen nachhaltig verändern. Freundlichkeit gegenüber uns selbst ermöglicht es uns, mit unseren Fehlern und Unzulänglichkeiten in Frieden zu leben, und bereitet einen fruchtbaren Boden, auf dem Veränderung und Wachstum gedeihen.

Was wir brauchen, sind Bewusstheit, Menschlichkeit und Freundlichkeit. Die Art und Weise, wie wir mit uns selbst umgehen, strahlt oft in unsere Beziehungen und die Welt um uns herum aus. Indem wir uns selbst mit Freundlichkeit begegnen, fördern wir nicht nur unser eigenes Wohlbefinden, sondern auch das der Menschen um uns herum.

Die folgende Übung leitet uns an, mit Weisheit, Mitgefühl und Freundlichkeit zu leben, uns selbst und der Welt, in der wir leben, den Raum und die Erlaubnis zu natürlichem Wachstum und Transformation zu geben.

ÜBUNG »Ein Pfad zu Bewusstheit, Menschlichkeit und Freundlichkeit«

Bewusstheit

Ich nehme wahr, was ist – meine Körperempfindungen, Gedanken und Gefühle. Ich erkenne die Interaktion zwischen Gedanken, Körper und Emotionen und wie sie sich gegenseitig beeinflussen. Mit dieser Realisierung schenke ich mir die Freiheit, Gedanken und Gefühle als vorübergehende Zustände zu sehen und nicht als feste Bestandteile meiner Identität. Ich muss mich nicht von ihnen zu unerwünschten Verhaltensweisen verleiten lassen. Ich kann bewusst entscheiden, was mir guttut und was ich will, anstatt impulsiv oder reaktiv zu handeln.

Menschlichkeit

Ich nehme wahr, wie wir als Menschen das Leid und die Freude teilen. All die angenehmen und unangenehmen Gefühle gehören zum Menschsein. Ich erlaube mir, in der Erkenntnis, dass ich nicht allein bin mit meinen Kämpfen und Freuden, Trost zu finden. Meine Ängste, meine Wut, meine Unzufriedenheit oder meine Freuden sind auch bei anderen vorhanden. Im Bewusstsein dieser gemeinsamen Menschlichkeit sind wir nicht isoliert von anderen, sondern alle miteinander verbunden. Dieses Wissen öffnet das Herz und schafft ein Gefühl der Zusammengehörigkeit mit anderen – es ist eine Brücke, die die Isolation durchbricht und eine Gemeinschaft des Mitgefühls und der Unterstützung fördert.

Freundlichkeit

Ich nehme wahr, dass ich mir mit Freundlichkeit begegnen und wie zu einem guten Freund stehen kann. Wenn mich andere verlassen und nicht freundlich zu mir sind, ist das nicht angenehm. Dramatisch wird es allerdings, wenn ich zu mir selbst nicht freundlich sein kann und mich selbst verlasse. So nehme ich eine verständnisvolle und mitfühlende Haltung zu mir selbst ein und erkenne, dass Selbstfreundlichkeit nicht nur eine Quelle des inneren Friedens ist, sondern auch die Kraft besitzt, Widerstandsfähigkeit und Stabilität inmitten von Herausforderungen zu schaffen.

4.3 Von Zielorientierung zur Gelassenheit

> »Zum ersten Mal in meinem Leben spürte ich, wie schön es ist, zu sein – und nichts weiter. Ich fand mich in einem Zustand wieder jenseits der Ruhe oder Hektik, jenseits der Form oder Formlosigkeit. *Ich bin seit Ewigkeiten.* Im Licht dieser Erkenntnis verstand ich, niemals gefallen oder gestiegen zu sein. Ja, mich niemals vom Fleck bewegt zu haben, weder zeitlich noch räumlich, noch spirituell. Und dass selbst das Erreichen von Erleuchtung ein Ziel ist, das zur Illusion gehört, da alles erleuchtet ist, jederzeit.«
> *Hartmut Lohmann*

Ich lade dich zu folgendem Experiment ein. Schließe die Augen und nimm für ein bis drei Minuten einige Atemzüge bewusst wahr. Spüre dabei in deinen Körper hinein. Nun sprich innerlich oder laut folgende Sätze:

- Ich muss gut sein!
- Ich muss der Beste sein!
- Ich darf keine Fehler machen!
- Ich muss es schaffen!

Lass diese Worte wirken und spüre dabei deinen Körper. Wie fühlt er sich an? Welche Körperempfindungen und Gefühle kannst du wahrnehmen? Lass dir Zeit und spür nach.

Richte deine Aufmerksamkeit wieder auf den Atem und folge seinem Kommen und Gehen. Nun sprich diese Sätze aus:
- Es darf sein, wie es ist.
- Ich darf sein, so wie ich bin.
- Ja! Es ist in Ordnung.

Wenn du christlich geprägt bist, kannst du gerne auch den folgenden Satz sagen:
- Dein Wille geschehe ...

Spür auch nun wieder in deinen Körper hinein. Welche Körperempfindungen und Gefühle kannst du jetzt wahrnehmen? Welchen Unterschied kannst du wahrnehmen? Auch in der Meditation beziehungsweise im Achtsamkeitstraining kann sich ein Leistungsdenken in den Vordergrund stellen. Deshalb erwähne ich in meinen angeleiteten Meditationen oft den Satz: »Es gibt nicht zu erreichen und nichts zu tun.« Es gilt, einfach nur da zu sein. Immer wieder berichten mir Teilnehmende, dass dieser Satz ihnen besonders guttue. Es entlaste sie, frei von Ansprüchen von außen, von eigenen Ansprüchen – keine To-do-Liste und auch kein schlechtes Gewissen – auf dem Meditationskissen zu sitzen.

Warum erlauben wir uns so selten, etwas zu machen, das nicht an ein Ergebnis oder ein Ziel gebunden ist? Meine Einladung lautet, einmal in der Woche etwas Zweckfreies zu machen. Das kann etwas Kurzes sein, wie ein Spaziergang oder sich in ein Café zu setzen und einfach zu schauen. Oder etwas Längeres, wie sich ins Auto oder die Bahn zu setzen und ohne Ziel loszufahren und an einem unbekannten Ort auszusteigen. Diesen Ort dann mit allen Sinnen erkunden, sich treiben, sich überraschen lassen. Solche Aktionen sind Übungen, sich vom Zweckgebundenen zu lösen, nicht alles zu durchdenken, nicht an alles den Maßstab der Effizienz anzulegen. Dadurch kommen wir vom Kopf in den Bauch, vom Denken ins Intuitive. Wir entdecken Neues!

All die Übungen, die wir in der Praxis der Achtsamkeit lernen, zielen darauf ab, auf den unterschiedlichen Ebenen bewusster zu werden. Dabei geht es immer um den Alltag, nicht um eine Ideologie, um ein Verharren im Erleuchtungszustand. Willigis Jäger schreibt in seinem Buch *Das Leben ist Religion*: »Eine junge Journalistin fragte mich einmal: ›Was ist ihr Lebensmotto?‹ Sie erwartete etwas Hochspirituelles und Erhabenes. Als ich ihr antwortete: ›Ganz Mensch sein‹, war sie fast enttäuscht.« (Jäger 2005, S. 124)

Immer wieder begegnen mir Menschen, die über ihre Erfahrungen in der Meditation sprechen. Sie schwärmen von tranceartigen Zuständen und dass der Ort, an dem sie meditieren, etwas Heiliges für sie sei. Ja, es gibt in diesem Bereich sehr vieles, was man erfahren und über das man staunen kann. Allerdings werde ich skeptisch, wenn mir jemand von solchen Dingen immer wieder erzählt. Man tappt leicht in die Falle, sich auf außergewöhnliche Erfahrungen zu konzentrieren und dabei den Wert des Einfachen und Alltäglichen zu übersehen. So wird alles, was irgendwie profan und alltäglich ist, als oberflächlich und unbedeutend angesehen. Dann heißt es bei manchen Übungen: »Das ist nicht so tief und ernst.« Diese Menschen empfinden alles, was nicht zu »besonderen« Erfahrungen führt, als nebensächlich und unwichtig.

Es ist jedoch eine fehlerhafte Annahme, dass Tiefe und Bedeutung nur in außergewöhnlichen Momenten zu finden sind. Die Einfachheit des gegenwärtigen Moments, der Atmung, der Empfindungen – das ist der Ort, an dem sich wahre Transformation und Erkenntnis vollziehen. Eines meiner Seminare trägt den Titel »Einfach Sein«, und dieser Titel kann gerne doppeldeutig verstanden werden: einfach *sein* im Sinne von authentischem und tiefem Sein; oder *einfach* sein, ohne übermäßige Komplexität. Die Fähigkeit, in der Einfachheit und Stille des Jetzt präsent und offen zu sein, öffnet die Tür zur tiefsten Form der Verbindung und des Verständnisses – nicht nur in Bezug auf uns selbst, sondern auf alles Leben.

Mir scheint, dass einige spirituell Suchende versuchen, Defizite auf der personalen Ebene durch das Streben nach »Erleuchtung« auszugleichen. Das ist meist ein unbewusster Mechanismus, der in eine Sackgasse führen kann. Der Psychologe und Autor Nathaniel Branden schreibt dazu treffend: »Manche die in dieser Sackgasse stecken und frustriert sind, verkünden – ganz auf Linie des Zeitgeistes –, sie haben beschlossen, einen ›spirituellen‹ Weg zu gehen und ihrem Ego zu entsagen. Eine Unternehmung, deren Scheitern vorprogrammiert ist. Denn ein Ego – im reifen und gesundem Sinne – ist genau das, was sie nicht erreicht haben. Sie träumen davon, etwas aufzugeben, was sie nicht besitzen. Niemand kommt so ohne weiteres an der Notwendigkeit eines Selbstwertgefühls vorbei.« (Branden 2018, S. 36) So manche wollen sich an den unangenehmen Dingen vorbeimogeln, aber die Rechnung wird leider nicht aufgehen, denn was man nicht besitzt, das kann man auch nicht loswerden.

Entscheidend sind also nicht die Erfahrungen, die wir auf dem Kissen, sondern diejenigen, die wir im Alltag machen. Hier lauern die Gefahren. Was geschieht, wenn wir auf Probleme stoßen, auf Menschen treffen, die wir nicht mögen? Die Praxis muss sich im Alltag bewähren. Wie finde ich aber heraus, ob meine Praxis Früchte trägt? Einer der Indikatoren auf dem Weg ist, wie viel man zugelassen und losgelassen hat. Was hat sich im Vergleich zu früher verändert? Welche Erfahrungen habe ich gemacht? Was konnte ich wirklich loslassen? Oft berichten Menschen, dass sich der Freundeskreis geändert habe, ebenso die Interessen sowie die Beziehung zu anderen und sich selbst; dass sie gelassener geworden seien. Aussagekräftig sind auch Bemerkungen von engen Bezugspersonen: dass man sich irgendwie verändert habe; anders geworden sei – in einem guten Sinne

5 Im Tanz des Daseins: Achtsamkeit als Wegweiser zum Wesentlichen

5.1 Zerbrochen und dennoch ganz

> »Die Wunde ist der Ort, an dem das Licht eintritt.«
> *Rumi*

Wenn ich über meinen Weg spreche, so beschreibt das einen langen Prozess, der sich um das Thema Berufung und Lebenssinn dreht. Zu Beginn des Jahres 2018 fragten mich Bekannte und Freunde wie üblich, wie das Jahr für mich so begonnen habe. Ich konnte ihnen keine positive Antwort geben. Ein schon länger vorhandener Bandscheibenvorfall und die damit einhergehenden Schmerzen hatten sich verschlimmert und so hatte ich mich nach langer Überlegung für eine Operation entschieden. Kaum war sie überstanden, erfuhr ich, dass das Projekt bei der Handwerkskammer, in dem ich neben meiner Tätigkeit als Achtsamkeitslehrer rund drei Jahre gearbeitet hatte, nicht verlängert wird. Dies überraschte mich, denn es war mir in Aussicht gestellt worden, dass ich langfristig dort beschäftigt werden sollte. Unabhängig davon hatte ich mich in den Jahren zuvor aber auch immer wieder gefragt, ob die Struktur, in der ich mich befand, die passende sei. Ich war mir nicht sicher gewesen, ob ich überhaupt bei der Handwerkskammer bleiben wollte. Eine gewisse Sicherheit, die Freiräume und das regelmäßige Gehalt standen den spürbar starren Strukturen einer öffentlich-rechtlichen Institution gegenüber. Ich hatte zunehmend das Bedürfnis, flexibel und kreativer zu arbeiten. Nun war mir die Entscheidung abgenommen worden.

Kurze Zeit nach der Operation erfuhr ich ein Rezidiv: erneut ein Bandscheibenvorfall, der gemäß Magnetresonanztomographie drei Mal größer war als davor und immens starke Schmerzen verursachte. Statistisch gesehen trifft das eine von zehn Personen. Obwohl ich höllische Schmerzen hatte und kaum gehen oder sitzen konnte, wollte ich mich nicht nochmals unters Messer legen. Viele der anstehenden Kurse, die ich für Anfang des Jahres geplant hatte, sagte ich ab, denn ich war körperlich nicht in der Lage, sie zu halten. Interessanterweise arbeitete mir auch hier das Schicksal in die Hände: Einige Kurse, die ich nicht hatte absagen wollen, weil sie schon länger geplant und mit hohem organisatorischem Aufwand verbunden gewesen waren, wurden kurz vor Beginn aufgrund geringer Anmeldungen abgesagt. Es war, als ob meine Umstände gelenkt würden, auf eine wundersame und wunderbare Weise. Das Leben bot mir Lösungen an, die nicht aus meinem Kopf kamen.

Gedanken, ob ich als Achtsamkeitslehrer ganz in die Selbstständigkeit gehen sollte, hatten mich auch schon Jahre vor der besagten Operation umgetrieben. Diese Tätigkeit ist eine Herzensangelegenheit, der ich viel zu verdanken habe. Ich wusste jedoch um die Schwierigkeiten, daraus einen Broterwerb zu machen, und hatte bei anderen beobachten können, wie sie sich kompromittierten, indem sie weniger auf Inhalte setzten als vielmehr auf ein einträgliches Geschäftsmodell. Um meine innere Unabhängigkeit zu bewahren, entschied ich mich, zweigleisig zu fahren: als Angestellter und als freiberuflicher Achtsamkeitstrainer.

An dieser Stelle möchte ich die Kritik von manchen Achtsamkeits- und Meditationslehrern aufgreifen, dass Achtsamkeit und Meditation im Businessbereich nichts verloren hätten. Die Praxis werde zur Leistungs- und Gewinnoptimierung missbraucht, die Menschen würden ausgenutzt. Selbst wenn diese Motivation bei Unternehmen vorhanden sein sollte, ist sie in meinen Augen nicht das eigentliche Problem. Die Frage ist nicht, was für eine Motivation die Arbeitgeber beziehungsweise Arbeitnehmer haben, sondern wie die Achtsamkeit vermittelt wird und was sie mit den Übenden macht. Achtsamkeit macht, wenn sie richtig praktiziert wird, bewusster, freundlicher und mitfühlender und befreit von falschen Zielen und verzerrten Sichtweisen. Auf diese Weise knockt das Ergebnis die Absicht immer aus.

In meiner Zeit der Neuorientierung tauchten vermehrt Sinnfragen auf. Um was geht es eigentlich? Warum mache ich das Ganze überhaupt? Befriedige ich damit nur mein kleines Ego und verdränge vielleicht Dinge, auf die ich nicht gern schauen möchte? Bei den eigenen Lebensfragen immer ehrlich mit sich selbst zu sein, ist oftmals ein schwieriger Weg. Das, was man durch den Übungsprozess erfährt, ist nicht immer angenehm. Manches von dem, was einen gehalten und genährt hat, wird auf einmal bedeutungslos. Die Ego-Stützen zerfallen stückweise, die Fassade stürzt ein. Nichts ist mehr sicher. Das ist der Moment, in dem es interessant wird. Zurück geht es nicht mehr, die alten Strukturen sind zerrüttet, das Ego-Gebäude ist zerstört. Es geht nur noch nach vorne. Da liegt der Weg. Stehenbleiben würde Erstarrung bedeuten. Geht man jedoch weiter, zeigt sich Neues, kann Wandlung geschehen.

Die Fragen zu meiner beruflichen Ausrichtung warfen neue, andere Fragen auf, die mich mit meiner Entwicklung auf dem spirituellen Weg konfrontierten. In meinem Wohnort leitete ich eine Zen-Gruppe, die sich mit den Jahren zunehmend vergrößert hatte. Wir meditierten regelmäßig und ernsthaft. Mit der Zeit allerdings empfand ich die Praxis als für mich nicht mehr stimmig. Sie war zu sehr an die alten Formen gebunden, zu starr, zu wenig alltagstauglich. Nur in der Stille regungslos zu sitzen, genügte in meinen Augen nicht mehr. Der Alltag und das wahre Leben sind die Prüfungsfelder spiritueller Praktiken, dort haben sich diese zu bewähren. Genau da aber lagen nach meinem Empfinden die Defizite. Nach langem Überlegen löste ich mich nicht nur von der Gruppe, sondern auch von meinem traditionellen Weg, dem ich fast 20 Jahre treu gewesen war und der mir eine Art spirituelle Heimat geboten hatte.

Eine weitere einschneidende Erfahrung machte ich in Bezug auf ein Achtsamkeitsretreat in Kroatien. Seit mehreren Jahren führte ich mit einem Bekannten aus Kroatien auf der Klosterinsel Kosljun einen Achtsamkeitskurs im Sinne von Zen und Kontemplation durch – einen christlich-spirituellen Übungsweg, welcher der Zen-Praxis ähnelt. Die Anzahl der Interessenten wuchs von Jahr zu Jahr – wertvolle Begegnungen zwischen kroatischen, bosnischen und deutschen Teilnehmenden. Wir praktizierten von morgens bis abends Achtsamkeit und erfuhren in Gemeinschaft und Stille immer wieder die tragende Kraft der Verbundenheit. Das war sowohl für uns Lehrer als auch für die Kursteilnehmer immer eine besondere Erfahrung, da der Ort mit den dort lebenden Franziskanermönchen eine besondere Ausstrahlung hatte und die Teilnehmer so hochmotiviert und diszipliniert dabei waren. Völlig unerwartet – hatten wir uns doch mit den Mönchen stets gut verstanden – erfuhr ich nach einem weiteren Retreat, dass der Klostervorsteher uns das Kloster nicht mehr zur Verfügung stellen wollte, weil unsere Praxis beziehungsweise unsere Ausrichtung »nicht mit den Werten der katholischen Kirche« übereinstimme. Mein Einwand, dass ich mit vollem Einverständnis solche Kurse in katholischen Exerzitienhäusern in Deutschland durchführte, verhallte ohne Wirkung. Für mich war es das vorläufige Ende eines gemeinsamen Weges mit meinem Kontemplationskollegen aus Zagreb – und eine wiederholte Erfahrung von Ende und Neubeginn.

Die Steine auf meinem Weg mehrten sich. 2020 erschütterte die Coronakrise die Welt. Wie sollte ich jetzt weiterarbeiten? Da ich vorrangig Gruppenkurse hielt, war ich von der Krise stark betroffen. Ich fand eine Ausweichmöglichkeit mit Onlinekursen. Kaum hatte ich mich umgestellt, verstarb am 20. März mein Zen- und Kontemplationslehrer Willigis Jäger. Zwar war er als Kursleiter schon länger nicht mehr präsent gewesen und sein Tod kam nicht ganz überraschend, doch wurde mir schmerzhaft bewusst, dass ein großer Mann uns verlassen hatte und sich damit auch einiges verändern würde auf dem Benediktushof – an dem Ort, der meine spirituelle Heimat war. Zwei Tage nach seinem Tod kam es zu einem großen Erdbeben in Zagreb und Umgebung. Dort leben die meisten meiner Familienangehörigen. So war ich auch in dieses Geschehnis involviert. Als nächstes erlitt meine Mutter einen Schlaganfall, 2022 verstarb sie nach längerem Leiden. Ich war dankbar, sie bis zu ihrem Tod begleiten zu dürfen.

Was Willigis Jäger mir mit auf den Weg gegeben hat, war seine Haltung, seine unerschütterliche Präsenz und Gleichmut im Angesicht der Vergänglichkeit. Trotz all dieser unerwarteten, vielfach unerfreulichen Ereignisse hielt sich in mir stets das Vertrauen in das Leben – ein Gefühl, im Fluss zu sein. Ich konnte den Dingen ihren Lauf lassen. Nicht immer, aber immer öfter.

5.2 Welcher Weg soll es sein?

> »Die Sinnantwort wird nicht durch die letzten Dinge gegeben, sondern durch die nächsten.«
> *Rupert Lay*

Ende der 1990er Jahre fiel mir in einer Buchhandlung in Koblenz ein Buch von Daisetz T. Suzuki in die Hände: *Die große Befreiung. Einführung in den Zen-Buddhismus*. Allein der Titel war für mich schon wie ein kleiner Erleuchtungsimpuls. Ja, die große Befreiung! Aber wie sieht diese große Befreiung aus? Wir werden geboren, arbeiten, heiraten, bekommen Kinder und sterben eines Tages. Was ist der Sinn des Lebens? Was ist Glück? Meist fühlen wir uns glücklich, wenn wir etwas erreichen, wenn es uns gut geht, eine erfüllende Arbeit und eine harmonische Beziehung haben. Was aber ist, wenn die Karriere nicht so läuft wie gedacht, die Beziehung in die Brüche geht und wir krank werden?

Ich wollte unbedingt mehr von der Freiheit wissen, von der im Zen und bei den Mystikern die Rede ist. Frei wovon? Frei wozu? Frei wofür? Diese Fragen führten mich auf den Pfad des Zen und der Kontemplation, die meine persönliche Entwicklung maßgeblich prägten. Zwei spirituelle Wege, die aus dem Buddhismus und dem Christentum hervorgegangen sind und deren Kern nicht ein Glaubenssystem oder eine Theorie ist, sondern die praktische Übung, die zur spirituellen Erfahrung führen soll. Die Unterschiede zwischen diesen beiden spirituellen Wegen, so wie ich sie kennengelernt habe, liegen hauptsächlich in der Sprache beziehungsweise in den Bildern, die in der jeweiligen Kultur benutzt werden. Beide Wege bieten unterschiedliche Perspektiven und Herangehensweisen, aber sie streben dasselbe Ziel an: eine tiefe, transformative spirituelle Erfahrung.

Auf der Suche nach Verständnis und Erleuchtung erkannte ich, dass es viele Wege gibt, so wie sprichwörtlich auch viele Wege nach Rom führen. Die Wege der Achtsamkeit gleichen jenen auf einen Berg, den man besteigen möchte. Einige Pfade sind steil, andere sanfter. Manche sind gut ausgebaut, andere weniger. Während die steileren Wege direkter zum Gipfel führen, bieten die flacheren Wege eine leichtere, aber längere Reise. Auf manchen Pfaden gibt es Rastplätze zum Erholen und Austauschen, sie bergen aber auch die Gefahr, das Ziel aus den Augen zu verlieren. Jeder Weg birgt seine eigenen Herausforderungen und Schönheiten. Welcher Weg der beste ist, hängt letztlich von jedem Einzelnen ab – von unserer Bereitschaft, uns auf das Unbekannte einzulassen, und von unserer Entschlossenheit, weiterzugehen, egal wie steil oder weit der Weg zum Gipfel sein mag.

Die Berg-Metapher erinnert mich an meine Zen- und Kontemplationspraxis. Die Schlichtheit und der direkte Weg des Zen hatten mich fasziniert. Die Strenge passte zu meiner langjährigen Ausübung der fernöstlichen Kampfkünste: Lass alle deine Gedanken vorbeiziehen und halte durch. Ich war es gewohnt, die nötige Disziplin aufzubringen und mich den Regeln, soweit sie für mich vertretbar waren, zu fügen. Die Samurais des alten Japans dienten mir als Vorbild und die Zen-Meister waren für mich das Ideal eines erleuchteten Menschen. Mit der Zeit erkannt ich aber, dass einige Anteile in mir, von denen ich im Laufe meines Lebens genügend aufgebaut habe, noch dominanter wurden. Die strikte Zen-Praxis und das jahrelange Training in den Kampfkünsten schienen die weicheren und bedürftigeren Teile meiner Selbst fast zum Verschwinden zu bringen oder weiter zu verdrängen. Ich fühlte, dass etwas fehlt.

Nach mehreren Jahren intensiver Übung im Zen unter der Anleitung meines Lehrers Willigis Jäger wechselte ich daher zur Kontemplation, die er ebenfalls lehrte. Hier machte ich die Erfahrung, dass auch die verdrängten, weicheren Anteile wieder Raum haben dürfen. »Früher dachte ich, dass man wie ein Samuraikämpfer vorgehen muss, um frei zu werden; aber jetzt weiß ich, dass man auch wie die hingebungsvolle Mutter eines neugeborenen Kindes agieren kann. Es erfordert genauso viel Energie, besitzt aber eine ganz andere Qualität. Es geht um Mitgefühl und Dasein, nicht darum, einen Feind im Kampf zu besiegen«[6], so Jack Kornfield (2008).

Heute würde ich sagen, dass Zen meinen Geist inspiriert und die Kontemplation mein Herz berührt hat. Beide Richtungen ergänzen sich. So erkannte ich mit der Zeit, dass mir in der Praxis der Kontemplation manchmal die Klarheit und Direktheit des Zen fehlte, das direkte Abschneiden der Gedanken durch das Schwert des Zen-Geistes. Die liebende Güte und das, was das Herz öffnete, waren wiederum in der Kontemplation sowohl durch die Rituale und die Gespräche als auch durch die Art der Praxis deutlicher spürbar. So machte ich zunächst mit beiden Traditionen weiter, was für meinen Lehrer kein Problem war. Für ihn standen die Erfahrung und die Transformation des Individuums im Mittelpunkt. Da er sowohl Zen-Meister als auch Benediktinermönch war, war der Unterschied in der Ausübung für mich auch nicht besonders groß.

5.3 Von Macht und Ohnmacht

> »Es ist besser, für das, was man ist, gehasst,
> als für das, was man nicht ist, geliebt zu werden.«
> *Andre Gidé*

Für ein zufriedenes Leben sind Selbstbestimmtheit und Selbstwirksamkeit enorm wichtig.

Die komplexe und oft widersprüchliche Natur des Stresserlebens in unserer heutigen Gesellschaft wird besonders deutlich, wenn man die Erfahrungen von Arbeitslosen mit denen von Managern vergleicht. Während man annehmen könnte, dass die enormen Arbeitsbelastungen und die hohe Verantwortung von Führungskräften diese zu den Hauptleidtragenden von Stress machen, offenbart eine Studie der Deutsche

6 Übersetzung des ursprünglich englischen Zitats: RK.

Angestellten Krankenkasse (DAK) ein überraschendes Bild: Es sind tatsächlich die Arbeitslosen, die ein höheres Maß an chronischem Stress erleben (vgl. Süddeutsche Zeitung 2014). Dieses Phänomen lässt sich aus meiner Sicht nicht allein durch finanzielle Unsicherheit erklären, sondern basiert auf einem tiefgreifenden Gefühl der Ohnmacht – einem Zustand der Machtlosigkeit, der das Selbstvertrauen untergräbt und zu großem Stress führt.

Den Kern dieser Dynamik bildet das menschliche Bedürfnis nach Kontrolle und Anerkennung. Top-Manager erleben ihre Arbeit trotz des stressigen Alltags als selbstbestimmt und anerkannt, was ihnen ein Gefühl der Macht verleiht. Im Gegensatz dazu stehen Langzeitarbeitslose vor der Herausforderung, ihre Identität und ihren Platz in einer Gesellschaft wiederzufinden, in der Arbeit und Produktivität hoch bewertet werden. Das Gefühl, außerhalb dieser Norm zu stehen, führt zu einer Ohnmacht, die tief in das Wohlbefinden eingreift. Diese Einsichten heben die Bedeutung der psychosozialen Unterstützung hervor, die über finanzielle Hilfe hinausgeht und darauf abzielt, das Gefühl der Selbstwirksamkeit und Kontrolle zu stärken. Sie laden dazu ein, unsere Annahmen über Stress und seine Ursachen zu hinterfragen, und zeigen auf, dass die wahren Herausforderungen für das Wohlbefinden oft in den unsichtbaren Kämpfen um Anerkennung und Macht liegen. Das unterstreicht die Bedeutung von Selbstbestimmtheit und Selbstwirksamkeit in unserem Leben. Beim Thema Zufriedenheit geht es nicht nur um äußere Umstände, sondern auch darum, wie wir unsere Rolle in der Welt wahrnehmen und wie viel Einfluss wir auf unser eigenes Schicksal haben. Selbstbestimmtheit und Selbstwirksamkeit sind quasi die Superkräfte unserer Psyche. Sie beeinflussen nicht nur unsere mentale Verfassung, sondern haben auch einen erheblichen Einfluss auf unsere physische Gesundheit.

Menschen, die sich als autonom wahrnehmen, sich selbst als fähig erachten, ihr Leben zu beeinflussen, erleben nicht nur weniger Stress im Vergleich zu denen, die sich machtlos fühlen, sondern profitieren auch von einem robusteren Immunsystem und einer schnelleren Genesung bei Krankheiten. Forschungen im Feld der Psychoneuroimmunologie verdeutlichen, wie Stress und damit verbundene negative Gefühle zu physiologischen Veränderungen führen, die essenzielle Kommunikationswege zwischen dem zentralen Nervensystem, dem endokrinen System und dem Immunsystem beeinträchtigen, was wiederum die Gesundheit negativ beeinflusst (vgl. Glaser & Kiecolt-Glaser 2005).

Wie oft hören wir Sätze wie: »Man könnte doch ...« – »Man sollte ...« – »Man müsste ...« – Konjunktive allesamt, die etwas verhindern. Sowohl mit dem Konjunktiv als auch mit dem unpersönlichen *man* verstecken wir uns hinter den Sichtweisen der anderen, lassen uns von Glaubenssätzen fremdbestimmen und übernehmen nicht die Verantwortung für unser Leben.

Unsere Glaubenssätze und der Einfluss, den wir auf die Gegebenheiten haben, sind jedoch entscheidend dafür, wie wir uns und die Welt empfinden. Kämpfe ich mit oder fliehe ich vor den Dingen, mit denen ich konfrontiert bin? Hält mich mein Sicherheitsstreben von neuen Erfahrungen ab? Passieren mir die Dinge oder habe ich einen Einfluss darauf? Kann ich Verantwortung für mein Leben übernehmen?

Zu erkennen, dass wir unserem Leben eine Richtung geben können, ist ein entscheidender Schritt in Richtung eines freien und lebensbejahenden Daseins. Es ist wichtig, sich das bewusst zu machen, um sich aus der Opferhaltung herauszuholen. Nicht selten erlebe ich Menschen, die sich seit Jahren über ihren Job, den Ehepartner und andere Dinge beschweren. Ein Bekannter erzählte mir einmal von seinen beruflichen Problemen, die ihn schon länger belasteten. Darauf fragte ich ihn, was er versucht habe, um die Situation zu verbessern. Bis auf den Austausch mit ein paar Arbeitskollegen hatte er in all den Jahren nichts getan. Nun, wie soll sich dann etwas verändern? Es ist paradox, dass Menschen, die sich sehnlichst nach Veränderung sehnen, ihre täglichen Gewohnheiten und Handlungen unverändert beibehalten, während sie gleichzeitig auf andere Ergebnisse hoffen. Ich weiß aus eigener Erfahrung, wieviel Arbeit nötig ist, um den Mist seines Lebens in Dünger zu verwandeln. Es erfordert Mut, eine Entscheidung zu treffen und einen neuen Weg zu gehen. Und dann auch geduldig auf diesem zu bleiben. Veränderung ist ein kontinuierlicher Prozess. Sie erfordert Geduld und Engagement. Aber die Belohnung in Form eines erfüllteren und positiveren Lebens ist es definitiv wert!

5.4 Stufen der menschlichen Entwicklung

> »Das Erwachen des Menschen ist ein Erwachen Gottes.
> Das Erwachen der Gesellschaft ist ein Erwachen Gottes in der Gesellschaft.
> Das Erwachen des Kosmos ist ein Erwachen Gottes in der Evolution.«
> *Willigis Jäger*

Steve McIntosh, Philosoph und Gründungsmitglied des Integral Institutes, hat die menschliche Entwicklung in Bezug auf Wertesysteme und Glauben in sechs Stufen unterteilt (vgl. Phipps 2007): Die erste Stufe bilden die *Stämme*. Ihr ungefährer Anteil an der Weltbevölkerung liegt bei 5 Prozent. Zu ihren Werten zählen Familie und Verwandtschaft, Loyalität, Fantasie und die Nähe zur Natur. Als Beispiele für diese Entwicklungsstufe werden Kinder beziehungsweise der kindliche Bewusstseinszustand eines Erwachsenen und indigene Völker genannt. Krankhafte Eigenschaften auf dieser Stufe sind gemäß McIntosh unter anderem Aberglaube, Gewalt und Versklavung.

Die zweite Stufe bilden die *Krieger*. Ihr Anteil an der Weltbevölkerung liegt bei etwa 20 Prozent. Starker Individualismus und Egoismus sowie ein handlungsorientiertes Heldentum bilden ihre Werte. Als Beispiele in der Kultur nennt der Autor Länder wie Somalia und Afghanistan sowie Straßengangs. Als krankhafte Eigenschaften führt er vor allem Gewalt, Unbarmherzigkeit und Egozentrik auf.

Die dritte Stufe bezeichnet er als *Tradition*. Hier beträgt der ungefähre Anteil an der Weltbevölkerung 55 Prozent. Die Werte dieser Entwicklungsstufe sind unter anderem Empfinden der Bürgerpflicht, Recht und Ordnung, Bewahrung von Tradition und

Glaube. Als Beispiel werden die traditionellen Religionen, patriotischer Nationalismus, konservative Ideologien und militärische Kultur angeführt. Pathologisch sind gemäß McIntosh hier Dogmatismus, rigide Intoleranz, Fundamentalismus und Chauvinismus.

Die vierte Stufe bildet die *Moderne* – die Leistungsgesellschaft mit einem Weltbevölkerungsanteil von etwa 15 Prozent. Die Werte dieser Stufe: Wissenschaft und Technologie sowie der Glaube an die Vernunft und den Fortschritt. Beispiele sind gemäß dem Autor in der modernen Wissenschaft, in den Mainstream-Medien sowie im professionellen Sport zu finden. Krankhafte Ausprägungen manifestieren sich laut ihm im Materialismus, Nihilismus, in Skrupellosigkeit und Ausbeutung.

Die fünfte Stufe ist die *Postmoderne*. Der Weltbevölkerungsanteil liegt bei etwa 5 Prozent. Werte sind weltzentrische Moral, also eine über das Ego hinausgehende moralische Verpflichtung gegenüber anderen und deren Bedürfnissen, Umweltschutz, neuer Feminismus, neue Formen der Spiritualität sowie Menschenrechte. Als Beispiele in der Kultur werden kritische Hochschulen, Umweltbewegungen und politische Korrektheit genannt. Pathologisch seien unter anderem der Narzissmus, die Ablehnung von Hierarchie und Traditionalismus.

Die sechste Stufe ist das *Integral*. Der ungefähre Anteil an der Weltbevölkerung liegt bei 1 Prozent. Die Werte umfassen praktische weltzentrische Moral, das Wiedererwachen der Philosophie, evolutionäre Spiritualität sowie das Ende der Kulturkriege. Als Vorbilder dienen gemäß McIntosh Albert Einstein, Teilhard de Chardin und Ken Wilber. Krankhafte Eigenschaften seien auf dieser Stufe unter anderem elitäres Denken, Ungeduld, Unsensibilität und Unnahbarkeit.

Die Übergänge zwischen den Stufen sind oft fließend, und sicher findet jeder auch in den anderen Stufen Eigenschaften, die er selbst besitzt. So können auf der ersten Stufe (Stämme) Werte wie Nähe zur Natur, Loyalität und Fantasie positiv und befruchtend mit den Eigenschaften der postmodernen oder integralen Stufe einhergehen. Das dargestellte Modell kann helfen, die Entwicklung und das Verhalten der einzelnen Gesellschaften und Individuen zu verstehen. Man sollte aber nicht dem Glauben erliegen, die höheren Stufen und – falls man sich dort verortet hat – sich selbst als überlegen beziehungsweise als etwas Besseres zu betrachten. Die Gefahr ist vorhanden. Wir sind aber ein Teil des Ganzen und gehören, unabhängig von der Kategorie, zu der wir uns zählen, zur Einheit dieser Welt. Niemand hat sich sein Leben, seinen Geburtsort, seine Eltern, sein soziales Umfeld und die Kultur, in der er aufgewachsen ist, ausgewählt – genauso wenig wie seine Intelligenz und seinen Bewusstheitsgrad.

Wir alle haben unsere Konstruktionen über uns selbst und die Welt auf der Grundlage unseres gesellschaftspolitischen Umfelds und unserer Erfahrungen entwickelt. Die Praxis der Achtsamkeit kann uns helfen, uns das bewusster zu machen und uns von verzerrten Sichtweisen zu befreien.

5.5 Das Leben leben

> »Forschen Sie jetzt nicht nach den Antworten, die Ihnen nicht gegeben werden können, weil Sie sie nicht leben könnten. Und es handelt sich darum, alles zu leben. Leben Sie jetzt die Fragen. Vielleicht leben Sie dann allmählich, ohne es zu merken, eines fernen Tages in die Antwort hinein.«
> *Rainer Maria Rilke*

Die Zeit hat ihren Wert durch die Zeit. Sie schenkt uns wie beim Reifen eines Weins durch das Warten einen Mehrwert. Die Weisen haben immer wieder die Stille und Abgeschiedenheit gesucht – Buddha, Jesus und viele andere vor und nach ihrer Zeit. In der Muße und Stille kann sich entfalten, was im Lärm des Alltags unterzugehen droht. Dieser Rückzug ist kein Privileg der Weisen, sondern steht auch uns zur Verfügung. Wer den Job verliert und gleich aus der Angst heraus den nächstbesten annimmt, riskiert möglicherweise, an eine Tätigkeit gebunden zu werden, die nicht seinen Werten und Bedürfnissen entspricht. Auszeiten helfen, unsere wahren Wünsche und Bedürfnisse besser wahrzunehmen und Dinge zu tun, die uns zufriedener machen.

Um Dinge richtig zu verstehen, um ihnen auf den Grund zu gehen, braucht es also Zeit. Ebenso verhält es sich mit der Praxis der Achtsamkeit. Sie ist kein Sprint, sondern gleicht eher einer Wanderung in unbekanntem Gelände. Es ist ein Weg ohne Ziel, denn der Weg ist das Ziel. Diesen Spruch kennen wir alle. Ich habe ihn oft von meinem Lehrer gehört. Ich meinte auch, ihn verstanden zu haben. Doch bis ich zu seinem eigentlichen Sinn vorstieß, ihn erkannte, ihn wirklich verstand, dauerte es fast zehn Jahre: Auf dem Weg geht es immer um den gegenwärtigen Moment, um den aktuellen Schritt, um das Hier und Jetzt. Es geht darum, sich nicht von Gedanken an die vergangenen Schritte oder vorausgreifend von etwas in der Ferne Vermutetem, Gewünschtem, Befürchtetem ablenken zu lassen. Wie ein Reisender sollen wir sein, der das Unterwegssein genießt und nicht an das Ankommen denkt.

Unser Verständnis von Zeit steht in enger Beziehung zu unserer kulturellen Prägung. In Deutschland steht beispielsweise oft die Arbeit im Mittelpunkt. Ihr wird vieles, wenn nicht alles, untergeordnet: »Erst die Arbeit, dann das Vergnügen.« In Zeiten von Überlastung, ständiger Erreichbarkeit und Arbeit im Homeoffice lassen sich Arbeit und Freizeit oft nicht mehr trennen, sodass die Rede von der Work-Life-Balance nicht mehr greift. Denn der Begriff assoziiert, dass Arbeit das Gegenteil von Leben ist. Wie wir alle wissen, ist die Arbeit ein Teil unseres Lebens und nichts von ihm Getrenntes. Sie kann sinnstiftend sein und lässt uns bestenfalls mit anderen ein gemeinsames Ziel verfolgen. Jeder leistet auf seine Weise einen notwendigen Beitrag zur Gemeinschaft. Ohne den Straßenbauer gäbe es keine Straßen, ohne den Kfz-Mechatroniker keine funktionstüchtigen Fahrzeuge, ohne den Händler und den Verkäufer keinen Transport und Verkauf von Lebensmitteln, und ohne den Koch gäbe es kein Essen. Das alles mag selbstverständlich klingen, doch es ist ein Bewusstsein notwendig, um diese wechselseitige Beziehung zu erkennen und wertzuschätzen.

Zahlreiche Studien belegen, dass die Menschen früher wesentlich mehr und härter gearbeitet haben als heute (vgl. Giattino et al. 2020). Was sich verändert hat, ist die Einstellung zur Arbeit und die Art, wie wir zusammenarbeiten. Durch die Globalisierung und die rasante technische Entwicklung hat sich eine Komplexität aufgebaut – angefangen bei ständiger Erreichbarkeit auf vielen Kanälen bis hin zu einer Vielfalt an Angeboten und Möglichkeiten –, die uns mehr und mehr überfordert. Die Menschheit muss in den nächsten zehn Jahren mehr Wissen verarbeiten als in den letzten 2500 Jahren zusammen (vgl. Schiersmann & Thiel 2011). Wir werden nicht mehr mithalten können. Wir werden keinen wirklichen Frieden erfahren, wenn wir nicht – um es mit einer indianischen Weisheit auszudrücken – von Zeit zu Zeit eine Rast einlegen, damit unsere Seele uns einholen kann.

Tatsächlich verkümmern mit der Zeit so manche Fähigkeiten in uns. Das Elternhaus, die Umgebung, in der wir aufwachsen, die Religion und das vorhandene Bildungssystem sind das Raster, in das wir gefügt werden. Dadurch verlieren wir etwas von dem, was uns die Natur geschenkt hat: die Einzigartigkeit und die Natürlichkeit, die in jedem von Geburt an vorhanden sind. Und dazu gehört an sich auch Achtsamkeit. Der Journalist und Autor Uli Hauser vertritt die Ansicht, dass Achtsamkeit eine uns innewohnende, angeborene Fähigkeit ist:

> »Könnten Kinder Achtsamkeitstrainings anbieten, würden in Deutschland ganze Berufsgruppen arbeitslos. Kinder beobachten besser, leben intensiver und haben keine Hemmungen. Sie sagen, was sie denken, fragen, was sie wollen. Handeln, wie sie fühlen. Gegen Kinder sehen wir Erwachsene alt aus. Was bringt uns also dazu, alles daranzusetzen, dass unsere Kinder so werden wie wir? Haben wir Angst vor dem Spiegel, den sie uns vorhalten?« (Hauser o. J.)

Menschen, die sich diese Eigenschaften bewahrt haben und diese Qualitäten ausstrahlen, ziehen uns an. Sie drehen sich nicht ständig um die Achse ihres Egos, sie interessieren sich für ihr Gegenüber, hören neugierig zu. Solche Menschen sind mir des Öfteren in einfachen Bauernfamilien begegnet.

Mein Onkel, von dem ich hier schon schrieb, war ein solcher Mensch. Sein Leben war geprägt von der typischen Arbeit, die auf dem Land verrichtet werden musste: das Vieh füttern, auf dem Feld arbeiten, pflügen, säen und ernten. Früh stand er ohne Wecker auf, und wenn er abends müde war, ging er einfach ins Bett. Großstadtmenschen würden sagen: »Er war arm und seine Arbeit schwer.« Doch was bedeutet arm und was ist schwere Arbeit? Ich sah bei ihm so manchen Reichtum, den die moderne Gesellschaft nicht kennt. Es gab keinen Zaun, keine Grenze, der oder die ihn von den anderen trennte, sowohl im Äußeren als auch im Inneren. Er lebte mit und in der Natur. Er besaß viele Tiere und sein Licht waren die Sonne und der Mond. Telefon, Computer und Internet gab es nicht, dafür aber ein Dorf, in dem er mit jedem und allem in Kontakt war – kein Instagram und kein WhatsApp, sondern reale Begegnungen mit Menschen; keine 1000 Facebook-Freunde, dafür aber 15 Nachbarn, die, falls er Hilfe brauchte, jederzeit zu ihm kamen. Die Türen waren nie verschlossen, jeder war willkommen. Wenn er aß, dann aß er. Wenn er sprach, dann sprach er. Und wenn er arbeitete, dann arbeitete er. Er philosophierte nicht über das Leben, sondern er lebte das Leben. Wenn man ihn gefragt hätte, was der Sinn des Lebens sei, hätte er einem den Spaten in die Hand gedrückt und gesagt, man solle ihm beim Umgraben helfen.

5.6 Vom Glauben zu Freiheit und Erfüllung

> »Es ist aber der Glaube eine feste Zuversicht dessen, was man hofft, und ein Nichtzweifeln an dem, was man nicht sieht.«
> *Hebräer 11,1*

Es gibt Menschen, die an etwas glauben und davon überzeugt sind. Sie glauben an bestimmte Werte und Ideen, an Gott, an Allah, an Buddha, an Heilmethoden, politische Ideale und vieles mehr. Ihr fester Glaube kann manchmal beeindruckend wirken, denn er strahlt Kraft und Überzeugung aus. Es gibt aber auch Menschen, die behaupten, dass sie an nichts glauben. Im Prinzip ist auch das ein Glaube. Ein Glaube an nichts.

Vor einiger Zeit sagte mir ein Arzt: »Ich möchte nicht glauben, ich möchte wissen.« Das gefiel mir und erinnerte mich an den Psychologen Carl Gustav Jung. Er wurde einmal in einem Interview gefragt, ob er an Gott glaube. Worauf er prompt erwiderte: »Ich glaube nicht, ich weiß es.« (Jung 1959) Es gibt ein Wissen, das alles Wissen übersteigt. Das sich in einem unerschütterlichen Glauben ausdrückt, der einer Einheitserfahrung entspringt.

Viele Menschen haben einen Glauben, der ihren persönlichen Vorstellungen entspringt oder aus Erzählungen von anderen übernommen ist. Anders als ein Glaube lässt uns eine Erfahrung etwas erleben, das mehr als nur ein Gedankenkonstrukt ist. Macht der Mensch eine Erfahrung, etwa eine spirituelle, kleidet er sie entsprechend seiner kulturellen Prägung und seines Bildungsstandes in bestimmte Worte und Bilder ein. Das heißt, jede Erfahrung wird immer auf der Entwicklungsstufe interpretiert, auf der sich ein Mensch befindet.

Fanatisch wird der Glaube, wenn man sich damit so stark identifiziert, dass alles, was ihm widerspricht, ausgegrenzt und bekämpft wird. Man sieht dies im privaten Umfeld, wo auf sozialen Netzwerken eine abweichende politische Meinung nicht zum Anlass für Dialog genommen wird, sondern zu scharfen Kommentaren oder dem Blockieren des Andersdenkenden führt. Ähnliches geschieht bei Familienessen, wo eine abweichende Ansicht zu einem religiösen Brauch nicht als Möglichkeit zu einem tiefgründigen Gespräch, sondern als persönlicher Angriff gesehen wird, der mit Verletzungen und Aggressionen beantwortet wird. Nicht anders verhält es sich bei Sportveranstaltungen, wo die Zugehörigkeit zu einem Fußballverein Teil der eigenen Identität ist und Kritik am eigenen Team zu verbaler oder physischer Konfrontation führen kann.

Im beruflichen Umfeld ist die Lage ähnlich. In Meetings wird eine innovative Lösung, die von der Norm abweicht, als Infragestellung der eigenen Fachkompetenz erlebt, was zu einer reflexhaften Ablehnung führt. Das gilt auch für eine Unternehmenskultur, im Rahmen derer die Mitarbeitenden ihre Identität so sehr an die Werte des Arbeitgebers knüpfen, dass sie externe Kritik oder neue Ansätze als Bedrohung ihres Selbstbilds wahrnehmen. Selbst die Branchenzugehörigkeit kann zu einer Quelle der Identität werden, und wenn neue Standards die Branche bedrohen, empfinden die Betroffenen das als persönlichen Angriff, der mit Widerstand beantwortet wird.

Die Überzeugung, sei es eine politische Meinung, ein religiöser Glaube oder Vorstellungen, was gut oder schlecht ist, wird so Teil der eigenen Identität. Wenn die eigene Überzeugung infrage gestellt wird, fühlt sich das Ego bedroht und reagiert mit bekannten Überlebensmechanismen wie Angriff oder Flucht. Es geht um die Verteidigung der eigenen Meinung, um das Recht-haben-Wollen. Das Festhalten an Konzepten, Ideologien und Vorstellungen nährt das Ego. Und schon steckt der Mensch mittendrin – in der Dualität, die Grenzen erschafft. »Mein Land, meine Religion, mein Glaube, mein spiritueller Weg« – all das und so vieles andere grenzt uns ein und aus. »Meins ist richtig, deins ist falsch«: ein Denken, das Angst, Hass und Neid schürt und sich im Extremfall in Gewalt, Krieg, Terror äußert.

Eine transpersonale beziehungsweise spirituelle Erfahrung, also eine Erfahrung, die das individuelle Ich übersteigt und außerhalb des gewöhnlichen Wachbewusstseins erfolgt, lässt uns erkennen, dass wir alle einem entspringen und auch dahin zurückkehren. Dass wir auf irgendeine Art alle miteinander verbunden sind, ist auch die Erkenntnis der Quantenphysik. Diese besagt, dass sowohl die materiellen als auch die geistigen Dinge nicht isoliert und auch nicht aus sich selbst existieren, sondern mit allem und jedem verbunden sind. Der Physiker und ehemalige Direktor des Max-Planck-Instituts für Physik, Hans-Peter Dürr, schreibt etwa in seinem Buch *Geist, Kosmos und Physik:*

> »Wir müssen nur ein paar Zäune überspringen und dann sind wir in der freien Natur und können uns wieder bewegen. Viele glauben, es sind unüberwindliche Mauern und sehen gar nicht, dass es bloß Zäune sind, die man nur überspringen muss. Der Weg zu diesen Lösungen heißt Entkrampfung, Lockerung, Öffnung oder Befreiung von diesen Fesseln. Unserem Leben wieder die Lebendigkeit zurückzugewinnen, die wir brauchen, um aus dieser Enge herauszukommen. Das heißt aber letztlich auch, dass wir wieder die spirituelle Dimension unserer Existenz erkennen müssen, die wir verdrängt haben. Wir müssen dazu keine Esoteriker werden, sondern Spiritualität ist etwas ganz Bekanntes, zu dem wir alle Zugang haben, obwohl viele es vielleicht noch gar nicht bemerkt haben. In diese Richtung führen auch die naturwissenschaftlichen Überlegungen, die uns haben erkennen lassen, dass nicht die Materie das Fundament unserer Wirklichkeit ist.« (Dürr 2012, S. 45)

Der Weg der Achtsamkeit führt zu einer Erfahrung, die nicht über das Denken, sondern über die Befreiung von diesem zur Verbundenheit führt. Der Samen zur Bewusstseinserweiterung ist in uns allen angelegt. Wir müssen ihn wässern, damit die nächste

Entwicklungsebene in der Evolution gedeihen kann, die sich im Kampf für Gerechtigkeit, Umweltschutz und Frieden immer mehr erkennen lässt.

Der große deutsche Theologe Karl Rahner hat einmal gesagt: »Der Fromme von morgen wird ein ›Mystiker‹ sein, einer der etwas erfahren hat, oder er wird nicht mehr sein.« (Rahner 1966, S. 22) Mit Mystiker ist ein Mensch gemeint, der sich in einem anderen Bewusstseinszustand befindet. Vom Ich zum Wir hat er sein Ego transzendiert und lebt mit sich und anderen in Verbundenheit und Frieden.

Mit der folgenden Übung kannst du deine inneren Überzeugungen erkunden und transformieren, um ein erfüllteres und freieres Leben zu führen.

ÜBUNG »Reflexion und Erkundung des eigenen Glaubens«

Überlege dir, woran du glaubst. Das kann etwas Spirituelles sein, aber auch Überzeugungen bezüglich deiner Fähigkeiten, deiner Beziehungen oder deiner Arbeit. Schreibe diese Glaubenssätze auf ein Blatt Papier.

- *Analyse:* Frag dich bei jedem Glaubenssatz: Ist dieser Glaube förderlich für mich? Motiviert er mich, unterstützt er mich auf meinem Lebensweg und hilft er mir, meine Ziele zu erreichen? Führt er zu einem zufriedenen und befreiten Leben?
- *Kontemplation:* Betrachte jeden Glaubenssatz einzeln. Versuch zu fühlen, wie jeder dieser Sätze sich in deinem Körper anfühlt. Ist es ein Gefühl der Leichtigkeit und Freiheit oder eines der Schwere und Begrenzung?
- *Transformation:* Solltest du auf einen Glaubenssatz stoßen, der dich einschränkt oder belastet, nimm dir einen Moment, um zu reflektieren, wie du ihn verändern könntest. Stell dir die befreiende Frage: Was würde geschehen, wenn ich diesen einschränkenden Glauben hinter mir lassen würde? Überlege, welcher positive und ermächtigende Glaubenssatz an seine Stelle treten könnte, um dich in deiner persönlichen Entwicklung zu unterstützen und zu stärken.
- *Integration:* Nimm dir vor, diese neuen, positiven Glaubenssätze in deinen Alltag zu integrieren. Erinnere dich täglich an sie, vielleicht indem du sie aufschreibst und an einem sichtbaren Ort platzierst.

5.7 Wendepunkte: Von der Vollkommenheit in der Unvollkommenheit

»In drei Worten kann ich alles zusammenfassen,
was ich über das Leben gelernt habe. Es geht weiter …«
Robert Frost

In der heutigen Zeit sind wir mit vielfältigen Fragen und Unsicherheiten konfrontiert, und das betrifft diverse Bereiche des Lebens: die Gesundheit, die Wirtschaft und das soziale Miteinander. Wenn eine Krise auftaucht, wissen wir meist nicht, wie lange sie dauert und welche Folgen daraus entstehen. Eines jedoch ist sicher: Es geht weiter. Die zweite sichere Erkenntnis lautet: Wir werden sterben. Wie wir aber zum Tor der Unendlichkeit gelangen, darauf haben wir Einfluss. Wie möchten wir leben? Wie möchten wir mit uns, unseren Mitmenschen, unseren Freunden und unserer Familie umgehen, die Zeit verbringen? Auf welche Weise wollen wir mit unserer Erde in Verbindung stehen?

Wir erzeugen mit unserem in so vielfältiger Hinsicht ungesunden Umgang mit der Erde viel Leid. Krise bedeutet so viel wie Wendepunkt oder Höhepunkt in einer zugespitzten Situation. Sie kann somit als Zäsur verstanden werden, aus der eine Entwicklung erwächst – zum Positiven wie zum Negativen. Eine Krise wie die Coronapandemie oder ein Krieg mit seinen globalen wirtschaftlichen Auswirkungen machen uns deutlich, dass wir alle in einem Boot sitzen und miteinander auf unterschiedliche Weise vernetzt sind. Das wird auch in der Achtsamkeitspraxis betont: unsere Verbundenheit mit allem Leben. Wir können uns nicht abschotten, denn wir sind auf das Miteinander angewiesen. Kooperation ist angesagt statt Distanz und Abkapselung.

Nur gemeinsam können wir als soziale Wesen leben und überleben. Die Erde überhitzt sich. Brände überall, das Eis schmilzt. Deutlicher kann uns die Natur gar nicht mehr zeigen, dass zu viele Bereiche unseres Lebens am Limit sind. Die oben gestellten Fragen müssen wir neu formulieren: Wie können wir leben und welche Möglichkeiten haben wir? Wir stehen an einem Wendepunkt, als Menschheit. Jeder Einzelne ist gefragt, und wir alle miteinander.

Letztendlich zeigt uns das Leben am Wendepunkt, dass die Fähigkeit zur Kooperation und Gemeinschaft tief in unserer Geschichte verwurzelt ist. In der Achtsamkeitspraxis lernen wir, Klarheit und Mitgefühl in Einklang zu bringen, um uns selbst und anderen zu helfen, diesen Wendepunkt erfolgreich zu meistern.

Jack Kornfield schreibt in seinem Buch *Das Weise Herz* (2014), wie er mit seinen drei Brüdern in einer Familie aufwuchs, in der Gewalt und Ängste an der Tagesordnung waren. Sein Vater war neurotisch und launisch, er schlug die Mutter und die Söhne. Der kleine Jack hatte das Gefühl, dass er irgendwie nicht zur Familie gehörte, und träumte davon, dass eines Tages jemand kommt und ihn zu sich in die Familie aufnimmt; dass er etwas Edles in sich habe und zu etwas Anderem, Edlerem gehöre als zu dieser Familie, in der Gewalt herrscht. Durch die Achtsamkeitspraxis lernte er, sowohl in sich als auch in den anderen diesen edlen, weisen Kern zu erkennen und wertzuschätzen. Der promovierte Psychologe und erfahrene Meditationslehrer vertritt die Ansicht, dass sich einige psychologische Methoden zu stark mit den negativen Aspekten des Menschen und vermehrt mit Diagnosen und Krankheiten beschäftigen, anstatt das Augenmerk auf das Positive und die Potenziale zu richten, die in jedem von uns vorhanden sind. »Sich mit seinem eigenen Leiden auseinanderzusetzen, bedeutet nicht, dass wir unser grundlegendes ›Edel-Sein‹ vergessen« (ebd., S. 22). Ja, wir sollten nicht vergessen, dass es in uns etwas Heiliges, Würdevolles gibt, das frei von unserer Geschichte und unseren Taten ist. Es ist der unschuldige Teil, der ohne Sünde ist und vor unserer Geburt und nach unserem Tod als das Namenlose und Vollkommene lebt.

Wenn ich mir heute so manche Menschen anschaue, dann sehe ich verständlicherweise nicht immer das Gute. Gewalt, Gier, Hass, Neid und vieles, was man als »böse« bezeichnen würde, ist vorhanden. Weite ich meinen Blick, kann ich aber erkennen, dass auch in einem sogenanntem »bösen« Menschen etwas Gutes steckt. Seine Geschichte, die Menschen, die ihn umgaben, und die Erfahrungen, die er im Laufe seines Lebens gemacht hatte, entwickelten in ihm Eigenschaften, die ihn zu dem machten, was er heute ist. Ich frage mich dann, wie dieser Mensch wohl als Baby war, und denke daran, dass er wie wir alle bedürftig war und die Liebe der Mutter und des Vaters gebraucht und verdient hätte. Wenn ich an meine Kindheit zurückdenke, erinnere ich mich an Momente des Glücks und des Leids gleichermaßen. Ich habe Augenblicke der Freude ebenso erlebt wie Momente der Ohnmacht und Wut, die – wäre ich von falschen Leitbildern umgeben gewesen – mich leicht auf einen Pfad des Unglücks hätten lenken können. Tief sitzende Verletzungen bergen die Gefahr, dass sie dunkle Seiten in uns wecken, die unter ungünstigen Umständen in destruktives Verhalten münden können. Es ist erstaunlich, wie dann eine einzige Person oder eine entscheidende Wendung im Leben den Unterschied zwischen einem glücklichen Ende und einem ungewissen oder leidvollen Schicksal ausmachen können. Manchmal ist es schlicht das Schicksal, das über das Ergebnis unseres Lebens entscheidet.

Diese Gedanken unterstreichen die Bedeutung von positiven Einflüssen und Wendepunkten im Leben, die uns auf den richtigen Weg führen können. Es ist wichtig, die tieferen Wurzeln menschlichen Verhaltens zu verstehen und uns als Gesellschaft auf Empathie und Heilung zu konzentrieren, anstatt nur Verhaltensweisen zu korrigieren oder zu verurteilen. Nur so können wir eine bewusste Gesellschaft schaffen, die das Potenzial in jedem von uns erkennt und fördert, um eine liebevollere und mitfühlendere Welt aufzubauen. Das wirkliche Verständnis für die Bedürfnisse der anderen ermöglicht es uns, ohne Vorurteile zu handeln und empathischer zu reagieren.

Nehmen wir zum Beispiel einen Vorgesetzten, der erkennt, dass die Unpünktlichkeit einer Mitarbeiterin nicht auf mangelnde Disziplin, sondern auf deren Verantwortung als alleinerziehende Mutter zurückzuführen ist. Dieses Verständnis führt zu einer größeren Empathie und Flexibilität in Bezug auf die Arbeitszeitgestaltung. In einem anderen Szenario kann ein Lehrer, der versteht, dass die Aggressivität eines Schülers aus seinen schwierigen familiären Verhältnissen herrührt, mit Unterstützung statt mit Strafe reagieren. Ebenso zeigt ein Freund, der die Reizbarkeit eines anderen nach einem schweren Verlust nachvollziehen kann, echtes Mitgefühl, indem er ein offenes Ohr bietet, anstatt vorschnelle Ratschläge zu erteilen. In all diesen Fällen ermöglicht ein tiefes Verständnis für die zugrunde liegenden Bedürfnisse und Umstände eine wertfreie, unterstützende und letztlich menschlichere Interaktion.

Nicht immer führen negative Erfahrungen zu einem miesen Charakter, zu Hass und Verblendung. Viele Menschen haben leidvolle Erfahrungen gemacht, und dennoch oder gerade deshalb haben sie sich dem Guten zugewandt und sich für eine bessere Welt eingesetzt. Ein Beispiel ist Nelson Mandela, der trotz jahrzehntelanger schrecklicher Erfahrungen in Einzelhaft Zeit seines Lebens Güte und Menschlichkeit walten ließ. Ebenso erinnern wir uns an Anne Frank, das jüdische Mädchen, das während des Holocausts im Versteck lebte und seine Gedanken und Hoffnungen in einem Tagebuch festhielt. Franks Geschichte zeigt eindrücklich, wie selbst in den dunkelsten Zeiten ein Funke Menschlichkeit und Hoffnung weiterlebt. Die Lebensgeschichten dieser Menschen verdeutlichen, dass positive Veränderungen möglich sind und dass die Kraft des Mitgefühls und der Menschlichkeit selbst inmitten von Dunkelheit und Leid aufleuchten kann.

ÜBUNG »Auch er sucht das Glück!«

Stell dir vor, du begegnest im Alltag jemandem, dessen Worte oder Handlungen dir unsympathisch beziehungsweise falsch erscheinen und mit dem du dich deshalb in einem Konflikt befindest. Es könnte dir helfen, dich daran zu erinnern, dass auch dieser Mensch nach Glück strebt und ebenso unvollkommen ist wie wir alle. Seine Verhaltensweisen mögen aus deiner Perspektive nicht angemessen sein, doch sie spiegeln seinen aktuellen Bewusstseinszustand und seine persönlichen Prägungen wider. Das rechtfertigt zwar keine schlechten Taten, kann aber dazu beitragen, die Dynamik der gegenwärtigen Situation besser zu verstehen und emotionale Belastungen zu reduzieren.

Was uns all das auch vor Augen führt, ist die Tatsache, dass alle Facetten unserer Persönlichkeit – gute wie schlechte – und auch unsere Narben ein Teil von uns sind. Sie sind das Ergebnis unserer Geschichte, unseres Lebensweges. Das gilt es nicht zu verstecken, zu verdrängen, sondern zu akzeptieren.

Stellen wir uns vor, eine Teeschale fällt auf den Boden und geht kaputt. Die meisten Menschen werden die zerbrochene Schale wahrscheinlich entsorgen. Manche versuchen vielleicht, die Scherben wieder zusammenzukleben, aber wahrscheinlich nur dann, wenn die Brüche für einen selbst und andere nicht mehr sichtbar sind. In Japan gibt es jedoch eine alte Tradition, Kintsugi genannt. Sie stammt aus dem 16. Jahrhundert und ist vom Zen inspiriert. Es handelt sich um eine Methode, zerbrochene Schalen durch Verwendung von speziellem Lack, Gold oder Silber so wieder zusammenzufügen, dass jede Nahtstelle sichtbar bleibt. Die Risse werden durch die Reparatur nicht versteckt, sondern hervorgehoben, die Schale entfaltet eine neue Schönheit, wird zu etwas Besonderem und Einzigartigem. Jede Schale ist so ein Unikat. Erst die Brüche verleihen ihr den Wert. Übertragen auf unser Leben bedeutet das: Es ist gut, sich seiner Brüche, Lebensspuren, der inneren und äußeren Makel bewusst zu werden und sie anzuerkennen. Sie erst machen uns einzigartig.

Einer der wichtigen Botschaften auf dem Weg der Achtsamkeit ist: So wie du bist, bist du vollkommen und ganz. Dies ist ein Schlusssatz in vielen Meditationen, die ich anleite. Eine Frau, die bei mir einen achtwöchigen Achtsamkeitskurs absolviert hatte, sagte in der Abschlussrunde: »Ich fühle mich in meiner Unvollkommenheit vollkommen.« Sie hatte in den acht Wochen etwas Wesentliches verstanden.

6 Heilung erfahren durch Achtsamkeit

6.1 Das Labyrinth des Lebens

»Ring the bells that still can ring
Forget your perfect offering
There is a crack, a crack in everything
That's how the light gets in«
Leonard Cohen

Nicht das Perfekte, sondern das Unperfekte ist das, was unsere Aufmerksamkeit und Liebe braucht. Was aufgegeben werden soll, ist der Glaube an das perfekte Leben, die perfekte Ehe, den perfekten Job. Wenn wir erkennen, dass das Leben und wir selbst gerade durch das Unperfekte einzigartig sind, so wie die zerbrochene und kunstvoll zusammengesetzte Teeschale, werden wir loslassen und uns dem Fluss des Lebens anvertrauen können.

Wenn ich auf mein Leben schaue, so erkenne ich ein großes Labyrinth. Vieles nahm ich zunächst als einen Irrweg wahr und haderte mit so manchem, was mir im Leben zugestoßen war. So trennten sich meine Eltern früh und in der Not wurden mein Zwillingsbruder und ich in einem Kinderheim untergebracht. Meine Mutter sah ich nur am Wochenende. Das genügte nicht, um eine richtige Bindung zu ihr aufzubauen. Danach wurden wir in einer Pflegefamilie untergebracht, mit zahlreichen anderen Kindern, die verwaist waren. Die Erinnerungen an diese Zeit sind verschwommen und eher negativ. Als ich fünf war, kam mein Onkel ins Spiel und bot unserer Mutter an, uns zu unterstützen. Er holte uns Kinder von Deutschland nach Kroatien in seine Obhut. Diese Konstellation entpuppte sich leider nicht als optimale Lösung, da er durch seine eigenen familiären und beruflichen Probleme belastet war. So dauerte es nicht lange, bis er mich wiederum in eine Pflegefamilie gab. Das war nun die dritte große Trennung für mich. Sie war besonders schmerzhaft, denn sie bedeutete auch die Trennung von meinem Zwillingsbruder, der weiterhin bei Onkel und Tante blieb. Zwar sahen wir uns in der Schule, in der Freizeit und auch am Wochenende, doch setzte mir die Situation psychisch zu.

Mit der Zeit jedoch lebten wir uns in Kroatien ein, und wenn ich auch nicht unter normalen Familienverhältnissen aufwuchs, war die Gemeinschaft in dem kleinen Ort doch von Zusammenhalt geprägt. Die Freundschaft, die ich dort erlebte, und der relativ stressfreie Schulalltag kompensierten den fehlenden Kontakt zu der in Deutschland lebenden Mutter und den nicht vorhandenen Vater. Durch die Umstände lernte ich schon früh, Verantwortung für mein Leben zu übernehmen. Fragen, die sich viele Kinder wahrscheinlich in diesem Alter nicht stellen, tauchten bei mir auf: zu einem übergeordneten Sinn des Lebens; dazu, was das Universum ist, und ob es einen Gott gibt. Ich entwickelte eine feine Antenne für das Echte, die tieferen menschlichen Bedürfnisse und Gefühle, auch wenn die Menschen in meinem Umfeld versuchten, diese zu verdrängen. Ich verspürte Abneigung gegenüber intellektuellem Geschwafel und den moralischen Fassaden, hinter denen viele ihre egoistischen Züge versteckten.

Mit elf Jahren kam der nächste Wendepunkt. Gerade, als wir angefangen hatten, in Kroatien Wurzeln zu schlagen, holte uns die Mutter nach Deutschland zurück. Inzwischen waren die Sprachkenntnisse nicht mehr vorhanden, wir mussten wieder Deutsch lernen, kamen übergangsweise in eine Schule, mussten diese bald wieder wechseln. In Kroatien hatten die Lehrer für mich eine gesunde Autorität ausgestrahlt und die Kinder sich gegenseitig unterstützt. Ich hatte dort kein Konkurrenzdenken gespürt, denn irgendwie waren wir alle gleich – ein Eindruck, der sicher auch dadurch gefördert wurde, dass wir einheitliche Uniformen trugen, wie es so üblich war in kommunistischen Ländern. In der neuen Schule war der Respekt der Schüler untereinander und gegenüber den Lehrenden katastrophal. Die Lehrkräfte wiederum waren uns nicht besonders wohlwollend gesonnen und gaben zu verstehen, dass aus uns nichts Besonderes werden würde. Keine Motivation, keine Wertschätzung.

Unsere Mutter arbeitete von morgens bis spätabends. Da wir sahen, dass sie es im Leben schwer hatte und mit ihren Sorgen und Problemen allein war, halfen wir ihr in den Abendstunden bei ihren nebenberuflichen Tätigkeiten.

Die Jugoszene der frühen 1990er, in der sich die Menschen aus dem ehemaligen Jugoslawien in Balkan-Discos trafen, zog mich an. Eine Kultur von besonderer Lebendigkeit, Herzlichkeit, Widerspruch und Chaos. In der Diaspora führte die erweckte Sehnsucht nach Gemeinschaft und Verbundenheit bei mir zu starken Emotionen und die Balkan-Beats konnten mich besonders ergreifen. Das war ein starker Kontrast zu dem, was ich bis dato in Deutschland kennengelernt hatte. Eine Fülle an Gefühlen auf der einen Seite und das Rationale und Kontrollierte auf der anderen Seite.

Kurz vor Ende meiner technischen Ausbildung brach ich ab und jobbte in verschiedenen Firmen, arbeitete unter anderem am Fließband, als Lagerarbeiter, Kaufhausdetektiv, Wachmann oder baute in einem Musikladen afrikanische Musikinstrumente. Zudem absolvierte ich eine Grundausbildung als Bodyguard. Ich lernte, wie man mit Pistolen und Gewehren umgeht und Menschen vor Attentätern schützt. Meine freie Zeit verbrachte ich vor allem mit dem Training der Kampfkünste, was meine große Leidenschaft war. Bruce Lee und die asiatischen Kampfkunstmeister waren meine Idole. Irgendwie faszinierte mich das Körperliche, die Kraft und Ästhetik in der Bewegung und im Zweikampf, die Situation zwischen Sieg und Niederlage. Hier waren Gefühle von Macht und Stolz sowie Angst und Aggression sehr deutlich spürbar: im Kampf zu sein, zu Boden geschmissen zu werden, aufzustehen, von seinem Stolz abzulassen, sich vor dem Gegner zu verbeugen und trotz Angst weiterzumachen – mit dem Mut zur Verletzlichkeit und dem Mut, seine eigenen Grenzen zu überschreiten. Die ganze Palette der Gefühle war hier vorhanden.

Ich denke, dass mich die Möglichkeit, meine Lebendigkeit in der Kraft und Wut zu spüren, und die Vorstellung, mich wehren zu können, motiviert hatten, mich den Kampfkünsten zu widmen. Ich perfektionierte meine körperlichen Fähigkeiten und schöpfte daraus mein Selbstbewusstsein. Daneben beeindruckten und inspirierten mich immer wieder die mentalen Kräfte der fernöstlichen Meister. Mein Interesse am menschlichen Geist und dessen Lern- und Entwicklungspotenzial wuchs. Intensiv suchte ich nach Wegen, um meinen Wissensdurst zu stillen, wurde inspiriert von den verschiedenen Erkenntnissen der westlichen Psychologie über fernöstliche Kampfkünste, Meditationslehren und Theorien der Naturwissenschaft. Ich las viele Bücher über Menschen, die nicht den klassischen Weg gegangen waren und die in der Welt etwas bewirkt hatten: Nelson Mandela, Mahatma Gandhi, die spirituellen Meister und Gelehrten aus Ost und West wie Buddha, Jesus, Meister Eckhart, Jiddu Krishnamurti, Eckhart Tolle und Ken Wilber. Freigeister, über den Tellerrand Schauende und spirituelle Menschen. Menschen, die den gängigen Normen nicht immer entsprachen.

Dass ich mich zu religiösen, spirituellen und psychologischen Dingen hingezogen fühlte, ist sicherlich auch auf mein teilweise leidvolles Lebenslabyrinth zurückzuführen. Ich glaube, dass ich auf Messers Schneide stand; und wenn die Variablen des Lebens bei mir etwas anders ausgesehen hätten, hätte ich mich vielleicht auch in eine Richtung entwickelt, die man als ungesund oder schlecht bezeichnen würde. Das Leid war für mich jedoch eine Triebfieder zum Positiven und führte zu Veränderungen, die mir damals die meisten Menschen nicht zugetraut hatten.

Meine Unzufriedenheit war der Weckruf, um aufzustehen, als ich am Boden lag. So ist es auch heute. Wenn ich hinfalle, wenn es nicht mehr weitergeht und wenn alle anderen aufgeben, bäumt sich in mir eine Kraft auf, die mich besonders stark und hoffnungsvoll macht. Das ist die Kraft, durch die ich über mich hinauswachse und die mich in Beziehung zu etwas Größerem bringt. Da ist ein Glaube, der mich durch die Dunkelheit trägt und mich wissen lässt, dass für mich gesorgt ist. Etwas wie: »Ich bin da!« Bei dieser Erkenntnis geht es nicht mehr um eine Methode oder Technik, um eine Affirmation wie: »Ich schaffe das!«; nicht um etwas, das mich in einen besseren und schöneren Zustand bringen soll, sondern um die Gewissheit, dass am Ende alles gut wird.

Es gibt eine Geschichte über den Lebensweg zweier Brüder mit herausfordernden familiären Wurzeln. Gezeichnet durch die Schatten eines alkoholabhängigen und gewalttätigen Elternteils, schlugen sie trotz gleicher Startbedingungen bemerkenswert unterschiedliche Lebenspfade ein: Während der eine in den Strudeln von Alkoholismus und gesetzlichen Auseinandersetzungen gefangen blieb, blühte der andere auf, verzeichnete berufliche Erfolge und fand sein Glück in einem harmonischen Familienleben. Konfrontiert mit der Frage nach dem Warum ihrer divergierenden Schicksale, fanden beide in einer fast ironischen Einigkeit zu derselben Antwort: »Was sollte aus mir bei so einem Elternhaus auch werden?« Diese Erzählung illustriert nicht nur die unvorhersehbare Kraft der individuellen Wahl, sondern auch die unerschütterliche Stärke der menschlichen Widerstandsfähigkeit gegenüber den Widrigkeiten des Lebens. So kann man aus der Erfahrung lernen und diese als Antrieb zur Veränderung nutzen oder man verzweifelt daran und lässt sich vom Negativen vereinnahmen. Wir haben trotz der vielen Widrigkeiten und Umstände immer eine Wahl. Dass habe ich in meinem Leben so manches Mal erfahren.

Jedes Wachstum ist mit Herausforderungen und Widerständen verbunden. Lässt man das Alte hinter sich, fühlt sich das Neue oft ungewohnt an. Aus Scheu vor dem Unbekannten verharren wir lieber im Gewohnten, selbst wenn es leidvoll ist. In der buddhistischen Geistesschulung wird von den sogenannten fünf Hindernissen gesprochen. Wir kennen sie alle: die *Begierde*, also das Haben-Wollen, und die *Abneigung*, das Nicht-haben-Wollen; die *Schläfrigkeit*, also die Faulheit, Lethargie, und die *Rastlosigkeit* oder Unruhe, deren Wurzeln im Sich-Sorgen liegen; und schließlich ist da noch der *Zweifel*. Wir sind aufgefordert, diese Herausforderungen zu überwinden und uns auf den Weg zu machen. Auf den Weg zu uns selbst; um unsere eigene Bestimmung, unseren Auftrag zu entdecken. Ist die Sehnsucht stärker als die Angst, sind wir bereit, das Labyrinth des Lebens mutig zu begehen – im Vertrauen auf etwas Größeres, das uns umhüllt und leitet in dem uns unbekannten Spiel, das Leben heißt. In der Hingabe an eine höhere Macht, im Sinne eines »Mir geschehe«. Weil ich vertraue, kann ich mich anvertrauen. Mein Ego hingeben.

6.2 Mentale Viren

> »Was du denkst, bist du. Was du bist, strahlst du aus.
> Was du ausstrahlst, ziehst du an.«
> *Buddha*

Zu Beginn der Achtsamkeitspraxis können Bedenken aufkommen. Das Ego bekommt Angst, seine Identifikationen mit bestimmten Gedanken, Vorstellungen von sich selbst und der Welt, seine Lebenskonzepte zu verlieren. Das kenne ich aus eigener Erfahrung.

Viele denken, dass Meditierende immer ruhig, nett, gelassen und lächelnd durch die Welt gehen. Dass sie gar Wunderkräfte besitzen und von Krankheit durch ihre Heilkräfte verschont bleiben würden. Zu Letzterem sagte der Dalai Lama:

> »Manchmal wollen mich Leute sehen, die glauben, der Dalai Lama besitze Wunderkräfte – Das ist völliger Blödsinn. Dann gibt es welche, die glauben, ich hätte Heilkräfte. Als letztes Jahr meine Gallenblase entfernt wurde, nach 20 Jahren Problemen damit, hab ich wohl ganz klar gezeigt, dass ich keine Heilkräfte habe. Wenn ich wirklich über Heilkräfte verfügte, würde ich sie an erster Stelle für mich selbst einsetzen.« (Zit. nach Klein 2020)

Es gibt viele Vorurteile und in spirituellen Kreisen oftmals unbewusst übernommene Verhaltensweisen. Man spricht dann vom spirituellen Über-Ich. Es gibt von Natur aus verschiedene Persönlichkeitstypen, die aus neurobiologischer Sicht unterschiedliche physiologische und psychologische Merkmale aufweisen. Es ist wichtig, auch diese Anteile, die zum Teil schon vorgeburtlich in uns angelegt sind, zu würdigen und anzunehmen – als etwas, das zu uns gehört und menschlich ist.

Neueste Studien im Bereich der Neurobiologie besagen, dass unsere Persönlichkeit – das heißt die Art und Weise, wie wir fühlen, denken und handeln – nicht, wie bisher gedacht, nur das Resultat unserer genetischen Anlagen und unserer Erziehung ist, sondern auch durch unsere vor- und nachgeburtliche Erfahrung bestimmt wird. Laut dem Neurobiologen Gerhard Roth beeinflussen genetisch-epigenetische Faktoren und die Hirnentwicklung unsere Persönlichkeit zu etwa 40 bis 50 Prozent. Vorgeburtliche und frühe nachgeburtliche affektiv-emotionale Erfahrungen sowie Bindungserlebnisse zwischen Säugling beziehungsweise Kleinkind und der Mutter oder einer anderen primären Bezugsperson machen rund 30 Prozent aus. Die Sozialisationsfaktoren, die vornehmlich im späteren Kindesalter und in der Jugendzeit wirksam werden, tragen etwa 20 Prozent bei (vgl. Roth 2019, S. 142–143). Diese wissenschaftlichen Erkenntnisse halte ich für wichtig, denn sie helfen uns, zu erkennen, dass nicht alles in der Kindheit, in der Erziehung, in den Genen und in unseren Gewohnheiten begründet liegt; dass wir von Natur aus unterschiedlich sind und nicht alles wegtrainiert werden kann. Dennoch gibt es ein großes Feld der Potenzialentwicklung. Wie uns die Hirnforschung zeigt, können sich in unserem Gehirn bis ins späte Lebensalter neue neuronale Vernetzungen bilden. Unser Körper und unser Geist sind somit trainierbar.

Das Umfeld, in dem wir uns bewegen, kann ansteckend sein. Das kennen wir aus dem Alltag, zum Beispiel wenn jemand gähnt. Wir gähnen dann auch. Und wenn jemand herzlich lacht, kann uns das auch heiter stimmen. Gleiches gilt für negative Stimmungen. Angst und Stress sind wie mentale Viren, die uns in eine Spirale von unangenehmen Gefühlen hineinziehen können. Das hat mit unseren Spiegelneuronen zu tun: Wir spiegeln die Gefühle der anderen – ein subtiler Vorgang. Wenn wir unachtsam durch das Leben gehen, häufen sich Impulse von außen zu unbewussten Gedanken an. Sie bekommen immer mehr Macht über uns und lassen uns glauben, dass wir bewusst denken und handeln. Meist tun wir das aber nicht. Durch zahlreiche bewusste und unbewusste Erfahrungen bilden sich in uns Stimmungen und Glaubenssätze, die sich durch die Jahre immer mehr verhärten und zum großen Teil entscheiden, was wir für wahr und richtig halten. Wir halten dann das für wahr, was unseren Glaubenssätzen entspricht. Wir glauben dem, der unserem Glauben nähersteht. Deswegen ist das mit der Wahrheit nicht so einfach. Oft sehen wir nur, was wir sehen *können* beziehungsweise *wollen*.

Aus der Kognitionsforschung wissen wir, dass unser Unbewusstsein viel mehr wahrnimmt als unser bewusster Verstand. Wissenschaftliche Experimente im Bereich der subliminalen Wahrnehmung, also unterhalb der Wahrnehmungsschwelle, zeigen, dass selbst Dinge in unserem Umfeld, die wir nicht bewusst wahrnehmen können, Einfluss auf uns haben. So führte etwa der US-amerikanische Psychologe John Bargh 1996 ein interessantes Experiment zur unbewussten Beeinflussung des Verhaltens durch. Er bat Versuchspersonen, einen Sprachtest zu absolvieren. In diesem Test kamen auch Wörter vor, die viele mit dem Alter beziehungsweise alten Menschen assoziieren: zum

Beispiel Falte, Glatze, Grau und Florida (Florida gilt in den USA als das sogenannte Rentnerparadies). Es zeigte sich, dass die Versuchspersonen nach dem Test im Vergleich zur Kontrollgruppe signifikant langsamer als sonst gingen (vgl. Bargh et al. 1996). In Experimenten, bei denen Versuchspersonen mit Dingen umgeben waren, die man eher mit Begriffen wie jung und dynamisch verbindet, zeigten diese hingegen eine Zunahme an Aktivität und Geschwindigkeit. Wir können dies auch im Alltag beobachten, wenn zum Beispiel Kindergartenkinder zu Besuch im Altersheim sind. Die Stimmung bei den älteren und gebrechlichen Menschen schlägt positiv um. Das habe ich immer wieder auch bei meiner alten und kranken Mutter erlebt.

Die folgende Übung soll dir helfen, die unbewussten Einflüsse in deinem Leben zu erkennen und zu verstehen, wie dein Umfeld und deine täglichen Interaktionen deine Gedanken und Gefühle formen. Dadurch kannst du bewusstere Entscheidungen treffen, um ein förderlicheres mentales Ökosystem für dich selbst zu schaffen.

ÜBUNG »Erkunde dein mentales Ökosystem«

Nimm dir einen Moment Zeit, um deine aktuelle Stimmung und deine Gedanken zu ergründen. Schreib auf, wie du dich fühlst und was du gerade denkst.

- *Bewusstwerdung:* Denk nun an deine letzten Interaktionen oder Umgebungen. Welche Stimmungen oder Einstellungen hast du möglicherweise von anderen übernommen? Wurdest du beispielsweise von jemandem beeinflusst, der gähnte, lachte oder sich ärgerte?
- *Experimentieren:* Wähle nun Wörter oder Gedanken, die Positivität, Jugend oder Energie suggerieren. Konzentrier dich für ein paar Minuten auf diese Wörter. Spürst du einen Unterschied in deinem Energielevel oder deiner Stimmung?
- *John-Bargh-Experiment:* Denk über die Ergebnisse des Experiments von John Bargh nach. Wie könntest du unbewusst durch deine Umgebung beeinflusst worden sein?
- *Beobachtung im Alltag:* Achte im Laufe des Tages auf Situationen, in denen deine Stimmung oder dein Verhalten von deiner Umgebung beeinflusst werden. Notier deine Beobachtungen.

Überlege nun abschließend, wie du dein Umfeld bewusster gestalten kannst, um positive mentale Einflüsse zu fördern. Plane, bewusst Zeit in Umgebungen zu verbringen, die positive Emotionen und Einstellungen fördern.

6.3 Ausbruch aus dem Reiz-Reaktions-Muster

»Der Mensch lasse die Bilder der Dinge
Ganz und gar fahren
und mache und halte seinen Tempel leer.
Denn wäre der Tempel entleert,
und wären die Fantasien,
die den Tempel besetzt halten draußen,
so könntest du ein Gotteshaus werden,
und nicht eher, was du auch tust.
Und so hättest du den Frieden deines Herzens und Freude,
und dich störte nichts mehr von dem,
was dich jetzt ständig stört,
dich bedrückt und dich leiden lässt.«
Johannes Tauler

Krieg, Corona, Umweltkatastrophen, Wirtschaftskrise … Was macht all das mit uns? Die Energie folgt dem Bewusstsein; unsere Denkmuster bestimmen, wohin unsere Energie fließt. Positive Gedanken ziehen positive Energien an, während negative Gedanken negative Energien anziehen können. Ich kann den Fernseher einschalten und mir immer wieder niederschmetternde Nachrichten anschauen oder mich mit Menschen umgeben, die ständig über bestimmte negative Themen sprechen. Das wird mein emotionales und körperliches Befinden beeinflussen – ebenso sehr wie Vogelgezwitscher, klassische Musik oder ein Treffen mit einem lieben Menschen im Straßencafé. Wir alle haben verschiedene Anteile in uns, unter anderem ängstliche, aggressive, bedürftige, mutige, lustige. Jeder dieser Anteile wird gefüttert von den Gedanken, die wir haben. So füttern Angstgedanken die Angst und Mutgedanken den Mut. Das bedeutet, dass wir uns mit den eigenen Gedanken assoziieren und uns am Ende so fühlen, wie diese sind.

Ich erinnere mich an eine Situation, in der wir mit unserem Shiba-Inu-Welpen auf einer Auslaufwiese für Hunde waren. Die Hundetrainerin gab uns allgemeine Hinweise zu seiner Erziehung. Auf einmal kamen mehrere Besitzer mit zum Teil großen Hunden zu uns. Sie wollten das süße Tier aus der Nähe betrachten. Der ganze Rummel jagte dem Welpen (aber auch mir) Angst ein, und er machte sich vor unseren Füßen klein, noch kleiner, als er schon war. Wir bekamen Mitleid und wollten ihn hochnehmen. In diesem Moment schritt die Hundetrainerin ein. Wenn wir das täten, würden wir ihn in seinem Verhalten bestärken und in den Augen der anderen zu einem Opfer machen. Mit unserem gutgemeinten Handeln hätten wir wahrscheinlich die ängstlichen Anteile in ihm verstärkt, also seine Angst gefüttert. So aber konnte er die Erfahrung machen, dass ihm nichts passiert und dass derartige Situationen nicht gefährlich sind.

Du kennst das doch auch, nicht wahr? Auch in dir schlummern unzählige Persönlichkeitsanteile – der ängstliche, der mutige, der verletzliche, der kraftvolle. Du trägst sie alle in dir. Jeder hat eine eigene Stimme und alle lauern auf ihre Chance, gehört zu werden. Je nachdem, welchen Anteil du fütterst, formst du deine Realität, deine Emotionen und Reaktionen. Das Gefühl von Angst oder Mut, Freude oder Wut – alles ist eine direkte Folge der inneren Dialoge, die in dir stattfinden.

Stell dir vor, du stehst vor einer Herausforderung: vielleicht eine Präsentation vor Kollegen oder ein schwieriges Gespräch mit einem Freund oder Familienmitglied. Welche Stimmen in dir hörst du? Die ängstliche Stimme, die Zweifel und Unsicherheit säht? Die mutige, die dir Zuversicht und Kraft verleiht? Welche Stimme wirst du nun füttern?

Wie oft findest du dich in ähnlichen Situationen wieder? In Momenten, in denen dein Herz von Angst durchdrungen ist und du dich kleiner machst, als du bist? Oder wenn der innere Kritiker, der Zweifler, die Oberhand gewinnt? Und wie oft gibst du diesen Stimmen Macht über dein Handeln, deine Entscheidungen und letztendlich über dein Leben? Jede dieser Situationen ist eine Gelegenheit. Eine Gelegenheit, innezuhalten, die Kontrolle zurückzugewinnen und zu wählen, welche Anteile in dir du nähren willst. Wenn du das nächste Mal bei der Arbeit, in einer Beziehung oder in einer anderen Lebenssituation fühlst, dass dein Ja eigentlich ein Nein ist, dann ist das *der* Moment: Du kannst dich entscheiden, ob du der Angst nachgibst oder ob du die mutige Stimme in dir stärkst.

Betrachte das als eine Einladung zur Reflexion und Selbstentdeckung. Frage dich in diesen Momenten: Welche Anteile meines Selbst treten gerade in den Vordergrund? Welchen Stimmen höre ich bewusst zu? Welche Anteile werde ich füttern? Vergiss nicht: Mit jeder bewussten Entscheidung, welche Stimme in dir du nährst, formst du deinen Weg, deine Reaktionen und dein Leben. Du hast die Macht, du hast die Kontrolle! Bist du bereit, sie zu ergreifen?

ÜBUNG »Dein innerer Gedankenkompass«

Zwei Fragen, die du dir im Alltag immer wieder stellen kannst, lauten:

- Welche Gedanken habe ich in diesem Augenblick?
- Sind sie hilfreich?

Bewerte, ob deine Gedanken konstruktiv oder destruktiv sind. Geben sie dir Energie oder rauben sie Kraft? Welche Alternativen zu diesen destruktiven Gedanken wären dienlicher? Überlege, wie du deine aktuellen Gedanken umformulieren kannst. Welche positiven Affirmationen oder Perspektiven könnten diese Gedanken ersetzen?

Stell dir schließlich die Frage: Wer wäre ich ohne diese destruktiven Gedanken? Stell dir vor, wie dein Leben ohne die belastenden Gedanken aussehen würde. Spür in dich hinein und beobachte die Veränderungen in deinem Gefühlszustand und deiner Körperwahrnehmung.

Manche haben ein schlechtes Gewissen, wenn sie angesichts der dramatischen Zeit und Lebensumstände etwas Gutes für sich tun. Wenn du helfen kannst, tu es. Unbedingt. Etwa durch Spenden, durch Engagement in der Flüchtlingshilfe oder in politischer Hinsicht. Eine Person darfst du dabei aber nicht vergessen: dich selbst. Nur wer für sich selbst sorgt, kann auch für andere gut da sein. Mit*leid* hilft niemandem. Mitleid zieht in die Gefühle des anderen mit hinein, macht passiv. In diesem Zustand fehlt die gesunde Distanz, um klar zu sehen und um effektiv zu handeln. Mit*gefühl* hingegen ist förderlicher. Es umfasst ein offenes Herz und eine weise Absicht, um gut mit anderen und mit sich selbst zu sein. Durch Achtsamkeit üben wir, unseren Blick zu weiten, um mehr zu erkennen. Es ist ein offenes, beurteilungsfreies und ganzheitliches Wahrnehmen.

Viele Menschen haben sich in ihrem Leben einen sogenannten Problemmuskel antrainiert. Gemeint ist das Talent, nur die negativen Aspekte zu sehen, schwarzzumalen, sich von unnötigen und energieraubenden Gedanken gefangen nehmen zu lassen. Das Gegenteil davon ist der sogenannte Achtsamkeitsmuskel, derjenige Teil in mir, der mir hilft, bewusster und weiser zu sein. Ein innerer Anker, der mir in stürmischen Zeiten Halt gibt und mich immer wieder zentriert. Dazu gehören vertiefte Selbsterforschung, Mitgefühl und Ethik.

»Zwischen Reiz und Reaktion liegt ein Raum. In diesem Raum liegt unsere Macht zur Wahl unserer Reaktion. In unserer Reaktion liegen unsere Entwicklung und unsere Freiheit.« (Covey 2014, S. 57) Wenn wir in diesem Sinne vorgehen und unsere Stressreaktionen beobachten – Innehalten, Spüren, den Atem beobachten, Gefühle und mentale Konzepte wahrnehmen –, schaffen wir nach und nach eine Unterscheidung zwischen Auslöser und Reaktion. Je bewusster uns der Unterschied wird und je mehr Raum zwischen beidem entsteht, umso eher haben wir eine Wahlmöglichkeit, mit dem Stressor umzugehen.

Wenn Achtsamkeit kontinuierlich geübt wird, entstehen Inseln der Achtsamkeit im Verlauf einer Stressreaktion. Wir erleben und erfahren mehr und mehr, was in uns auf körperlicher, emotionaler und mentaler Ebene abläuft. In der Folge können wir unser Verhalten ändern.

ÜBUNG »Innehalten & Wahrnehmen – In 6 Schritten zur Klarheit«

Mach es zu einer Gewohnheit, inmitten des Alltagstrubels, sei es auf der Arbeit, zu Hause oder irgendwo dazwischen, kurz innezuhalten. Diese Pausen sind kein Zeitverlust, sondern essenziell, um den Raum zwischen Reiz und Reaktion zu erweitern und somit bewusster und mit mehr Klarheit zu agieren.

Du kannst sogar dein Smartphone als Tool nutzen. Stell einen Wecker, um dich stündlich daran zu erinnern, folgendes kleines, aber kraftvolles Ritual durchzuführen.

- *Jetziger Moment:* Nimm dir einen Augenblick und frage dich: Was passiert gerade jetzt? Das ist nicht die Zeit für epische Reflexionen, sondern für einen klaren, unmittelbaren Blick auf den gegenwärtigen Moment. Richte deine Aufmerksamkeit auf deine Umgebung: Was siehst, hörst, riechst oder fühlst du gerade? Fass es konkret in Worte, etwa: »Ich höre das Klappern der Tastatur. Ich sehe die Rechnungen auf meinem Tisch. Ich fühle den Stuhl unter mir.«

- *Gedanken:* Lass deinen Verstand für einen Moment sprechen. Was denkst du gerade? Sei dabei ehrlich und urteile nicht. Auch wenn es der 100. Gedanke an diesem speziellen Tag ist, nimm ihn einfach wahr.
- *Gefühle:* Jetzt geht's ans Eingemachte. Was fühlst du? Freude, Stress, Langeweile, Begeisterung? Benenn es. Fühl es. Akzeptier es.
- *Körperliche Empfindungen:* Wie äußert sich dein aktuelles Gefühl in deinem Körper? Fühlst du Enge in der Brustgegend, kribbelt dein Bauch, sind deine Schultern entspannt? Nimm diese körperlichen Signale wahr; sie sind Botschafter deiner emotionalen Welt.
- *Selbstmitgefühl:* Dies ist der Schlüsselmoment. Was brauchst du jetzt? Eine Pause, einen tiefen Atemzug, eine Tasse Tee oder einfach eine liebevolle innere Umarmung? Gib es dir – ohne Zögern, ohne Schuldgefühl, aus purer Selbstfreundlichkeit.

Wenn du dir diese Fragen täglich stellst, wird es dir gelingen, aus alten Mustern auszubrechen und Neues zu erfahren. Über dich. Über die anderen. Über Gott und die Welt.

6.4 Selbstverwirklichung und Glück

»Mag die Erfahrung auch außergewöhnlich sein, die Person ist es nicht. Jeder kann Erleuchtung erfahren, sobald er nur gelassen und aufgeschlossen genug ist, um die Welt auf radikal neue Weise zuzulassen.«
Jack Kornfield

In meine MBSR-Kurse kommen primär Menschen, die ihren Stress reduzieren wollen. Im Laufe des Kurses erfahren sie dann, dass es um weit mehr geht: um die Suche nach Glück und die Frage nach dem Sinn des Lebens. Alle Menschen wollen glücklich sein. Und so dienen alle unseren Handlungen und Motivationen letztendlich der Befriedigung unserer bewussten und unbewussten Bedürfnisse und Wünsche.

Da sich heute die Arbeit immer mehr mit den persönlichen Bedürfnissen vermischt, verlagern viele ihre Sehnsüchte in den Beruf: den Wunsch, Freunde, Anerkennung, Glück und Lebenssinn zu finden. In der Regel verbringen wir während unseres Berufslebens die meiste Zeit mit anderen Menschen und nicht mit der Familie und Freunden. Deswegen ist das Sozialklima in der Gruppe ein entscheidender Faktor sowohl für die Erhaltung und Steigerung der Motivation als auch für die Gesunderhaltung von Mitarbeitenden. Menschen, die unter einem negativen sozialen Klima in der Gruppe, unter Ausgrenzung und Zurückweisung leiden, haben neben erhöhtem Stress Konzentrationsprobleme, leiden an Aggressionen und Unzufriedenheit. Langfristig kann das bei vielen Arbeitnehmenden zu Depressionen und Burn-out führen. Untersuchungen aus der Gehirnforschung legen folgenden Zusammenhang nahe: Wenn jemand seine sozialen Bedürfnisse wie Zugehörigkeit, Liebe und Freundschaft vernachlässigt und soziale Ablehnung erfährt, sind dieselben Gehirnregionen aktiv wie bei körperlichen Schmerzen (vgl. Kross et al. 2011). Ein Sozialklima, in dem Werte wie Vertrauen, Zusammenhalt und Hilfsbereitschaft nicht nur als Leitbilder gelten, sondern auch gelebt werden, trägt in hohem Maße zur Motivation und Arbeitszufriedenheit bei. Dass diese Qualitäten fehlen, bemerken die meisten erst durch die oben beschriebene Symptomatik.

Der klinische Psychologe und Arbeitswissenschaftler Frederik Herzberg zeigt in seiner Zwei-Faktoren-Theorie, dass zum Bespiel die Abwesenheit von Faktoren, die einen Menschen bei der Arbeit unzufrieden machen, nicht ausreicht, damit er sich zufrieden fühlt. Herzberg unterscheidet dabei zwischen den Hygienefaktoren, die Unzufriedenheit verhindern, und Motivatoren, die Zufriedenheit fördern. Zu den Hygienefaktoren zählen unter anderem das Gehalt, die Arbeitsplatzsicherheit, das Führungsklima und die Arbeitsplatzgestaltung. Diese stehen nicht in direktem Zusammenhang mit der Arbeitsaufgabe und tragen nicht besonders stark zur Motivation der Mitarbeitenden bei. Sofern die Hygienefaktoren vorhanden sind, werden sie als selbstverständlich wahrgenommen. Fehlen sie aber, führt dies zu Unzufriedenheit. Nur die Motivatoren können laut Herzberg die Zufriedenheit bei den Mitarbeitenden wirklich fördern. Dazu gehören folgende intrinsische Aspekte: Verantwortung, Handlungsspielraum, Vorwärtskommen, Anerkennung und die Möglichkeit zur Selbstverwirklichung (vgl. Treier 2011, S. 129).

Diese Themen spielen in der Achtsamkeitspraxis eine wichtige Rolle. Durch die im vorherigen Kapitel beschriebenen Übungen sowie die folgende erkennen wir, dass wir mehr Entscheidungsmöglichkeiten im Leben haben als bisher gedacht; dass wir uns nicht wie eine Marionette von äußeren Umständen lenken lassen müssen, sondern Gestaltungsspielraum haben. Erst dann, wenn wir bewusst etwas wahrnehmen können, ist es uns auch möglich, eine Wahl zu treffen und so aus einer unbewussten Reaktion in eine bewusste und für uns stimmige Handlung zu kommen. Indem wir für uns passende Handlungsalternativen finden, steigen wir aus dem Reiz-Reaktions-Modus aus.

Reiz-Reaktions-Modus

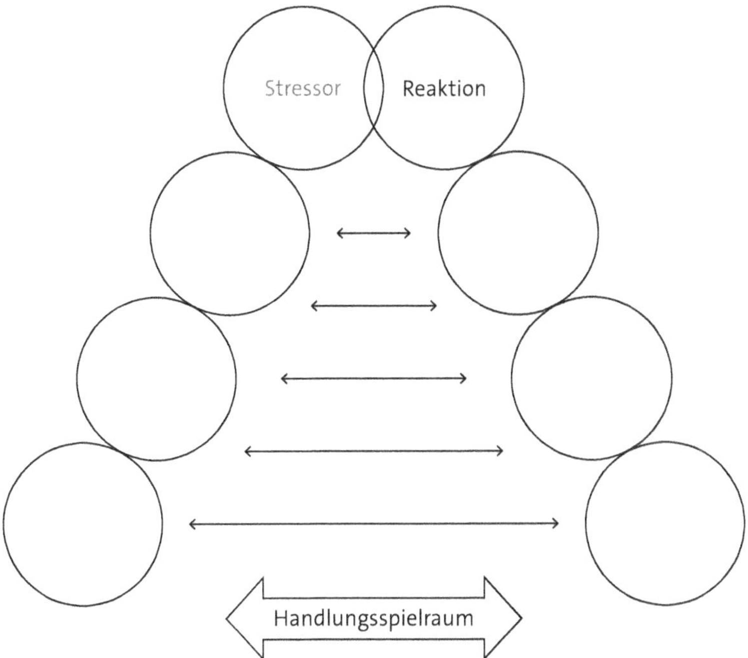

Abb. 6.1: Durch die Verfeinerung unseres Bewusstseins erweitern wir den Raum zwischen Reiz und Reaktion, um bewusste Entscheidungen zu treffen und ein gestärktes Selbstbewusstsein zu entwickeln. © Renato Kruljac.

Durch Stress und unsere gängigen Verhaltensmuster, die wir uns im Laufe des Lebens angeeignet haben, ist das Ausmaß unseres Handlungsspielraums meist nicht erkennbar. Indem wir unser Bewusstsein schärfen, gelingt es, den Raum zwischen Reiz und Reaktion mehr und mehr zu weiten, sodass wir nicht mehr automatisch reagieren müssen, sondern eine Wahl haben. In diesem Spielraum können wir uns handlungsfähiger, selbstwirksamer und letztendlich selbstbewusster erleben. Das ist der Raum, in dem eine Entscheidung nicht aus einem zwanghaften inneren Muster – im Sinne von »Ich muss« oder »Ich will« – getroffen wird, sondern mit einem freundlichen »Ich kann«. Wenn wir das erleben, sind wir im Einklang mit uns selbst. Diese innere Stimmigkeit überträgt sich auf andere Menschen wie ein Licht, das auch ihre Gefühlswelt erhellt.

Mit der folgenden Übung kannst du Klarheit über deine beruflichen und privaten Wünsche und Ziele gewinnen und bewusste Schritte zur Verwirklichung dieser Ziele einleiten.

ÜBUNG »Lebenskompass – Deine Reise zu Sinn und Erfüllung«

Nimm dir einen Moment der Stille, um dich auf eine innere Reise zu begeben. Diese Übung ist eine Entdeckungstour durch dein Leben – beruflich und privat.

- *Innehalten und Atmen:* Setz oder leg dich bequem hin. Schließ die Augen und nimm drei tiefe, bewusste Atemzüge. Spür, wie du mit jedem Atemzug entspannter wirst.
- *Berufliche Reflexion:* Stell dir vor, du schwebst über deinem Arbeitsplatz. Was siehst du? Wie interagierst du mit Kollegen? Beobachte deine täglichen Routinen. Spür nach, welche Emotionen und Gedanken in dir aufkommen, wenn du an deine Arbeit denkst.
- *Alltagsperspektive:* Erweiter deine Vorstellung auf dein privates Leben. Wander durch deinen Alltag, von morgens bis abends. Was machst du? Wer ist bei dir? Welche Aktivitäten bereiten dir Freude, welche Stress?
- *Sinnsuche:* Frag dich: »Wo finde ich Sinn und Freude in meinem Leben?« Visualisiere die Momente, die dir ein Lächeln ins Gesicht zaubern.
- *Verantwortungsbewusstsein:* Überleg, wo du in deinem Leben das Ruder in der Hand hast. Wo kannst du aktiv Einfluss nehmen und Veränderungen herbeiführen?
- *Bereitschaft zum Wandel:* Bist du offen für Neues? Gibt es etwas in deinem Beruf oder Alltag, das du ändern möchtest? Erlaube dir, über Veränderungen nachzudenken, die dein Wohlbefinden steigern könnten.
- *Möglichkeitsraum:* Erkenne, wo in deinem Leben Freiräume für Entscheidungen und Kreativität liegen. Wo kannst du aus festgefahrenen Mustern ausbrechen?
- *Vision deines erfüllten Lebens:* Stell dir nun vor, wie ein Leben aussieht, in dem du dich vollkommen erfüllt fühlst. Tauch in diese Vorstellung ein: Wie fühlst du dich in diesem Leben? Welche Aktivitäten, Menschen und Umgebungen sind Teil dieses Lebens? Spür die Emotionen und die Energie, die dieses Bild in dir hervorruft.
- *Handlungsimpulse:* Reflektiere zum Abschluss: Welche konkreten Schritte kannst du unternehmen, um deiner Vision näherzukommen? Welche kleinen Veränderungen kannst du sofort umsetzen?
- *Notieren und umsetzen:* Öffne die Augen, nimm dir einen Moment und schreibe deine Gedanken und Ideen auf. Formuliere klare Handlungsschritte und setz dir Ziele.

6.5 Was wirklich zählt

Intermezzo 1

»Wenn ich mein Leben noch einmal leben könnte, würde ich mir erlauben, mehr Fehler zu machen. Ich würde mich entspannen, ich würde die Dinge lockerer angehen. Ich würde alberner sein als bei dieser Reise. Ich würde weniger Dinge ernst nehmen. Ich würde mehr Chancen ergreifen. Ich würde mehr Berge besteigen, öfter in Flüssen schwimmen und mehr Sonnenuntergänge anschauen. Ich würde mehr Eis und weniger Spinat essen. Vielleicht hätte ich dann mehr wirkliche Probleme, aber dafür weniger eingebildete. Weißt du, ich bin jemand, der vernünftig lebt, Stunde um Stunde, Tag um Tag. Oh ja, auch ich hatte meine Momente und wenn ich noch einmal von vorne anfangen könnte, würde ich dafür sorgen, dass ich mehr davon hätte. Genau genommen, würde ich versuchen, nichts anderes zu haben. Einfach nur Augenblicke, einen nach dem anderen, anstatt ein Leben lang immer auf die Zukunft zu warten.
Wenn ich mein Leben noch einmal leben könnte, würde ich im Frühling früher anfangen, barfuß zu gehen, und im Herbst würde ich später damit aufhören. Ich würde öfter tanzen gehen. Ich würde öfter Karussell fahren. Ich würde mehr Gänseblümchen pflücken. Wenn du dich andauernd nur schindest, vergisst du sehr bald, dass es so wunderbare Dinge gibt wie zum Beispiel einen Bach, der Geschichten erzählt, und Vögel, die singen.«
Nadine Stair, Kentucky, 85 Jahre

Intermezzo 2

Ein erfolgreicher amerikanischer Investment-Berater war im Urlaub auf einer kleinen Insel. Dort sah er einen Fischer unter einer Palme am Strand liegen. Er ging auf ihn zu, begrüßte ihn und fragte, ob er heute schon etwas gefangen habe. »Ja«, sagte dieser, »einen prächtigen Fisch.« Das begeisterte den Berater und er nahm sich vor, den Fischer kostenlos zu beraten. »Also«, fragte er, »warum sind sie jetzt nicht draußen auf See und fangen noch einen Fisch?« Der Fischer antwortete: »Nun, der Erlös des einen Fisches reicht, um genug für heute und morgen zum Essen zu kaufen. Warum sollte ich dann noch einen Fisch fangen?« – »Na, damit sie etwas auf die Seite legen und bald ein größeres Boot kaufen können, mit dem sie noch mehr Fische fangen können.« – »Und dann?« – »Dann können sie bald eine eigene Fischfabrik aufmachen und werden Millionär.« – »Wie lange wird das dauern?«, fragte der Fischer. »Ungefähr 10 bis 15 Jahre.« – »Und dann? Was mache ich dann?« – »Dann kommt das Beste!«, antwortete der Berater, »dann können sie an die Börse gehen und die Firma verkaufen.« – »Und was habe ich davon?«, wollte der Fischer wissen. »Nun«, sagte der Berater, »dann sind sie reich und können

morgens lang ausschlafen, mit ihrer Frau lang Siesta machen und viel in der Sonne liegen.« – »Aber mein Lieber, das mache ich doch jetzt schon!«, antwortete der Fischer.
Nach Heinrich Böll

Manche, denen ich diese Geschichte von Heinrich Böll erzähle, kommen schnell mit dem Argument: »Ja, aber ich habe doch Kinder, ein Haus, ein Auto …« In diesem »Ja, aber« steckt die Bejahung ebenso wie die Verhinderung. Sie können sich nicht entscheiden, sind innerlich zerrissen und somit nicht mit sich im Einklang. Natürlich müssen wir unseren Lebensunterhalt bestreiten. Wir alle haben Verpflichtungen im Leben. Beim Fischer geht es nicht um ein faules Rumsitzen auf Kosten anderer. Er ist mit dem, was er hat, zufrieden. Es genügt ihm. Er braucht nicht mehr. Und genau darum geht es: ob etwas genügt. Oder, um den römischen Philosophen Seneca zu zitieren: »Nie ist zuwenig, was genügt.«

Die folgende Übung soll dir helfen, dich selbst besser zu verstehen und zu erkennen, was für dich im Leben wirklich zählt. Es geht darum, bewusster Entscheidungen zu treffen und sich nicht von äußeren Erwartungen oder dem Drang nach ständiger Produktivität leiten zu lassen. Es ist ein Schritt in Richtung eines authentischeren und erfüllteren Lebens.

ÜBUNG »Fragen an mein Leben«

Lies die beiden Textabschnitte (*Intermezzo 1* und *Intermezzo 2*) noch einmal durch. Lass die Worte auf dich wirken und überlege, welche Botschaft dich am meisten anspricht. Nimm dir nun einen Moment Zeit, um über dein eigenes Leben nachzudenken. Wie fühlt es sich an? Bist du zufrieden mit dem Weg, den du eingeschlagen hast? Beantworte nun die folgenden Fragen schriftlich:

- Was macht mich wirklich glücklich?
- Nehme ich meinen Platz im Leben ein? Fühle ich mich an meinem aktuellen Punkt im Leben wohl?
- Lebe ich mein Leben so, wie ich es wirklich will? Oder gibt es Dinge, die ich nur tue, weil sie von mir erwartet werden?
- Was kann und möchte ich ändern, um meinem Ideal näherzukommen?
- Was ist mir im Leben wirklich wichtig? Was sind meine Kernwerte und Prioritäten?
- Worauf kann ich verzichten, um ein erfüllteres Leben zu führen?
- Macht mich das, dem ich hinterherrenne (Karriere, materieller Besitz, sozialer Status usw.), wirklich glücklich?

Lies deine Antworten durch und überleg, welche Einsichten oder Überraschungen sich daraus ergeben haben. Gibt es Muster oder wiederkehrende Themen? Wähl eine Erkenntnis oder ein Thema aus deinen Antworten, das dir besonders wichtig erscheint.

Entwickle nun einen *Aktionsplan:* einen kleinen, realistischen Schritt oder eine Verhaltensänderung, die du umsetzen möchtest, um diesem Ideal näherzukommen.

Tief im Inneren wissen wir, was uns guttut. Unsere Intuition kennt den Weg. Übertönt von Ängsten und Gier, hören wir aber die innere Stimme nicht, die uns immer wieder mitteilt, was wir wirklich wollen, flüsternd oder schreiend: »Mach eine Pause, lass los!« – »Sag Nein!« – »Hab Mut, tu es!«

6.6 Von der Kraft der Akzeptanz

»Heilung bedeutet, dass der Mensch erfährt, was ihn trägt,
wenn alles andere aufhört, ihn zu tragen.«
Wolfram von Eschenbach

Die Praxis der Achtsamkeit ist ein Weg der Selbsterkenntnis. Erleuchtung kann hier als ein Zustand des Bewusstwerdens verstanden werden. Damit einhergehend ist sie aber auch – vereinfacht gesagt – ein Weg des Loslassens. Um richtig loslassen zu können, müssen wir alles, womit wir auf Kriegsfuß stehen, was uns nicht gefällt und uns schlecht fühlen lässt, erst einmal wahrnehmen, zulassen. Ich muss der Wahrheit ins Auge schauen. Vieles wollen oder können wir aber gar nicht sehen. So fallen uns bekanntlich die Macken anderer wesentlich schneller auf als die eigenen.

Unser Licht und unsere Schatten zu erkennen, ist letztendlich das, wozu auch die tiefenpsychologisch orientierten Schulen beitragen möchten. Wer, wie C. G. Jung sagte, »zugleich seinen Schatten und sein Licht wahrnimmt, sieht sich von zwei Seiten, und damit kommt er in die Mitte.« (Zit. nach Jacobi 1971, S. 142)

Der Weg der Achtsamkeit kann helfen, sich selbst zu erkennen – und zwar durch Introspektion, das heißt durch Selbsterforschung. Es gibt etwas, das in uns angelegt ist, eine innere Weisheit. Sie ist unsere Helferin auf diesem Weg der Selbsterforschung. Um sie willkommen zu heißen, brauchen wir einfach etwas Stille und Zeit. Selbsterkenntnis allein ist nicht gleich die Lösung, aber der erste und wichtigste Schritt auf dem Weg der Heilung. Und Heilung meint hier nicht das Verschwinden aller Probleme, aller Krankheiten und Unpässlichkeiten des Alltags, sondern einen Zustand des Getragen-Seins; ein Gefühl, dass ich trotz all meiner Probleme, Schwächen, Macken vollkommen in Ordnung bin; dass ich eingebettet bin in etwas Größeres – etwas, was in manchen Religionen Gott oder Göttlichkeit genannt wird. Solange wir uns selbst nicht annehmen, uns unsere Fehler nicht verzeihen, ungnädig mit uns sind und ablehnend, solange werden wir keine authentischen Beziehungen führen können. Um lieben zu können, braucht es die Liebe zu sich selbst. Um mit anderen fühlen zu können, braucht es das Mitgefühl mit sich selbst. Diese Qualitäten zu entdecken, zu entwickeln und zu praktizieren, dazu ist die Achtsamkeit der Wegweiser.

> »Im Menschen wohnt eine tiefe Sehnsucht, die das Göttliche selber ist. Es ist die Sehnsucht heimzukommen, den Platz zu finden, wo alles gut ist, wo man geliebt und angenommen wird. Der Mensch erfährt bald im Leben, dass kein Mensch dem Menschen diese feste Sicherheit geben kann, auch nicht der liebste. Es bleibt diese unüberbrückbare Trennung,
> bis wir unser wahres Selbst gefunden haben. Menschen machen sich auf den Weg, weil sie diese tiefe Sehnsucht in sich tragen, die letztlich die Sehnsucht des Göttlichen selber ist. Oft ist es das Leid, das Scheitern, das uns zur Besinnung bringt und uns an unser wahres Ziel erinnert. Das Göttliche, der Urgrund ist dieses wahre Ziel, gemeint ist damit unser wahres Wesen, die Rückkehr zur Einheit mit dem Urgrund des Lebens.«

Diese Gedanken stammen von meinem Zen- und Kontemplationslehrer Willigis Jäger, er teilte sie mit uns im Rahmen eines Retreats auf dem Benediktushof. In seinen letzten Lebensjahren habe ich ihn dort öfter besucht. Wenn ich ihn fragte, wie es ihm geht, antwortete er häufig: »Gut, auch wenn es mir nicht gut geht.« Damals dachte ich, dass er mich mit seinem Leid nicht belasten will. Heute verstehe ich seine Worte anders. Man kann sich trotz des Leids gut und heil fühlen. Es gibt etwas Größeres, das uns in schwierigen Situationen hält. Nur auf dieser tieferen Ebene kann Heilung geschehen. Wenn, um mit Wolfram von Eschenbach zu sprechen, »der Mensch erfährt, was ihn trägt, wenn alles andere aufhört, ihn zu tragen«. Viele Methoden im Bereich der Persönlichkeitsentwicklung und Medizin können die Ich-Struktur und den Körper stärken, aber sie werden uns nicht die Arbeit abnehmen, den Weg der Annahme zu gehen – den Weg in die Tiefe des Seins, an den Ort, wo wir ganz und vollkommen sind.

Einige meiner Kursteilnehmenden berichteten mir, dass sie sich trotz zahlreicher Therapien nicht gesund, ganz und zufrieden fühlen. Es besteht immer die Gefahr, dass Therapiesitzungen zum Geschichtenerzählen verkümmern und die innere Problematik einfach ausgelagert wird. Man bleibt auf der Ebene des Informationsaustausches. Das gilt es zu überwinden.

Achtsamkeit ist das Fundament, auf dem gut gebaut werden kann. Sie öffnet uns die Augen für das Wesentliche und schafft eine gesunde Distanz zu den neurotischen Eigenarten unseres Egos. Der Mensch ist dann nicht mehr so stark mit belastenden Gefühlen und Gedanken identifiziert und kann mit diesen besser in Kontakt treten, entspannter über sein Gefühlsleben und seine Probleme wie Angst, Wut, Trauer oder Scham reflektieren. Solange wir in der Identifikation mit dem Leidvollen stecken, gleicht jeder Lösungsansatz einem persönlichen Angriff, einer Vernichtung unseres Egos.

So manches kann jahrzehntelang an uns nagen und uns die Kraft und den Glauben an uns selbst rauben. Nicht alles kann gelöst oder geheilt werden. Bei einigen besteht ein mechanistisches Weltbild und sie glauben, dass man den Menschen wie eine

Maschine reparieren kann. Das, was fehlt, wird ergänzt, und das, was stört, wird entfernt. So aber funktionieren der Mensch und das Menschsein nicht. In vielen Lebenslagen gilt es, das Unannehmbare anzunehmen. Wie schwer das ist, weiß ich aus eigener Erfahrung. Ich weiß inzwischen aber auch, dass Widerstand noch mehr Leid verursacht.

Wenn Menschen zu mir kommen und mich fragen, wie sie sich endlich von ihrem Leid befreien können, dann antworte ich ihnen genau das, was ich erfahren und erkannt habe: Es kann möglicherweise nicht das Problem, aber der Widerstand gelöst werden. Wenn wir diesen durch Akzeptanz ersetzen – und Akzeptanz bedeutet nicht, etwas gut zu finden, sondern nur, die Situation so anzunehmen, wie sie zunächst einmal ist –, wird sich das Leid verringern oder sogar ganz auflösen. Der Psychotherapeut Carl Rogers spricht von der Merkwürdigkeit des Paradoxen: dass wir uns nicht ändern, uns nicht von demjenigen wegbewegen können, was wir sind, bis wir zutiefst akzeptieren, was wir sind. Dann erst ereigne sich fast unmerklich die Veränderung (vgl. Rogers 1973, S. 33).

Arnold Beisser, ein amerikanischer Gestalttherapeut, erzählt in seiner Autobiografie (2002) eine Geschichte, die seine Erfahrung mit der Annahme des Unerwünschten widerspiegelt. Als junger Mann war er es gewohnt, erfolgreich zu sein. Er war gut im Sport und schloss früh sein Medizinstudium ab. Mit 25 Jahren erkrankte er plötzlich an Kinderlähmung. In der ersten Phase dieser Krankheit war er an einer eisernen Lungenmaschine angeschlossen und wurde künstlich beatmet. Er fühlte sich körperlich und geistig wie gefangen, den Menschen, die ihn pflegten, ausgeliefert. Er kämpfte mit seinem Zustand, haderte, die Widerstände schienen keinen Tag weichen zu wollen. Eines Tages machte er eine Erfahrung, die seine Vorstellung von seinem bisherigen Dasein völlig veränderte. Daraufhin ließ er alle Widerstände los, man könnte auch sagen: Er fügte sich in sein Schicksal. Er akzeptierte sein Leid. Bis zu seinem Tod im Alter von 65 Jahren sah sich Beisser nicht als Therapeut, der seine Klientinnen zur Veränderung, sondern zur Annahme – und dadurch zur Heilung – führt. Er ermutigte sie immer wieder, aufzugeben, anders zu sein und anders werden zu wollen. Dies lebte er vor, durch seine eigene Erfahrung und Haltung. Der Aspekt des Zulassens und der Akzeptanz spiegeln sich in seinem prägenden Satz wider: »Veränderung geschieht, wenn jemand wird, was er ist, nicht wenn er versucht etwas zu werden, das er nicht ist.« (Beisser 1998)

6.7 Mitgefühl: Ein Pfad zum wahren Erwachen

»Sage nicht, dass ich morgen fortgehe –
denn ich komme doch heute gerade erst an.

Betrachte es ganz tief: Jede Sekunde komme ich an –
sei es als Knospe an einem Frühlingszweig
oder als winziger Vogel mit noch zarten Flügeln,
der im neuen Nest erst singen lernt;
ich komme als Raupe im Herzen der Blume
oder als ein Juwel, verborgen im Stein.

Ich bin die Eintagsfliege, die an der Wasseroberfläche
des Flusses schlüpft.
Und ich bin auch der Vogel,
der herabstürzt, um sie zu schnappen.

Ich bin das Kind aus Uganda, nur Haut und Knochen,
mit Beinchen so dünn wie Bambusstöcke;
und ich bin der Waffenhändler,
der todbringende Waffen nach Uganda verkauft.
Ich bin das zwölfjährige Mädchen,

Flüchtling in einem kleinen Boot,
das von Piraten vergewaltigt wurde
und nur noch den Tod im Ozean sucht;
und ich bin auch der Pirat –
mein Herz ist noch nicht fähig, zu erkennen und zu lieben.

Bitte nenne mich bei meinen wahren Namen,
damit ich all mein Weinen und Lachen
zugleich hören kann, damit ich sehe,
dass meine Freude und mein Schmerz eins sind.

Bitte nenne mich bei meinen wahren Namen,
damit ich erwache,
damit das Tor meines Herzens von nun an offensteht –
das Tor des Mitgefühls.«
Thitch Nhat Hanh

Einer meiner Achtsamkeitslehrer erzählte mir, wie er zu Anfang seiner langjährigen Meditationspraxis den strengen Weg auf der Suche nach Erleuchtung bestritt. Aus dem Westen kommend, war es für ihn nicht einfach, sich den Gegebenheiten der Klöster

Thailands und Burmas anzupassen. Die teils sehr strengen Rituale und Meditationspraktiken waren eine harte Tortur. Viele Jahre vergingen, doch die tiefere Erleuchtung, nach der er strebte, erfuhr er nicht. Eines Tages kam dann ein Lehrer zu ihm und empfahl ihm eine andere Art der Meditation. Diese umfasste Mitgefühl. Das war für ihn etwas komplett Neues. Er war überrascht und spürte zunächst Widerstand gegen diese Meditationsform, dachte, sie sei etwas für Weichlinge. Wer die Erleuchtung erreichen will, müsse stark, mutig und leidensfähig sein wie ein Samurai, dachte er. Trotz seiner Skepsis probierte er diese Übung aus. Was hatte er schon zu verlieren? Mit der Zeit hörte er auf zu kämpfen und gewann das eigene Selbst. Irgendwann müssen wir alle erkennen, dass nur ein offenes Herz sich mit der allumfassenden Liebe füllen kann.

Buddha soll einmal gesagt haben, dass es keine bessere Form der Achtsamkeit gebe, als die Übung des Mitgefühls. Das sei der Weg zum wahren Erwachen. Viele Mediationsübungen stellen sogenannte Konzentrationsübungen, zum Beispiel die Beobachtung des Atems oder die Wiederholung eines Mantras, in den Vordergrund. Dabei handelt es sich um eine Bewusstseinsvereinheitlichung, die dazu dient, uns von störenden Gedanken zu befreien, um zu mehr Stille und Präsenz zu kommen. Die heutigen, vor allem im Westen lebenden Menschen brauchen meines Erachtens neben Präsenz und Erkenntnis vor allem die Entwicklung von Freundlichkeit und Mitgefühl. Mitgefühl meint in diesem Zusammenhang den authentischen Kontakt zu den eigenen Gefühlen, denn ohne das Fühlen bleibt die Praxis tot, blass, leer.

Mitgefühl ist keine Gefühlsduselei, wie manche Kritiker sarkastisch meinen, sondern eine Praxis, die alle vorhandenen Gedanken, Körperempfindungen und Gefühle willkommen heißt. So könnte man sagen, dass es bei der Achtsamkeit um das *Was* geht, und bei dem Mitgefühl um das *Wie*. Das heißt: In welcher Haltung nehme ich mich und die anderen wahr? Wie viel Freundlichkeit ist im Kontakt mit dem, was ich wahrnehme, vorhanden? Wie ist die Beziehung zu mir und den anderen? In der Kommunikationspsychologie würde man hier von einer Sachebene und einer Beziehungsebene sprechen. Wie gut die Sachebene auch sein mag, für eine erfolgreiche Kommunikation ist die Beziehungsebene entscheidend.

Auch in der Psychotherapie und im Coaching ist diese Erkenntnis schon unlängst bekannt. Studien unterstreichen, dass der Erfolg einer Therapie maßgeblich von der Qualität der Beziehung zwischen dem Therapeuten und dem Klienten abhängt (vgl. Horvath & Greenberg 1989). In der Praxis bedeutet das, dass ein Therapeut oder Coach, unabhängig von der Anzahl der absolvierten Ausbildungen und Zertifikate, ohne eine authentische und empathische Beziehung zum Klienten nur schwer Fortschritte erzielen kann. Der Psychologe Carl Rogers betonte die Bedeutung von Echtheit, Akzeptanz und empathischem Verständnis in der therapeutischen Beziehung. Er fand heraus, dass diese Faktoren wesentlich mehr zum Erfolg einer Therapie beitragen als die spezifischen Techniken oder Methoden, die angewendet werden (vgl. Motschnig 2015).

Die Philosophie des Ostens und Westens zieht gern Intellektuelle an. Zugleich birgt sie die Gefahr, die Verstandesebene, die bei den meisten ohnehin überbetont ist, zu stärken und die Ebene der Gefühle zu vernachlässigen oder gar zu verdrängen. In meinen Kursen leite ich öfter Dyadenübungen an, in denen die Aufmerksamkeit, das Mitgefühl sowie die Perspektivenübernahme geübt werden. Diese Form der Achtsamkeitsmeditation ist nicht still, sondern in gewisser Weise laut. Laut meint hier, dass achtsam gesprochen und zugehört wird. Zwei Menschen setzen sich einander gegenüber, und eine Person spricht zu einem bestimmten Thema. Sie kann dabei die Aufmerksamkeit nach innen richten, auf die Ebene der Körperempfindungen, Gefühle und Gedanken, und all das aussprechen, was in diesem Augenblick ausgedrückt werden will. Das Motto lautet dabei: »Sprich von Herzen und lass ›Es‹ sprechen.« Die andere Person hört zu, wachsam und präsent und nach Möglichkeit mit voller Anteilnahme. In dieser beurteilungsfreien Art des Dialogs werden unbewusste Prozesse angestoßen, die im emotional-affektiven Bereich zu tieferen Erfahrungen führen können.

Die Neurowissenschaftlerin und Psychologin Tania Singer forscht seit Jahren intensiv zu den verschiedenen Auswirkungen von Meditation. »In unseren westlichen Gesellschaften ist vor allem der soziale Stress zu einem enormen Problem geworden, also der Stress, der ausgelöst wird, wenn wir Angst haben, von anderen negativ beurteilt zu werden und ihren Erwartungen nicht zu genügen.« (Singer 2017) In ihren Studien wies sie nach, dass dieser soziale Stress vor allem durch die zwei sozialen Trainingsmodule Affekt und Perspektive um fast die Hälfte reduziert werden kann (vgl. ebd). Ihre Studienergebnisse machen deutlich: Wenn ich jeden Tag die Erfahrung mache, dass mir mein Gegenüber zuhört, ohne über mich zu urteilen, baut sich die Angst vor dem strengen Urteil anderer ab.

Eine Veränderung ist nur möglich, wenn wir offen sind für das, was wir wahrnehmen und empfinden. Ohne diese Offenheit kann keine Transformation stattfinden. Die Distanz zu unangenehmen Gefühlen kann in bestimmten Momenten sinnvoll sei, wenn wir zum Beispiel der Bewältigung noch nicht gewachsen sind. Die Meditationspraxis birgt jedoch die Gefahr, dass man die unangenehmen Gefühle wegmeditieren möchte. Das ist falsch und gefährlich. Der Ansatz der Achtsamkeitspraxis ist ein Weg des Zulassens. Es geht darum, die Gefühle beurteilungsfrei und ganz da sein zu lassen. Es braucht auch den Schmutz, so wie der Lotus den Schlamm zum Erblühen braucht.

Heutzutage sind Weisheitssprüche aus dem fernen Osten modern. Der Begriff Zen findet sich beispielsweise in vielen Bereichen wieder, sei es auf Kosmetikverpackungen, in der Wellnessbranche oder im Management. Meditation und Reisen nach Indien, um dort Ashrams zu besuchen, sind schick geworden. Doch mit echtem Erwachen hat das oft wenig gemein. Die idyllischen Bilder meditierender Menschen auf Zeitschriftencovern sind ästhetisch, spiegeln jedoch nicht die Wirklichkeit wider.

Kürzlich sah ich auf dem Cover einer renommierten Zeitschrift eine frisch geschminkte, attraktive Frau, die auf einem Berggipfel saß, im Hintergrund die Sonne. Dieses Bild brachte mich zum Schmunzeln, da es die vielfältigen, oft herausfordernden Erfahrungen der Meditationspraxis nicht repräsentiert. Vor Weisheit und Mitgefühl begegnet man üblicherweise auch Ungeduld, Angst, Trauer und Wut. Freilich treten auch Freude, Zuversicht und Gelassenheit auf. Eine authentische, regelmäßige Praxis bringt alles zum Vorschein, sowohl das Schöne als auch das Leidvolle. Das ist ein normaler Teil des Prozesses. Andernfalls läuft wahrscheinlich etwas schief. Es braucht die Reibung mit inneren und äußeren Widerständen, sonst gleicht die Praxis einer Schönheitsoperation: Sie stellt die Fassade wieder her. Ehrliche, konsequente Praxis bringt den »Mist« an die Oberfläche, der, obwohl unansehnlich und stinkend, wie Dünger für wertvolle Erkenntnisse wirken kann. Es erfordert Ehrlichkeit und Mut, sich mit seinen Unvollkommenheiten zu zeigen. Vorbilder, die sich so zeigen, wie sie sind, und dem Druck des Perfektionismus widerstehen, sind wichtig. Andernfalls fördern wir Narzissmus und Optimierungswahn.

Selbstverliebtheit und Machtstreben, getrieben vom kleinen Ego, sind nicht selten auch in der Achtsamkeitsszene zu finden. Der Perfektionismus wird manchmal auch auf Lehrende oder therapeutisch Tätige projiziert, denen unterstellt wird, frei von alltäglichen Problemen und Schwächen zu sein. Dieser Druck ist unrealistisch. Realistischer und befreiender wäre die Anerkennung, dass wir alle unsere kleineren und größeren Lebensprobleme haben. Schmerz und ein gewisses Maß an Leid sind Teil des Lebens. Den Fortschritt der Achtsamkeitspraxis werden wir nicht unbedingt daran erkennen, wie viele positive Emotionen wir empfinden, sondern daran, wie viel wir von dem Schmerzhaften zulassen können. Wenn wir uns authentisch mit unseren Gefühlen verbinden, besteht die große Chance, unser Fühlen und Denken nachhaltig zu transformieren.

Häufig erlebe ich, wie hart Menschen mit sich selbst und anderen ins Gericht gehen. In Einzelcoachings leisten Klienten häufig großen Widerstand, wenn ich sie in den Übungen einlade, sich selbst einen freundlichen Satz zu sagen. Die bekannte Botschaft von Jesus – »Liebe deinen nächsten wie dich selbst« – zeigt auf, dass es der Eigenliebe bedarf, um andere lieben zu können. Damit ist nicht das Narzisstische, Selbstverliebte gemeint, sondern die Wertschätzung sich selbst gegenüber; die Annahme und das Gefühl, dass man so, wie man ist, vollkommen in Ordnung ist – ohne Einfluss von außen und die Leistungen, die man hervorgebracht hat.

Der Neurobiologe und Psychotherapeut Gerald Hüther soll gesagt haben: »Letztlich geht es immer um Liebe. Das darf man nicht sagen, sonst nimmt einen keiner ernst.« (Zit. nach Vlamynck 2022) Liebe ist ein Grundbedürfnis eines jeden Menschen. Sie führt zur Einheit und Harmonie. Das ist die Balance, die die Natur ständig erschafft, solange der Mensch in diesen Prozess nicht zerstörerisch eingreift. Wenn die Harmonie verloren geht, zerbricht der Mensch und somit die Welt. Eine Praxis ohne Herz ist eine tote Praxis. Dies gilt auch für andere Wege und Bereiche des Lebens.

Es wird berichtet, dass Buddha nach seinem Erwachen zunächst nicht lehren wollte, da er die Vermittlung der Lehre für die meisten als zu schwierig erachtete. Nachdem er gebeten wurde, dies zu tun und sich den Menschen zuwendete, sah er viel Leid. Diese Begegnung öffnete sein Herz. Erst so wurde er zum vollkommen Erwachten.

Für manche ist es angenehmer, einfach nur still zu sitzen und passiv zu beobachten, was der Geist produziert. Mitgefühl zu entwickeln, ist hingegen ein aktiver Vorgang und erfordert mehr Arbeit. Dieser aktive Teil in der Meditation, der sich letztendlich auf den Alltag und das Miteinander ausweiten sollte, ist nötig, wenn wir zur wirklichen Wandlung, dem Erwachen kommen wollen. Das Mitgefühl beziehungsweise der freundliche Umgang mit den inneren und äußeren Objekten der Aufmerksamkeit kann auf eine Person gerichtet sein wie den Partner, die Mutter, einen Freund oder einen Menschen, dem gegenüber man Widerstand verspürt. Oder auch auf sich selbst, indem man sich eigenen Anteilen zuwendet, mit denen man nicht im Reinen ist, die man nicht mag, die man ablehnt. In diesem Fall kann eine beurteilungsfreie und wohlwollende Haltung sich selbst gegenüber sehr heilsam sein. Die Achtsamkeit fragt, was jetzt gerade ist. Das Mitgefühl fragt, was jetzt freundlich, mitfühlend wäre. Sie ist eine Einladung, sich in jedem Augenblick achtsam und freundlich zu begegnen.

6.8 Gib alles

Auf der Dorfstraße war ich bettelnd gegangen von Tür zu Tür,
als in der Ferne
Dein goldner Wagen wie ein prächtiger Traum erschien.
Und gerne hätte ich gewußt,
Wer dieser König der Könige sei.
Hoch stieg mein Hoffen an, mich dünkte,
das Ende meiner bösen Tage sei erreicht.
Ich stand und wartete auf Spenden, die unerbeten kämen,
auf Reichtum, in der Straßen Staub gestreut.
Der Wagen hielt da, wo ich stand.
Dein Blick fiel auf mich,
Lächelnd stiegst Du aus.
Ich fühlte, endlich war das große Glück
Zu mir gekommen.
Dann ganz plötzlich streckst Du Deine Rechte aus
Und sagst: »Was hast Du mir zu geben?«
Ach, welch königlicher Scherz war das,
die Hand zu öffnen vor dem Bettler, Ihn zu bitten!
Ich war verwirrt, stand unentschlossen,
nahm aus meinem Sack das kleinste Körnchen, gab es Dir.
Doch welch Erstaunen, als am Abend ich
meine Tasche auf dem Boden leerte:
Ein winzig kleines Körnchen Gold glänzte in dem kargen Haufen
Ich weinte bitterlich und wünschte, ich hätte das Herz gehabt,
Dir all mein Hab und Gut zu schenken.
Rabindranath Tagore

»Gib alles« ist oft zu hören, wenn es um beruflichen und sportlichen Erfolg geht. In der Geschichte des indischen Dichters Rabindranath Tagore geht es hingegen nicht um äußere Ziele, sondern darum, sich selbst und anderen ehrlich und auf eine radikale Weise offen zu begegnen und sich genauso zu zeigen. Es geht um Vertrauen und Mut.

Wenn einer sich öffnet und alles gibt, fühlt man sich vom innersten Geheimnis des anderen beschenkt. Das weckt Vertrauen, und somit wird auch der Zuhörer sich mehr öffnen und dem Gegenüber etwas von sich preisgeben. Das Anvertrauen bewirkt Vertrauen, und auf eine einfache und einzigartige Weise werden dadurch alle reich beschenkt. Manchmal ist es nötig, einen Vertrauensvorschuss zu leisten, um das Vertrauen anderer zu gewinnen. In einer Welt, die von Angst und Geiz geprägt ist, fällt es dem Vertrauen schwer, zu gedeihen. Es erfordert innere Stärke, sich zu öffnen und sein wahres Selbst zu zeigen. In meinen Seminaren erlebe ich immer wieder, wie wertvoll es ist, wenn sich Teilnehmende öffnen und Einblicke in ihre Innenwelt gewähren. Das ermutigt auch die Unsicheren und Entmutigten, ihre Geheimnisse, Wünsche und Sorgen zu teilen. Solche Momente, in denen wir uns im Anderen wiedererkennen, sind besonders kostbar. Sie ermöglichen die Erfahrung unserer gemeinsamen Menschlichkeit – unserer Verletzlichkeit, Freude, Hoffnung und all der Bedürfnisse, die wir teilen. Wir erkennen, dass wir Menschen uns gar nicht so sehr unterscheiden und letztlich alle im selben Boot sitzen: dem Boot des Lebens.

Im Rahmen einer Fortbildung machte ich damit selbst eine sehr intensive und wertvolle Erfahrung. Wir waren eine Gruppe von etwa 15 Personen. Die Einladung lautete, sich vor die Gruppe zu setzen, sich mit seinen verletzlichen Anteilen zu verbinden und über die damit einhergehenden Gefühle wie Scham, Angst, Trauer und Ohnmacht offen zu sprechen – in der Gestalttherapie auch als Hot-Seat-Methode bekannt. Das Innerste vor den anderen zu entblößen und sich mit all dem, was da ist, zu zeigen: Davor schrecken wir in der Regel zurück, denn wir fürchten uns vor der Meinung der anderen und den Konsequenzen. Lieber wollen wir uns stark, souverän und von unserer besten Seite zeigen. Tatsache ist, dass wir nur dann etwas verändern können, wenn wir es auch erkennen und zunächst einmal annehmen, wie es ist; wenn wir mit den Anteilen in uns, die uns schmerzen und die wir gerne anders hätten oder gar bekämpfen und komplett weghaben wollen, in eine aufrichtige und freundliche Beziehung kommen; wenn wir den lang verdrängten Quälgeistern endlich den Raum geben, den sie sich sehnlichst gewünscht haben.

Sich diese Anteile selbst einzugestehen, ist schwer genug. Es vor einer Gruppe zu tun, noch schwerer. Das Interessante jedoch ist, dass je ehrlicher und offener ich mich zeigen konnte, umso größer war das Geschenk des Veränderungsprozesses: Ich erkannte, dass man mit seiner Verletzlichkeit und seinen Macken von niemandem ausgelacht, bestraft oder ausgrenzt wurde. Im Gegenteil machte ich wie in dem obigen Zitat als »Bettler« eine königliche Erfahrung, wurde reich beschenkt, indem entgegen meinen Erfahrungen als Kind kein negatives Urteil über mich gefällt, ich nicht ausgegrenzt wurde. Stattdessen erfuhr ich aufrichtige Wertschätzung, Mitgefühl und Respekt für meinen Mut, mich auf diese Weise zu zeigen. Auch wurden meine inneren Glaubenssätze entkräftet, konnte ich die neue Erfahrung doch auf der Ebene des Fühlens integrieren und als neue Perspektive verankern. Ich überschrieb meine schlechten Erfahrungen mit guten. Die tiefe Angst, verletzt zu werden, mich klein und machtlos zu fühlen, verlor ihre Kraft.

Es gibt zahlreiche Menschen, die nie gelernt haben, sich offen auszudrücken. Obwohl sie in langjährigen Beziehungen leben, können sie ihre Bedürfnisse nicht wahrnehmen und kommunizieren. Sie schämen sich für ihre Gefühle und haben Angst, dass man sie nicht ernst nimmt. In einem Prozess des Gebens und Nehmens kann ein heilsames Gefühl der Verbundenheit entstehen. Sie ist der Ort, wo wir mit all unseren Unzulänglichkeiten, Sorgen und Ängsten, Wut und Trauer, Freude und Glück sein dürfen. Ein Ort, an dem wir gesehen und willkommen sind.

Die folgende Übung hilft dir, die Kraft der Offenheit und des Vertrauens in deinem Leben zu erkennen und zu nutzen, um tiefere Verbindungen zu schaffen und zu erleben.

ÜBUNG »Goldene Offenbarung und das Geschenk des Gebens«
Denk an eine Gelegenheit zurück, bei der du dich einem Menschen, dem du vertraust, ehrlich und offen anvertraut hast. Erinner dich an die Details dieser Begegnung. Wo warst du? Wer war die andere Person? Was hast du geteilt?

- *Wahrnehmung der Reaktion:* Überleg nun, wie diese Person auf deine Offenheit reagiert hat. Wie wurdest du gesehen und behandelt? Wurdest du mit Verständnis, Mitgefühl oder Unterstützung empfangen?
- *Fühlen und Erkennen:* Konzentrier dich darauf, was du während und nach dieser Erfahrung in deinem Körper und deinem Herzen gespürt hast. War da Wärme, Leichtigkeit oder vielleicht eine spürbare Erleichterung? Oder gab es auch Angst und Zögern?
- *Gelegenheit zum Geben:* Überleg abschließend, wo und wem du in deinem aktuellen Leben etwas von dir schenken könntest – sei es ein offenes Ohr, Verständnis oder deine persönliche Geschichte. Denk daran, wie solch ein Akt des Teilens und Gebens deine eigene »Bettlerschale« mit Gold füllen könnte – als Symbol für die Reichtümer des Vertrauens, der Verbundenheit und der menschlichen Nähe.

6.9 Beziehung und Resonanz

> »Das Herz hat seine Gründe, die der Verstand nicht kennt.«
> *Blaise Pascal*

In einer Welt, die weitreichend von Rationalität und Effizienz dominiert wird, sind Blaise Pascals Worte im Hinblick auf zwischenmenschliche Beziehungen von besonderer Bedeutung. Was macht eine gute Beziehung aus? Kommt es auf erworbenes Wissen oder erlernte Methoden und Techniken an, die uns vermeintlich ideale Verhaltensweisen aufzeigen, wie es beispielsweise die Benimmregeln des Knigge tun? Oder beruhen gute Beziehungen auf dem ständigen Bestreben, nett und stets darauf bedacht zu sein, es den anderen recht zu machen? Wenn wir uns die vorherigen Kapitel ansehen, dürften wir einhellig zu der Erkenntnis kommen, dass echte Beziehungen mehr erfordern als nur das Befolgen von Regeln oder das Streben nach Zustimmung. Sie bedürfen einer tieferen, authentischeren Verbindung mit sich selbst und anderen, die über das reine Verstandeswissen hinausgeht – das Herz miteinbezieht. Eine gute Beziehung braucht aufrichtigen Kontakt, denn was nicht in Kontakt ist, kann auch nicht wirklich in Beziehung sein. Und Kontakt wiederum kann nur da entstehen, wo kein Widerstand ist. Dafür braucht es Offenheit und Resonanz. Offen kann ich nur sein, wenn ich zunächst zulasse, was vorhanden ist, und meine Bewertungen und die damit verbundenen Widerstände loslasse. Es ist gar nicht so einfach, die blitzschnell ablaufenden Vorgänge des Beurteilens, die von unseren eigenen Geschichten und Prägungen getriggert werden, wahrzunehmen und sich von ihnen zu lösen.

Die Hirnforschung hat gezeigt, dass unser Schubladendenken einem Automatismus folgt, auf den wir nur bedingt Einfluss haben (vgl. Smiljanic 2016). Was wir aber lernen können, ist bewusster wahrzunehmen, sodass wir es bemerken, wenn wir gerade eine Schublade öffnen und jemanden hineinstecken wollen. Haben wir nicht alle schon die Erfahrung gemacht, dass jemand ganz anders ist, als wir dachten? Offen zu sein, ist das Gegenteil von Vorwegnahme. Wir öffnen den Raum für das, was wirklich da ist. Und geben damit uns selbst und den anderen die Chance zu einer echten Begegnung. Darin liegt die Einmaligkeit einer solchen Begegnung. In einem solchen offenen Raum kann vieles entstehen.

Auch in der Psychotherapie und im Coaching ist es die Qualität der Beziehung, die transformative Prozesse ermöglicht. Es geht dabei um ein Gefühl der Verbundenheit, in dem wahre Bedürfnisse und Gefühle berührt werden. Dies führt uns zur Intuitionsebene, wo plötzliche Geistesblitze und tiefe Erkenntnisse möglich werden. Man spricht manchmal von der transformativen oder intuitiven Ebene. Hier fühlen sich Menschen in einem gemeinsamen Prozess aufgehoben und verbunden, hier können sie mit ihren wahren Bedürfnissen und Gefühlen in Beziehung treten. Damit berühren sie die Ebene der Intuition – jene Ebene, wo Ideen und Geistesblitze *ein*fallen und Erkenntnisse bewusster werden.

In einer resonanten Beziehung geht es darum, sich gegenseitig in der authentischen Existenz zu bestätigen. Wenn wir lernen, ohne vorgefertigte Urteile zu denken und zu fühlen, öffnen wir uns für die echte Natur der anderen. Dies fördert eine tiefe Resonanz, die auf gegenseitigem Verständnis und Akzeptanz basiert.

Beurteilungsfreies Denken bedeutet nicht, dass wir keine Meinungen oder Präferenzen haben, sondern dass wir die anderen in ihrer Ganzheit wahrnehmen, ohne sie durch den Filter unserer Vorurteile und Annahmen zu betrachten. Diese Art der Interaktion ermöglicht es, eine sichere und unterstützende Umgebung zu schaffen, in der emotionales Wachstum und persönliche Entwicklung gedeihen können. Sie schafft einen Raum, in dem Menschen sich verstanden und wertgeschätzt fühlen, was wiederum zu einer stärkeren und gesünderen Beziehungsdynamik führt. Gleichzeitig fordert diese Art der Interaktion uns heraus, über die Grenzen unseres Egos hinauszublicken und einen Schritt hin zu größerem Mitgefühl und Selbstbewusstsein zu machen. In diesem Prozess lernen wir, unsere eigenen Emotionen besser zu verstehen und zu regulieren, was wiederum unsere Fähigkeit verbessert, effektiv und empathisch mit den Emotionen anderer umzugehen.

In der Praxis kann das beurteilungsfreie Wahrnehmen in Beziehungen durch Achtsamkeit und aktives Zuhören gefördert werden. Das bedeutet, ganz im Moment präsent zu sein, unsere volle Aufmerksamkeit dem Gegenüber zu schenken und dabei unsere eigenen Gedanken und Urteile zurückzustellen. Diese Fähigkeit ist nicht nur in persönlichen Beziehungen, sondern auch in beruflichen und gesellschaftlichen Kontexten von unschätzbarem Wert, da sie zu tieferem Verständnis, zu Zusammenarbeit und Harmonie führt.

Jede Begegnung, jede Beziehung bietet die Chance, unser Verständnis des eigenen Selbst und der anderen zu vertiefen. Indem wir lernen, unsere automatisierten Gedanken und Urteile zu erkennen und loszulassen, öffnen wir uns für wahrhaftige menschliche Verbindungen.

Die folgende Übung hilft dir, ein tieferes Bewusstsein für dein Selbst und für die Art und Weise zu entwickeln, wie du mit anderen in Beziehung trittst. Sie fördert ein beurteilungsfreies Verständnis und echte Resonanz, die die Grundlage für authentische und erfüllende Beziehungen bilden.

ÜBUNG »Stille und Resonanz in Beziehungen«

Finde einen ruhigen Ort, an dem du ungestört bist. Setz oder leg dich bequem hin und schließ die Augen. Nimm dir ein paar Minuten Zeit, um wirklich zur Ruhe zu kommen.

- *Körperwahrnehmung:* Richte deine Aufmerksamkeit auf deinen Körper. Spür, wo du Enge, Spannung oder Unbehagen fühlst. Beobachte auch, wo du Weite oder Entspannung empfindest. Achte darauf, wie und wo du atmest: Ist dein Atem flach oder tief, gepresst oder fließend?
- *Emotionen anerkennen:* Erlaube dir nun, alle Gefühle, die in dir aufkommen, zu spüren. Ob Freude, Traurigkeit, Ärger oder Angst – nimm sie wahr, ohne sie zu bewerten oder zu analysieren.
- *Gedanken beobachten:* Achte auf deine Gedanken. Bemerke, wenn du beginnst, zu urteilen oder zu kategorisieren. Erkenne diese Gedanken und lass sie vorüberziehen wie Wolken am Himmel.
- *Herzöffnung:* Stell dir vor, wie dein Herz weicher wird und sich öffnet. Visualisiere, dass du dich selbst und andere in ihrer Ganzheit akzeptierst, frei von Vorurteilen und Bewertungen.
- *Resonanz erspüren:* Denk an eine Person, mit der du eine Beziehung hast oder aufbauen möchtest. Versuch dich in ihre Lage zu versetzen, ihre Gefühle und Gedanken nachzuempfinden. Erspür, wie dies deine eigene emotionale Resonanz beeinflusst.

Überlege, wie diese Übung deine Sichtweise auf Beziehungen verändert hat. Was hast du über dich selbst und deine Fähigkeit, mit anderen in Resonanz zu gehen, gelernt?

7 Lebenswege und Selbstfindung

7.1 Achtsamkeit, Wissenschaft und der neugierige Verstand

> »Der Buddhismus hat 2500 Jahre Erfahrung darin, Teleskope zu bauen, mit denen man in den Geist schauen kann. Das beste Teleskop ist Meditation«.
> *Alan Wallace*

Von Zeit zu Zeit sollten wir uns die Frage stellen, warum wir einen bestimmten Weg eingeschlagen haben und was uns im Leben wirklich wichtig ist. Machen wir etwas, um unser Ego aufzupäppeln oder zur Kompensation? Auch in der Achtsamkeits- und Meditationspraxis kann es vorkommen, dass das Ego eines Lehrers durch Anerkennung genährt wird und eine unbewusste Abhängigkeit sowohl von Schülern als auch von ihm selbst entsteht. Ein Lehrer ist nicht dazu da, dass man ihn liebt. Er sollte den Schülern helfen, sich unabhängig zu machen, und sie somit auf ihren persönlichen Weg bringen.

Es gibt dazu eine schöne Geschichte von Sussja, dem chassidischen Meister, der auf dem Totenbett von seinen Schülern gefragt wurde: »Rabbi, warum bist du so traurig?« Da sagte Sussja: »Ich habe mich mein ganzes Leben lang immer mit anderen verglichen. Aber in der kommenden Welt wird man mich nicht fragen: Warum bist du nicht Mose gewesen? Man wird mich auch nicht fragen: Warum bist du nicht David gewesen? In der kommenden Welt wird man mich nur fragen: Sussja, warum bist du nicht einfach nur Sussja gewesen?« (Simmons 2017)

Ein Zen-Meister sagte einst, dass die alten Weisheitslehrer schon vor mehr als 2000 Jahren wussten, was die Wissenschaft heute im Bereich der Achtsamkeit und Meditation erforscht und bestätigt. Wenn ich an diese Aussage denke, muss ich immer wieder schmunzeln. Zu etwas zu forschen und darüber zu reden, ist das eine; über etwas wirklich Bescheid zu wissen beziehungsweise eine Erfahrung damit zu machen, ist etwas ganz anderes. Um zu wissen, wie Tee schmeckt, muss man ihn probieren. Man kann viel über Tee reden und forschen, seine Inhaltsstoffe analysieren und bis ins kleinste Molekül wissenschaftlich vorgedrungen sein, ohne ihn je gekostet zu haben. Ohne ihn zu trinken, weiß ich dennoch nicht, wie er schmeckt. Im oben bereits zitierten Interview mit der *ZEIT* sagt der Physiker und Buddhist Alan Wallace auch: »Die Wissenschaftler studieren Verhaltensweisen und geistige Erkrankungen, aber sie wissen fast nichts darüber, was das Bewusstsein eigentlich ist. Sie konzentrieren sich auf geistige Krankheiten wie Depression, aber sie wissen nicht, in welchem Ausmaß man den Geist trainieren und dauerhaftes, echtes Glück entwickeln kann.« (Wallace 2007) Auf die Frage, was der Buddhismus von den Wissenschaften lernen könne, antwortete er: »Es gibt zwei besorgniserregende Trends im Westen: Der eine ist die Verwandlung von Buddhismus in Therapie. Meditation hilft bei Krankheiten, reduziert Stress, macht gelassener, fördert die Konzentration. Das ist alles gut und schön, aber der Buddha ist nicht im Alter von 29 Jahren aus seinem Königshaus ausgezogen, um eine Methode zu finden, Hämorrhoiden zu heilen. Auch in Tibet waren für Kranke die Ärzte zuständig, nicht die Meditationslehrer. Der andere Trend sind Hardcore-Buddhisten, die nur ihre eigene Lehre gelten lassen. Buddha hat uns ermutigt, den Buddhismus zu testen. Also prüfen wir: Kann er das Bewusstsein wirklich befreien? Was die Wissenschaft beitragen kann, sind Skepsis, strikte Empirie, Rationalität. Wissenschaft kann die Effektivität von buddhistischer Praxis messen.« (Ebd.)

Vom Thomas von Aquin, einem der einflussreichsten Philosophen und Theologen der Geschichte, wird berichtet, dass er nach einer tiefen Erfahrung zu einem seiner Mitbrüder gesagt haben soll: »Alles, was ich geschrieben habe, kommt mir vor wie Stroh im Vergleich zu dem, was ich gesehen habe.« (Kathpedia o.J.) Das Ziel der Achtsamkeitspraxis ist die eigene Erfahrung. Alles andere ist letztlich nur Theorie. Diese ist für das Integrieren der Erfahrung sowie für das Lehren und die Weiterentwicklung einer Übungsmethode zwar wichtig, aber vor der Theorie muss die Praxis stehen.

7.2 Meditation ist nicht gleich Meditation

> »Nur wer sein Ziel kennt, findet den Weg.«
> *Laotse*

Eine gute Achtsamkeitspraxis umfasst unter anderem Konzentration und Präsenz, offenes Gewahrsein, inneres Erforschen, Einsicht sowie Mitgefühl. Sie kann verschiedene Formen beziehungsweise Schwerpunkte haben. Da es auch um eine Erweiterung des Bewusstseins geht, könnte man die Achtsamkeitspraxis auch als Bewusstseinstraining bezeichnen; Meditation wiederum als eine bestimmte Form beziehungsweise Technik dieses Trainings, durch die verschiedene Qualitäten entwickelt werden können.

In der westlichen Kultur wird der Begriff Meditation als ein Nachsinnen, das heißt ein tieferes Nachdenken über etwas verstanden. So findet man diese Art von Übung auch in der christlichen Spiritualität, in der über Bibeltexte nachgesonnen wird. Auch in der Philosophie ist diese Art von Verständnis vorhanden. In der östlichen Tradition hingegen ist Meditation vor allem eine Konzentrations- und Versenkungsübung. Ziel dabei ist die Erfahrung der Transzendenz und die Überwindung der Subjekt-Objekt-Spaltung. Den Aspekt der Transzendenz wiederum finden wir in allen Kulturen und Religionen. So haben sämtliche Religionen neben ihren Ritualen und heiligen Schriften auch eine spirituelle Seite, die als mystischer Weg zur Einheits- beziehungsweise Gotteserfahrung führen soll. Diese Praxis finden wir im Buddhismus zum Beispiel im Zen oder in der Vipassana-Meditation. Der Hinduismus bietet unterschiedliche Yoga-Wege, der Islam die Praxis des Sufismus, das Judentum die Kabbala und das Christentum die Kontemplation. Stämme und Kulturen, die diesen Religionen nicht angehören, wie die Schamanen in Amerika, Asien oder Afrika, nutzen ebenso Praktiken oder bewusstseinserweiternde Substanzen, um die Grenzen ihrer Ich-Struktur zu durchbrechen.

In allen Ansätzen lassen sich zwei grundlegende Aspekte nachweisen: Bewusstseinsvereinheitlichung und Bewusstseinsentleerung. Bei Ersterer wird der Fokus auf ein Objekt oder eine Handlung wie den Atem oder ein Wort gerichtet, um den Geist zu beruhigen und zu sammeln. Die Übung bewirkt eine Distanzierung von inneren und äußeren Impulsen und führt in die vertiefte Versenkung, die Stille. Der zweite Aspekt, die Bewusstseinsentleerung, ist der direkte Weg zur Erfahrung der Leere beziehungsweise der Stille, in der kein Gedanke und kein Wollen mehr vorhanden sind. Es ist der willens- und beurteilungslose Zustand im Hier und Jetzt. Wissenschaftliche Untersuchungen bestätigen:

> »Die drei Hauptformen der geistigen Versenkung – Konzentration, Achtsamkeit und Mitgefühl – wirken sowohl im Erleben als auch auf neuronaler Ebene unterschiedlich.
> So aktiviert fokussierte Aufmerksamkeit vor allem frontale Hirnabschnitte, offenes Gewahrsein dagegen zudem Gebiete im Scheitel- und Schläfenlappen.
> Mitgefühlsmeditation erregt vermehrt solche Hirnregionen, die bei gütigem und hilfsbereitem Verhalten aktiv sind.
> Langjähriges Meditieren verändert das Gehirn offenbar auch strukturell, wie Studien mit buddhistischen Mönchen zeigen.« (Ricard et al. 2015)

Im ReSource Projekt[7] – einer der größten Meditationsstudien weltweit, begleitet von Wissenschaftlern des Max-Planck-Instituts für Kognitions- und Neurowissenschaften – wurde untersucht, wie sich verschiedene Meditationsformen auf das Denken, Fühlen sowie auf den Umgang mit Stress auswirken. Dabei wurden genetische und hormonelle Werte, Hirnscans, Verhaltensanalysen und Fragebögen bei den Studienteilnehmenden ausgewertet. Das Besondere dabei war, dass man nicht nur messen wollte, ob und wie die Meditation wirkt, denn dazu gab es schon genügend Studien. Vielmehr sollte gezeigt werden, welche Auswirkungen die verschiedenen Meditationsformen auf das Verhalten und die Hirnaktivität der Teilnehmenden haben. Rund ein Jahr lang praktizierten Laien unter Anleitung von erfahrenen Lehrenden unterschiedliche Übungen, die in drei Meditationsmodule unterteilt wurden:

7 Vgl. https://www.resource-project.org/ (letzter Zugriff: 21.01.2023).

1. Präsenz
2. Perspektive
3. Affekt

Die Studie zeigt deutlich, dass die unterschiedlichen Techniken verschiedene Auswirkungen auf Körper und Geist haben. Die Präsenz-Übung, die vor allem in Form von Atemmeditationen praktiziert wurde, zeigte unter anderem eine Erhöhung der Konzentration und der Körperwahrnehmung sowie einen Stressrückgang (subjektiv, nicht hormonell). Keine Verbesserung zeigte sich bei der sozialen Verbundenheit, dem Hineindenken in andere sowie beim Mitgefühl. Die Perspektive-Übung, eine Form der Einsichtsmeditation, bei der die Teilnehmenden ihr eigenes Denken und Verhalten zu beobachten lernten, wirkte sich wie die Präsenzübung positiv auf den Stressrückgang aus (im Vergleich zur Präsenzübung nicht nur subjektiv, sondern auch hormonell). Die Konzentration war allerdings weniger stark ausgeprägt, dafür aber die soziale Verbundenheit, das Hineindenken in andere sowie das Mitgefühl. Das dritte Meditationsmodul, Affekt, das der klassischen Metta-Meditation gleicht und als Freundlichkeitsmeditation bekannt ist, zeigte bis auf das Hineindenken in andere in allen Bereichen eine Verbesserung (vgl. Singer 2018).

Die Studie konnte eindrucksvoll beweisen, dass die Großhirnrinde, die vor allem für das Sprechen und Denken zuständig ist, bei Anfängern bereits nach drei Monaten an Größe zunahm. Dazu die Leiterin der Studie, Tania Singer: »Jedes Trainingsmodul verändert also andere synaptische Verbindungen. [...] Wenn ich mich zum Beispiel jeden Tag innerlich auf Mitgefühl und Dankbarkeit ausrichte, dann verändert sich dadurch nicht nur mein Verhalten, sondern auch mein Gehirn[...]. Wir können also durch kurzes tägliches mentales Training selektiv die ›Hardware‹ unseres sozialen Gehirns verändern.« (Ebd.)

Diese Erkenntnisse geben uns zu verstehen, dass wir unsere Gehirnstrukturen und somit unser Denken und Verhalten mittels Achtsamkeitspraxis zum Positiven verändern können – und dass es dafür unterschiedliche Meditationsformen und nicht nur die eine Übung für alles gibt. Das mag manche, die schon lange meditieren, verwirren: Soll man jetzt alles praktizieren – Beobachtung, offenes Gewahrsein und Metta-Meditation? Achtsamkeit sei keine Art Breitbandantibiotikum, sagte der Meditationsforscher Ulrich Ott (2019). In der Praxis der Achtsamkeit gehe es nicht anders zu als auch sonst im Leben. Um verschiedene Muskeln aufzubauen, bedarf es verschiedener Übungen beziehungsweise eines gezielten und speziellen Trainings, ebenso wie bei der Entwicklung von Kompetenzen in Mathematik, Deutsch, Kunst oder Musik. Jeder Bereich muss für sich, mit seinen Methoden gelernt werden. Es gibt keine übergreifende Praxis, um alle Fachbereiche zu erlernen. Es gibt aber übergreifende Irrtümer, die die meisten Meditationspraktiken betreffen und die wir im folgenden Kapitel einmal ausräumen wollen.

7.3 Sechs Irrtümer über Meditation

»In der Meditation geht es ganz einfach darum, man selbst zu sein und sich allmählich darüber klarzuwerden, wer das ist.«
Jon Kabat Zinn

In der heutigen schnelllebigen Welt, in der Stress und Hektik oft den Ton angeben, gewinnen Achtsamkeit und Meditation zunehmend an Bedeutung. Doch trotz ihres steigenden Bekanntheitsgrades und ihrer wachsenden Beliebtheit gibt es einige verbreitete Missverständnisse und Irrtümer, die sich um diese Praktiken ranken. Diese Irrtümer können Menschen davon abhalten, die Vorteile von Achtsamkeit und Meditation zu nutzen – und diesen Weg zu einem achtsameren und ausgeglicheneren Leben zu beschreiten. In diesem Kapitel werden sechs dieser häufigen Irrtümer beleuchtet und aufgeklärt, um ein besseres Verständnis für die Potenziale und Möglichkeiten von Achtsamkeit und Meditation zu fördern.

1. Ich muss religiös sein

Wenn man meditieren möchte, ist eine religiöse oder spirituelle Ausrichtung nicht zwingend notwendig. Gleichwohl gibt es viele Anbieter, deren Praktiken in einen religiösen Kontext eingebettet sind, beispielsweise Meditationsformen wie Zen und Vipassana in den Buddhismus oder die Praxis der Kontemplation in das Christentum. Wenn die mit diesen Meditationsformen verbundenen Rituale einen nicht stören und der Kernaspekt, nämlich die Meditationspraxis, nicht in den Hintergrund tritt, muss das nicht von Nachteil sein. Im Gegenteil: Für viele bekommt die Praxis durch den religiösen Rahmen einen höheren Stellenwert, geht es doch auch hier um die großen Fragen, auf die der Mensch im Laufe seines Lebens stößt: Was ist der Sinn des Lebens? Warum bin ich da? Wohin gehen wir, wenn wir sterben? Warum müssen wir leiden? Was ist meine wahre Berufung?

Die heutigen, modernen Praktiken, zu denen auch das MBSR zählt, entstammen alle mehr oder weniger spirituellen beziehungsweise religiösen Traditionen. Allen Religionen gemeinsam sind einerseits die Exoterik – eine Form der Spiritualität, die auf Schriften, Ritualen, Dogmen und Symbolen basiert – und andererseits die Esoterik – eine Form der Spiritualität, die auf die Erfahrung des Praktizierenden abzielt. Leider ist letztere Ebene vielen Mediationspraktiken verlorengegangen. Gerade die Praktiken des Zen und der Kontemplation sind zwar aus ihren Religionen hervorgegangen, in ihrem Mittelpunkt steht aber eigentlich nicht das Glaubenssystem oder eine Theorie, sondern die praktische Übung, die zur spirituellen Erfahrung führen soll – zu einem Erkennen und Annehmen des eigenen Selbst.

2. Ich habe keine Zeit zum Meditieren

Der Alltag der meisten Menschen ist mit unterschiedlichen privaten und beruflichen Aufgaben durchgetaktet. Da kommt schnell der Gedanke auf, dass Meditation – als eine Art Luxus – von den eigentlich wichtigen Dingen abhalten könnte. Was ist aber wirklich wichtig? Welche Prioritäten setzen wir uns? Und ist es nicht so, dass wir wesentliche effizienter sein können, wenn unser Geist ruhig ist, unsere Sinne geschärft sind? Hierzu kommt mir eine kurze Geschichte in den Sinn:

> »Sie laufen durch den Wald und treffen auf einen Mann, der fieberhaft daran arbeitet, einen Baum zu fällen.
> ›Was machen Sie denn da?‹, fragen Sie.
> ›Das sehen Sie doch‹, antwortet er ungeduldig. ›Ich fälle diesen Baum.‹
> ›Sie sehen erschöpft aus! Wie lange sägen Sie denn schon an diesem Baum?‹
> ›Über fünf Stunden‹, sagt er. ›Und ich bin total k.o.! Das ist wirklich harte Arbeit.‹
> ›Warum machen Sie dann nicht ein paar Minuten Pause und schärfen Ihre Säge? Ich bin sicher, dass Sie danach viel besser und viel schneller vorankommen werden.‹
> ›Ich habe keine Zeit, die Säge zu schärfen‹, sagt der Mann energisch. ›Ich bin einfach zu sehr mit dem Sägen beschäftigt.‹« (Covey 2018, S. 337)

Der Mystiker und Kirchenlehrer Franz von Sales hat in Bezug auf die Zeit, die wir der inneren Einkehr widmen sollten, augenzwinkernd, eine klare Richtung vorgegeben: »Eine halbe Stunde Meditation ist absolut notwendig, außer, wenn man sehr beschäftigt ist, dann braucht man eine ganze Stunde.« (Zit. nach Kleisz 2007)

3. Ich muss im Lotussitz meditieren

Bei der Meditation geht es vor allem um die innere und weniger um die äußere Haltung. Der Zustand und die Haltung der Achtsamkeit sollten in jedem Augenblich zum Ausdruck kommen. Das kann im Lotussitz geschehen, was aber für die meisten Menschen anatomisch gar nicht möglich ist. Es kann auch im Fersensitz auf einem Meditationsbänkchen erfolgen, mit gekreuzten Beinen auf einem Kissen oder einfach auf einem Stuhl sitzend. Die Körperhaltung spielt beim Meditieren zwar eine Rolle, sie ist aus meiner Sicht jedoch nicht so entscheidend, wie oft betont wird. Die innere Haltung ist wesentlicher, sie beeinflusst die äußere – und umgekehrt. Eine aufrechte Haltung während der Meditation kann helfen, bewusster und präsenter in der Übung zu bleiben. Ich persönlich bevorzuge eine aufrechte und bewusste Sitzhaltung, die individuell auf die Person abgestimmt ist. Nach Möglichkeit so, dass die Beine beziehungsweise Füße in einem guten Kontakt mit dem Boden sind. Es spricht auch nichts dagegen, die Meditation im Liegen durchzuführen, wenn Menschen zum Beispiel starke Rückenprobleme haben.

4. Eine Meditation muss lang andauern, damit man etwas von ihr hat

Es ist besser, jeden Tag 10 bis 15 Minuten zu üben, als einmal im Jahr für eine Woche ein Schweigeretreat zu besuchen. Hilfreich ist es, eine Übung mit einem schon vorhandenen und angenehmen Tagesritual zu verbinden, zum Beispiel nach dem Morgenkaffee eine kleine Meditation durchzuführen. So kann der innere Schweinehund nicht gleich auf die Bühne springen. Wir sollten uns von dem Alles-oder-nichts-Denken verabschieden. Der Mittelweg (den schon Buddha als sinnvoll erkannt hat) ist geeigneter als das Extrem in die eine oder andere Richtung. Mit der Zeit kann sich somit die Erkenntnis vertiefen, was mir gut oder weniger guttut. Der Alltag selbst bietet immer wieder Möglichkeiten, um aus dem Hamsterrad auszusteigen. So kann das Klingeln des Telefons als Signal zum Innehalten genutzt werden; in der Schlange an der Kasse oder während der Rechner am Arbeitsplatz hochfährt, kann ich meinen Körper und Atem bewusst wahrnehmen; Fußwege kann ich zu kleinen Gehmeditation machen – und bei all dem immer wieder die Aufmerksamkeit freundlich auf die vorhandenen Gedanken und Gefühle richten.

Bis die Praxis in Fleisch und Blut übergegangen ist und sich quasi automatisiert hat, braucht es schon eine gewisse Zeit. Die muss aber nicht am Stück aufgewandt werden. Am besten ist eine mäßige, aber regelmäßige Praxis – anstelle eines Marathons eine auf unsere Lebenswirklichkeit heruntergebrochene Strategie der kleinen, aber wirkungsvollen Schritte.

5. Ich bin zu unruhig beim Meditieren

Genau dann ist Meditation das Richtige. Manche denken, dass die Gedanken und Gefühle, die sie beim Üben belasten, durch die Meditation produziert werden. Nein, Meditation erzeugt keine Gedanken und unangenehmen Gefühle wie Angst oder Wut. Sie macht lediglich bewusst, was sowieso schon vorhanden ist. Meditation macht uns etwas klar, was sonst über die Alltagsaktivität und die vielen äußeren und inneren Ablenkungen verdrängt wird. Sie hebt sozusagen den Teppich an und offenbart, was wir darunter gekehrt haben. Wenn diese verdrängten Seiten in uns dann endlich mal Raum bekommen, kann das zur Unruhe führen.

6. Das Ziel sind tranceartige Zustände

Es geht darum, ganz in der Welt zu sein und nicht darum, in irgendwelchen abgehobenen Sphären zu landen und in ihnen zu verbleiben. Selbst ein sogenanntes spirituelles oder religiöses Leben kann eine unnatürliche und aufgesetzte Identität sein. Ein ausgewogenes spirituelles Leben vereint innere Ruhe und äußere Aktivität, indem es uns ermöglicht, unsere Erfahrungen und Erkenntnisse aus der Meditation in unseren täglichen Handlungen zum Ausdruck zu bringen. Wie großartig auch die Erfahrungen in der Meditation sein mögen, entscheidend ist ein authentisches und befreiendes Dasein im Alltag.

7.4 Was Meditation und MBSR zu bewirken vermögen

> »Tatsächlich kann jeder Zustand, der durch Stress verursacht oder verschlimmert wird, durch einen gut durchdachten Mind-Body-Ansatz gelindert werden.«
> *Herbert Benson & William Proctor*

Meine persönlichen spirituellen Erfahrungen mit Meditation waren zwar anfangs bereichernd gewesen, doch im Alltag stellte ich fest, dass mir noch etwas fehlte und dass ich nicht immun gegen Stress war. Leid beziehungsweise Stress erleben alle Menschen in unterschiedlichem Ausmaß. Stress, ein Oberbegriff beziehungsweise eine moderne Bezeichnung für Leid, ist das, was letztlich auch Buddha motivierte: Er wollte einen Weg finden, um sich davon zu befreien. Da es mir mit meinen bisherigen spirituellen Erfahrungen nicht gelungen war, mich nachhaltig vom Stress zu befreien, war ich bestrebt, tiefer in die inneren Prozesse meines Geistes einzutauchen und alltagsrelevante Techniken zu erlernen. Und so kam ich zu MBSR. Es ergänzte perfekt die langjährige Schulung, die ich bei verschiedenen Lehrern und Meistern genossen hatte.

Das Achtsamkeitstraining, wie es von dem Molekularbiologen und ehemaligen Professor für Medizin an der University of Massachusetts Medical School, Jon Kabat-Zinn, und seinen Mitarbeitern in den 1970er Jahren entwickelt und unter dem Begriff MBSR populär wurde, stellt eine Synthese dar: aus der traditionellen Praxis des Zen, der Vipassana-Meditation, dem Yoga sowie den westlichen Ansätzen der Psychologie. Ehe er dieses Programm entwickelte, sammelte der Mediziner selbst jahrelang Erfahrung in den oben genannten Übungen (vgl. Kabat-Zinn 2013).

Ein Aspekt, der mich seinerzeit zunächst zögern ließ, eine Ausbildung in diesem Bereich zu beginnen, war, dass mir bis dahin eine organisierte Ausbildung im Achtsamkeitsbereich fremd war. Bekannt sind eher Übertragungen von Meister zu Schüler, eine sogenannte Herz-zu-Herz-Übertragung. Im MBSR ist hingegen alles recht klar strukturiert und einheitlich: keine Rituale, Verneigungen, spezielle Kleidung oder spirituelle Terminologien. Was mich zunächst zögern ließ, war letztlich dann ausschlaggebend: die Alltagstauglichkeit. MBSR ist ein durch und durch pragmatischer Ansatz, den eigenen Horizont zu erweitern.

Schon in den 1970er Jahren hatten sich einige Forscher daran gemacht, die Meditation wissenschaftlich zu ergründen, um mehr über ihre Funktion und die Auswirkungen zu erfahren, denn die Zustände und Fähigkeiten, die östliche Meditationsmeister zeigten, waren verblüffend. Sie konnten ihr Schmerzempfinden ausschalten, enorme Kräfte erzeugen und einige nicht wissenschaftlich erklärbare Dinge tun. Die Erforschung solcher Themen war damals für viele Wissenschaftler durchaus heikel, bedeutete sie doch für so manchen das Ende seiner wissenschaftlichen Karriere. Meditation und spirituelle Praktiken galten der Wissenschaft als okkult und esoterisch.

Das Shamatha-Projekt von 2007 und seine weiterführenden Studien bestätigen, dass regelmäßige Meditation nicht nur die Konzentrationsfähigkeit fördert, sondern auch die emotionale Ausgeglichenheit und körperliche Gesundheit durch eine Erhöhung der Telomerase-Aktivität verbessert, was ein deutlich gesteigertes allgemeines Wohlergehen zur Folge hat (vgl. Center for Contemplative Research o.J.). Telomere sind eine Art Schutzkappen, die sich am Ende der Chromosomen befinden und zum Zellkern jeder menschlichen Zelle gehören – ähnlich den Schutzkappen bei Schnürsenkeln. Wenn wir anhaltendem Stress ausgesetzt sind, verkürzen sich die Telomere. Die Folge: Wir altern schneller. Die Molekularbiologin Elisabeth Blackburn entdeckte mit ihrem Team das Enzym Telomerase und erhielt dafür 2009 den Medizin-Nobelpreis. Die Entdeckung dieses Enzyms beziehungsweise seine Wirkung – es ist für die Verlängerung der Telomere zuständig – ermöglicht es, Zellen jung zu halten, den Alterungsprozess zu verzögern. Im Zuge der oben genannten Untersuchung konnte nach einem dreimonatigen Training – mit pro Tag etwa acht bis zehn Stunden Meditation – festgestellt werden, dass sich die Aktivität des Enzyms Telomerase verstärkt hatte (vgl. Jacobs et al. 2011, S. 664–681).

Bereits 2005 hatte eine von der Forscherin Sara Lazar in Harvard durchgeführte Studie gezeigt, dass die Großhirnrinde jener Teilnehmer, die regelmäßig eine Form der Meditation praktizierten, um bis zu 5 Prozent dicker war als jene der Kontrollgruppe. Die Forscher stellten bei den Meditierenden zudem eine deutlich höhere Anzahl an Nervenverschaltungen fest und schlussfolgerten, dass Meditation dem Abbau der Großhirnrinde entgegenwirkt und vor Demenz schützt (vgl. Stüvel 2010).

Wie bereits erwähnt, erkennen auch die Kognitionswissenschaften zunehmend das Potenzial der Meditation und die Quantenphysik hat Zusammenhänge entdeckt, welche die Erkenntnisse der alten Weisheitstraditionen bestätigen. Was wäre, wenn es eine Pille gäbe, die all das, was oben beschrieben wurde, bewirken könnte? Die Menschen würden sie gerne schlucken und Pharmaunternehmen könnten damit Milliarden verdienen. Die gute Nachricht ist: Wir haben die »Pille« bereits in uns. Wir müssen sie nur noch durch regelmäßige Meditation aktivieren.

Das Achtsamkeitstraining schafft, wie uns die Hirnforschung zeigt, eine messbare Veränderung in der Struktur des Gehirns und hat infolgedessen einen positiven Einfluss auf das Denken und Verhalten: »Während die Teilnehmenden nach acht Wochen MBSR-Praxis berichteten, besser mit Stress umgehen zu können, zeigten sich auch deutliche Veränderungen in der Hirnstruktur: Weniger Dichte der grauen Substanz an der Amygdala, die für die Verarbeitung von Stress und Angst wichtig ist, mehr Dichte dafür im Hippocampus und Regionen, die für Selbstwahrnehmung und Mitgefühl zuständig sind.« (Barthélémy 2013) Diversen Studien zufolge wirken sich Achtsamkeit und Meditation unter anderem auf folgende Aspekte aus (vgl. ebd.):

- Verminderung und Vorbeugung von Ängsten und Depressionen
- Burnout-Prophylaxe und Hilfe bei Schlafstörungen
- Verbesserung der Kreativität und Konzentration
- Steigerung des Selbstwertgefühls und der Selbstakzeptanz
- Verbesserte Eigenwahrnehmung (Bedürfnisse, Grenzen, »Bauchgefühl«)
- Reduzierung der Schmerzintensität
- Stärkung des Immunsystems
- Senkung von Bluthochdruck

- Förderung der emotionalen Intelligenz und der Selbstregulation
- Steigerung der Intelligenz und des Gedächtnisses
- Erhöhung des Gefühls oder der Überzeugung, dass das eigene Leben einen Sinn hat
- Steigerung der Wertschätzung und der Dankbarkeit
- Erhöhung der Beziehungsfähigkeit

Viele der oben genannten Studienergebnisse kann ich durch eigene Erfahrung mit meinen Kursteilnehmern bestätigen – und auch wissenschaftlich untermauern. So untersuchte etwa die Psychologin Nadine Ney (2019) einen meiner MBSR-Kurse. In der Studie wurde betrachtet, inwieweit MBSR die Aufmerksamkeit und Stimmung im Alltag beeinflussen kann. Ergebnis war, dass sich die subjektiv erlebte Aufmerksamkeit und Depressivität bei den Teilnehmern zum Ende des Kurses hin deutlich verändert hatte. Ney schreibt in der Überprüfung ihrer Hypothesen Folgendes: »Durch die bewusste Fokussierung auf das Erleben des Momentes kann sich gegebenenfalls auch das Symptom der Rumination (Grübeln) verringern. Die Achtsamkeitspraxis des MBSR-Programmes vermittelt, gedanklich weder die Vergangenheit noch die Zukunft zu analysieren und zu bewerten. Gelingt dies den Teilnehmenden, könnten sich dadurch Ruminationstendenzen verringern. Die Achtsamkeit ist bei den Teilnehmenden der Studie nach erfolgreicher Beendigung des MBSR-Kurses durchschnittlich angestiegen. [...] Beachtenswert ist hier also auch die Betrachtung des Zeitraumes der Intervention von lediglich 8 Wochen. Nach einer Gesamtübungszeit von 70 Stunden können signifikante Anstiege der Achtsamkeit gezeigt werden. Demnach stellt sich die Frage, welche Effekte sich nach einem längeren, regelmäßigen Achtsamkeitstraining einstellen würden. Erstrebenswert nach der Beendigung des MBSR-Programmes ist die Integration der Achtsamkeitspraxis in den Alltag der Teilnehmenden. Gelingt dies, ist zu vermuten, dass die Achtsamkeit noch weiter ansteigt.« (Ebd., S. 35)

Aufgrund meiner Erfahrungen mit verschiedenen Ansätzen halte ich MBSR sowohl als wirksamen Einstieg als auch als langfristige Praxis geeignet, um tiefer in die Welt der Achtsamkeit einzutauchen. Mir fällt immer wieder auf, dass viele, die sich für Kontemplation, Zen oder andere traditionelle Richtungen interessieren, ihre Praxis trotz anfänglicher Begeisterung nicht konsequent fortführten. In unserer komplexen und aufgeklärten Welt genügt es nicht mehr, sich einfach hinzusetzen und für mehrere Stunden in regungsloser Meditation zu versuchen, an nichts zu denken. Manchmal ist mehr erforderlich. Während die Befürchtungen einiger spiritueller Lehrer, die Praxis könne durch zu oberflächliche Ansätze verwässert werden, durchaus berechtigt sind, müssen wir uns der Gefahr der sogenannten McMindfulness, also des Achtsamkeits-Fast-Foods, bewusst sein – die Rede ist von einer vereinfachten, kommerzialisierten Form der Achtsamkeit. Gefahr deshalb, weil es passieren kann, dass wir zugunsten des heutigen Schnelllebigkeits- und Optimierungskults den eigentlichen Wert der Achtsamkeit übersehen und ihn den Verlockungen von Profit und falschen Vorstellungen opfern.

Achtsamkeit und Meditation sind gut – für den Einzelnen ebenso wie für die Gesellschaft. All die Studien und das Wissen darüber sind aber nur begrenzt hilfreich, wenn wir uns nicht aktiv auf den Weg der Selbsterkenntnis machen. Achtsamkeitstraining ist schließlich eine Praxis, die auf der Erfahrungsebene angesiedelt ist – unnötige Gedanken werden losgelassen, um tiefere Erfahrungen und Einsichten in die größeren Zusammenhänge unseres Seins zu gewinnen.

7.5 Der Schlüssel zu echter innerer Freiheit und Transformation

> »Veränderung geschieht, wenn jemand wird, was er ist,
> nicht wenn er versucht etwas zu werden, das er nicht ist.«
> *Arnold Beisser*

Zu Beginn meiner Achtsamkeitspraxis war für mich das Schwierigste das Nichtstun: einfach zu sitzen und still zu sein. Es ging in dieser Präsenzübung um das bewusste Annehmen dessen, was im Augenblick ist – unabhängig davon, ob es sich schlecht oder gut anfühlt. Alles geschehen lassen, wie es ist: Atem, Gedanken, Gefühle und Körperempfindungen – und dabei nichts tun. Am Angenehmen nicht festhalten und am Unangenehmen nichts verändern.

Häufig höre ich von Teilnehmenden, dass ihnen die Meditation zu anstrengend sei und sie lieber Joggen oder Schwimmen gehen oder sich bei einer Fantasiereise entspannen. Sicher kann das für den Stressabbau nützlich und angenehm sein. Allerdings ist mir wichtig, dabei etwas zu klären: Achtsamkeit sollte nicht mit Entspannungsübungen gleichgesetzt werden. Achtsamkeit zielt nicht primär auf Entspannung ab, sondern auf eine Schulung beziehungsweise Erweiterung des Bewusstseins. Wir üben uns darin, mehr von uns und der Welt zu erkennen und die Dinge zu sehen, wie sie wirklich sind – und nicht wie wir sie sehen wollen. Es geht auch nicht darum, ob man die Übungen mag oder nicht mag, sondern um den Nutzen, der daraus entsteht. Man denke an ein Kind, das aus der Schule kommt und den Eltern erzählt, dass es keinen Mathematikunterricht mag und lieber Spanisch lernen möchte. Verständlicherweise werden und können die Eltern dem Kind den Wunsch nicht erfüllen. Man muss Mathematik nicht mögen, es ist aber dennoch relevant, sich ein grundlegendes Wissen in diesem Bereich anzueignen, um die Gesetze der Logik zu verstehen und im Alltag zu nutzen. Wir müssen kein Mathegenie werden und ebenso wenig die vollkommene Erleuchtung erlangen, aber ein bestimmtes Maß an Kompetenz in beiden Bereichen ist notwendig.

Eine Bekannte, die eine Führungstätigkeit in ihrem Unternehmen übernommen hatte, erzählte mir, dass sie für ihre Mitarbeitenden ein Seminar im Bereich der Persönlichkeitsentwicklung plane. Es handelte sich um das Thema Resilienz, also um die psychische Widerstandsfähigkeit, die wir als Ressource in uns tragen, um Krisen zu bewältigen. Die rund 70 Mitarbeitenden, fast alles Männer, reagierten skeptisch: Das sei doch alles esoterischer Quatsch ... Für den Umgang mit stressigen Situationen solle man sich besser ein dickeres Fell zulegen. Dieses Argument höre ich auch manchmal in meinen MBSR-Seminaren. Es sei besser, nicht zu viel an sich heranzulassen, damit man nicht verletzt werden könne. Gemäß dieser Logik wäre es die bessere Option, weniger achtsam zu sein. Die Augen zu verschließen, ist aber keine Option. Man kann sich klüger machen, aber nicht dümmer. Als bewusster Mensch kann man nicht anders, als bewusst zu handeln. Manche Menschen legen sich zwar mit der Zeit einen seelischen Schutzpanzer zu, um dem Leid auszuweichen. Das hat aber einen großen Preis: Sie werden undurchlässiger und wahrnehmungsunfähiger. Und somit kann nicht nur das Unangenehme, sondern auch das Schöne und Gute nicht mehr gefühlt werden. Sie stumpfen ab.

Das erinnert mich an die Zeit, in der ich als Kampfsportler im Taekwondo meine Faust abhärtete. In manchen fernöstlichen Kampfküsten ist es üblich, mit der Handkante ein Brett oder einen Ziegelstein zu zerschlagen. Durch das Training an einem dafür konstruierten Gerät, dem sogenannten Makiwara, bildet die Handkante eine Hornhaut. Diese ist ein Schutz, macht aber zugleich auch unsensibler. Der Tastsinn meiner rechten Hand ist heute weniger stark ausgeprägt als der meiner linken Hand.

Sensibilität sollte nicht mit Schwäche verwechselt werden. Wasser ist weicher als Stein, höhlt ihn aber am Ende doch aus. Das Wasser findet als etwas Fließendes immer seinen Weg: fließt in Ausbuchtungen langsamer, umfließt Widerstände wie Felsen oder Baumstämme, die in einem Flussbett liegen, wird zum Wasserfall an einer Abbruchkante. Diese Erkenntnis habe ich auf meine Praxis in den Kampfkünsten übertragen. Zunächst trainierte ich die sogenannten harten Kampfkünste wie Taekwondo und Kickboxen. Dann kam ich in Kontakt mit der weichen Kampfkunst Wing Tsun und erfuhr, wie effizient und effektiv diese ist. Die harten Techniken waren im Vergleich zu den weichen zwar schneller erlernbar, aber besaßen langfristig nicht die Qualität, die die weichen haben. Bei Letzteren geht es um die innere Kraft, das heißt um das Nutzen eines Potenzials, welches mit dem gewöhnlichen Auge nicht immer sichtbar ist. Durch geistige Kraft, fließende Bewegungen und ausgefeilte Techniken ist man in der Lage, einen wesentlich größeren und kräftigeren Gegner beziehungsweise seine Angriffe abzuleiten – und, wenn nötig, gegen ihn zu richten. Laotse sagte einmal: »Auf der Welt gibt es nichts, was weicher und dünner ist als Wasser. Doch um Hartes und Starres zu bezwingen, kommt nichts diesem gleich. Dass das Schwache das Starke besiegt, das Harte dem Weichen unterliegt, jeder weiß es, doch keiner handelt danach.« (Laotse 2010, S. 96)

Während ich diese Zeilen verfasse, erinnere ich mich an einen bemerkenswerten Traum, den ich vor einiger Zeit hatte. In diesem Traum beobachtete ich mich selbst von außen, als stünde ich einer anderen Person gegenüber. Ich nahm alles sehr deutlich wahr – sowohl die äußeren Umstände als auch mein inneres Erleben. Auf einmal hielt ich mein Gesicht wie eine Maske in den Händen und konnte jedes Detail erkennen. Wenn es keinen Spiegel oder keine Fotos gäbe, würde ich mein Gesicht nie sehen können. Dort, in meinem Traum, gab es keinen Spiegel und kein Foto, sondern nur die direkte Begegnung mit meinem Antlitz. Noch nie hatte ich mir so tief in die Augen geblickt, und das, was ich sah, berührte mich auf eine ganz besondere Weise. Aus dieser tiefen Erkenntnis heraus stellte ich mir die Frage: Und jetzt? Was mache ich mit dieser Erfahrung?

Die Erkenntnis und das bewusste Wahrnehmen dessen, was ist, sind wichtige Schritte, doch sie stellen nicht immer die Lösung dar. Klärungsprozesse können sehr heilsam und befreiend sein, aber die bloße Kenntnis der Zusammenhänge reicht oft nicht aus. Man könnte sagen: Wissen allein heilt nicht. Das gilt für gut gemeinte Ratschläge von Freunden, Erkenntnisse im Coaching oder in der Psychotherapie ebenso wie für Erfahrungen auf dem spirituellen Weg. Was meist noch erforderlich ist, sind eine authentische und mitfühlende Beziehung zu sich selbst und die konkrete Umsetzung der Einsicht im Alltag.

In Stanley Coopersmiths psychologischen Untersuchungen zeigte sich, dass nicht der Bildungsstatus der Eltern, die Vermögensverhältnisse der Familie oder die berufliche Position der Eltern ausschlaggebend sind für die Entwicklung des Selbstwertgefühls einer Person, sondern die Qualität der Beziehung zu den wichtigsten Bezugspersonen (vgl. Coopersmith 1968). Beziehung bedeutet aber auch, den Kontakt zu sich selbst bewusst aufzubauen, alles, was da ist, willkommen zu heißen und die Beziehung zu den eigenen Gefühlen und Gedanken neu zu entdecken; sie freundlich reifen und sich wandeln zu lassen. Die zentralen Fragen, die sich jeder stellen sollte, lauten: Wie stehe ich in Kontakt mit mir selbst? Wie gestalte ich meine Beziehung zu mir? Was investiere ich in diese Beziehung?

Im Achtsamkeitstraining geht es – wie schon ausgeführt wurde – in Bezug auf unangenehme Gefühle nicht primär darum, diese loszuwerden, sondern vielmehr um folgende Fragen: Kann ich mit ihnen sein? Kann ich die Gefühle zulassen und mich bewusst auf diesen Prozess einlassen, um einen authentischen Zustand der Annahme zu erreichen? Sofern das gelingt, führt das letztlich auch zum Loslassen. Um ganz zu sein, müssen wir das Ganze in uns wahrnehmen. Dieses umfasst sowohl die angenehmen als auch die unangenehmen Aspekte unserer Existenz. Ein ganzer Mensch zu sein, bedeutet somit, sich mit seiner Freude *und* seinem Leid zu verbinden. Wir neigen dazu, dem Unangenehmen aus dem Weg zu gehen, aber erst durch die Konfrontation mit allen Facetten unseres Seins und durch die mitfühlende Zuwendung können wir wahrhaftige Veränderungen erleben: Angst verwandelt sich in Gelassenheit, Wut in Liebe und Trauer in Freude.

Eine integrierte Persönlichkeit – eine, die sowohl ihre Stärken als auch ihre Schwächen akzeptiert – führt zu einem hohen Maß an psychischer Stabilität und Zufriedenheit. So wird ein auf Selbsterkenntnis und Selbstmitgefühl abzielendes Achtsamkeitstraining zum Schlüssel für echte innere Freiheit und Transformation.

7.6 Vom Stress zur inneren Stärke

> »Die wahre Stärke liegt darin, dem Stress des Alltags eine Bedeutung zu geben und daraus Sinnhaftigkeit zu schöpfen.«
> *Dalai Lama*

Laut der WHO ist, wie schon erwähnt, Stress die größte Gefahr im 21. Jahrhundert (vgl. Max-Planck-Institut für Kognitions- und Neurowissenschaften o.J.) Dass Stress krank macht, ist nichts Neues. Jeder weiß, wie es sich anfühlt, gestresst zu sein. Gemäß Isabelle Mansuy, Expertin für Neuroepigenetik, kann chronischer Stress neuropsychiatrische sowie Herz-Kreislauf-Erkrankungen begünstigen. Sie differenziert zwischen positivem *Eustress*, der temporär die Leistung erhöht, und schädlichem *Distress*, der – langanhaltend – gesundheitliche Probleme verursacht. Insbesondere betont Mansuy die Risiken von Stress in der Kindheit, der langfristig zu einer Vielzahl chronischer Leiden führen kann, einschließlich psychischer Störungen, Herz-Kreislauf-Erkrankungen, Diabetes Typ II und Demenz (vgl. Fuchs 2021).

Kurze Stressmomente können uns antreiben und wacher machen. Sie fokussieren uns auf eine Sache, mobilisieren unsere inneren Kräfte, pushen das Immunsystem. Stress ist zuerst einmal eine normale evolutionsbiologische Reaktion unseres Körpers auf die Herausforderungen des Alltags und in den meisten Fällen hilfreich, um schnell reagieren zu können. Er ist ein wichtiger Überlebensmechanismus aus der Steinzeit, der uns in Sekundenschnelle in eine Kampf- oder Fluchtbereitschaft führt. Ist Stress aber andauernd vorhanden, der Stressspiegel chronisch erhöht und die Grundentspannung wird nicht mehr erreicht, wirkt sich das negativ aus und kann zu unterschiedlichen körperlichen Symptomen führen: zum Beispiel zur Schwächung des Immunsystems, zu einem erhöhten Blutdruck, Kopf- und Rückenschmerzen, Schlafproblemen, steigender Infektanfälligkeit, Verdauungsbeschwerden, Unfruchtbarkeit und Impotenz. Die erhöhten Stresshormone wirken sich auch auf das Gehirn aus, vermindern die Lern- und Konzentrationsfähigkeit, die Kreativität und Merkfähigkeit. Depressionen oder Burn-out beziehungsweise eine Art Erschöpfungsdepression können die Folge sein (vgl. Kaluza 2018, S. 34–44).

In meinen Kursen berichten Betroffene oft, dass sie sich trotz körperlicher Symptome lange für entspannt beziehungsweise stressfrei gehalten hätten. Sie spürten den Stress einfach nicht. Der Referenzpunkt der normalen Entspannung hat sich bei ihnen sozusagen nach oben verschoben: Alles, was etwas weniger als der als normal empfundene Stress spürbar war, wurde als Quasi-Entspannung erfahren. Die Person beziehungsweise ihr Körper hatte sukzessive verlernt, entspannt zu sein. Die diesem Zustand zugrunde liegenden psychischen Ursachen werden oft erst nach Jahren erkannt.

Wenn Menschen mit Stress und Unzufriedenheit konfrontiert sind, projizieren sie die Ursachen oft auf die äußeren Gegebenheiten und denken: »Wenn ich den Arbeitgeber wechsle, den Partner verlasse, mehr Geld verdiene oder endlich in Rente gehen kann, dann wird alles gut.« Leider wird das eigentliche Problem nur verlagert. In einer neuen Situation zeigt sich das Übel dann mit einer neuen Maske. Die Rechnung, dass wir einer Situation nur entfliehen müssen oder sich einfach nur die anderen ändern sollten, damit wir uns besser fühlen, geht nicht auf.

Ich habe früher mit einigen Dingen gehadert, die mich oft wütend und unzufrieden machten. Bei der Arbeit und im privaten Leben begegnete ich Menschen, die ziemlich selbstbezogen waren und Sichtweisen hatten, die für mich und meine Umwelt nicht gut waren. Im Kontakt mit ihnen verspürte ich Widerstand und Wut. Ich versuchte, in Diskussionen Lösungen zu finden, aber alle Bemühungen waren erfolglos und führten zu noch mehr Frustration. Eines Tages – der Ort, an dem mich diese Erkenntnis traf, ist mir immer noch präsent – wurde mir klar, dass ich die Menschen und die Welt nicht ändern kann. Was ich aber ändern kann, ist mich selbst. Das war eine tiefgreifende Erfahrung, die mich auf den Weg zur Selbsterkenntnis führte. »Schau nach innen, finde den Weg, der dich befreit«, sprach eine Stimme in mir.

Wie aber kommt uns nun die Achtsamkeit in dieser Hinsicht, also im Umgang mit Stress, zugute? Eine Stressreaktion läuft auf mehreren Ebenen ab: Körper, Gefühle, Gedanken und Verhalten. Alltagsereignissen, die unser Nervensystem aufreiben, können wir nicht ausweichen. In unserem Erleben sind Stressauslöser und -reaktion fest miteinander verbunden, erscheinen uns geradezu untrennbar. Ist eine Stressreaktion einmal ausgelöst, läuft sie automatisch ab. Hier kommt die Achtsamkeit ins Spiel. Indem wir unsere Stressreaktionen erforschen – und das bedeutet: innehalten, spüren, den Atem beobachten, Gefühle und mentale Konzepte wahrnehmen –, schaffen wir es nach und nach, den Auslöser von der Reaktion zu trennen. Je bewusster uns der Unterschied wird und je mehr Raum zwischen beidem entsteht, umso eher haben wir eine Wahlmöglichkeit, mit dem Stressor umzugehen. Diese Wahlmöglichkeit ist jene bereits zitierte Freiheit: »Zwischen Reiz und Reaktion liegt ein Raum. In diesem Raum liegt unsere Macht zur Wahl unserer Reaktion. In unserer Reaktion liegen unsere Entwicklung und unsere Freiheit.« (Covey et al. 2014, S. 57)

Wenn Achtsamkeit kontinuierlich geübt wird, entstehen im Verlauf einer Stressreaktion Inseln der Achtsamkeit, auf denen wir verschnaufen konnen, um mehr und mehr darüber zu erfahren, was in uns auf körperlicher, emotionaler und mentaler Ebene abläuft. Die Folge: Wir können unser Verhalten ändern. Streng genommen praktizieren wir Achtsamkeit also nicht mit dem Ziel, den Stress zu reduzieren. Es geht vielmehr primär darum, mit uns authentischer, bewusster und freundlicher in Kontakt zu kommen. Achtsamkeit ist eine Lebenshaltung. Es geht darum, präsent und wach im gegenwärtigen Moment zu sein. Achtsamkeit und Meditation sind somit wesentlich mehr als Gesundheitsprophylaxe, Entspannung und Konzentration. Es geht um Sinnhaftigkeit und Vertrauen – jene große Erfahrung, deren Bedeutung der Hirnforscher Gerald Hüther im Kontext der Persönlichkeitsentwicklung herausstellt: Vertrauen in die eigenen Fähigkeiten aber auch in die anderen (Gemeinschaft), in die Welt, in das Getragen- und Gehaltensein in der Welt. Und das Vertrauen, dass alles gut wird (vgl. Hüther 2004). Letztere – die religiöse – Dimension ist in den letzten Jahren zunehmend verloren gegangen.

7.7 Die Revolution der Freundlichkeit

> »Es ist ein wenig peinlich, aber der beste Rat, den ich den Menschen nach fünfundvierzig Jahren Forschung und Studium geben kann, besteht darin, ein wenig freundlicher zueinander zu sein.«
> *Aldous Huxley*

Was bedeutet es, anderen (und sich selbst) freundlich zu begegnen? Freundlichkeit impliziert, den Moment offen zu erleben und von vorschnellen Urteilen Abstand zu nehmen. Es geht darum, das, was da ist, zuzulassen. Dieses Zulassen meint nicht, alles gutzuheißen oder Gleichgültigkeit zu zeigen, sondern die Realität sowie innere Widerstände und Anhaftungen erst einmal nur wahrzunehmen. Wenn wir das Zulassen wirklich praktizieren und erleben, erfahren wir auch das Loslassen.

Für die Achtsamkeitspraxis und im Alltag sind die Qualitäten der Freundlichkeit und des Mitgefühls essenziell. Mitgefühl beinhaltet sowohl weiche Qualitäten wie Freundlichkeit und Akzeptanz als auch kraftvolle Elemente wie den Mut, sich Schwierigkeiten zu stellen. Zahlreiche Studien bestätigen die positiven Effekte der Mitgefühls- beziehungsweise der Freundlichkeitspraxis (vgl. Hutcherson et al. 2008). Mitgefühlsübungen, wie die Metta-Meditation, steigern demnach das Wohlbefinden, reduzieren Angst und Depression und verbessern die allgemeine Lebensqualität. In Beziehungen führt die Praxis der Freundlichkeit zu einer tieferen emotionalen Verbindung und verbesserten Kommunikation, was die Beziehung stärkt und zufriedener macht. Auch am Arbeitsplatz spielt Mitgefühl eine wichtige Rolle, indem es die Mitarbeiterzufriedenheit erhöht, Burn-outs reduziert und die Teamarbeit verbessert. Führungskräfte, die Mitgefühl zeigen, werden oft als effektiver und inspirierender wahrgenommen. Im täglichen Leben können schon kleine Gesten der Freundlichkeit, wie ein Lächeln oder aufmerksames Zuhören, die Stimmung positiv beeinflussen und zu einer Kette positiver Reaktionen führen. Darüber hinaus fördert die Praxis des Mitgefühls die Empathiefähigkeit und regt zu altruistischem Verhalten an, was zu einer selbstloseren und fürsorglicheren Gesellschaft beitragen kann (vgl. Hofmann et al. 2011). Diese vielseitigen Vorteile zeigen, wie wichtig und wirkungsvoll Mitgefühl für das individuelle Wohlbefinden und das soziale Miteinander ist.

Freundlichkeit spüren wir deutlich im Körper und im Geist, als Durchlässigkeit und Leichtigkeit, als Wärme und Offenheit. Das Gegenteil – Enge, Starre, Kälte und Härte – erleben wir in Zuständen der Angst, Wut und anderer negativer Emotionen. Um zu den tieferen Ebenen der Achtsamkeitspraxis vorzudringen, sind Freundlichkeit und Akzeptanz unerlässlich. Andernfalls bleibt die Praxis oberflächlich und leblos.

Ich habe viele Menschen getroffen, die ausgiebig Methoden der Persönlichkeitsentwicklung praktizierten, Coachings und Therapien absolvierten, aber dennoch nicht den Kern berührten: die Freundlichkeit zu sich selbst, das Gefühl der Verbundenheit mit sich selbst und dem Leben, die Einheit des Seins, aus der Urvertrauen erwächst. Wenn wir es schaffen, uns selbst in bedingungsloser Liebe anzunehmen, können wir als friedvolle Krieger kraftvoll und wirkungsvoll gegen das Negative in der Welt stehen.

Freundlichkeit ist wie ein sanftes Licht, das nicht nur uns selbst den Weg erhellt, sondern auch allen um uns herum. In einer Welt, die vielfach von Härte und Kälte geprägt ist, wird eine solche Haltung zu einem revolutionären Akt – einem Akt der Sanftheit, der jedoch eine immense Kraft in sich birgt.

7.8 Die Wut ist ein Geschenk

> »So vermag auch zwar Jedermann und leicht sich zu erzürnen [...], aber es ist nicht so Jedermanns Sache und nicht leicht, dies so zu thun, wie es sich in Bezug auf das Maass und die Zeit und die Ursache und die Art und Weise gehört.«
> *Aristoteles*

Das vermeintliche Gegenteil von Freundlichkeit ist Wut beziehungsweise Aggression – eine unserer Hauptemotionen. Jeder kennt sie. Als eine Art Handlungsemotion ist Aggression bis zu einem gewissen Maß für das Überleben notwendig. Wenn die eigenen Grenzen von anderen nicht beachtet und überschritten werden, werden wir aggressiv. Das Ich fühlt sich in seinem Selbstwert bedroht. Bei der Aggression wird entsprechend ihrer Ausdrucksformen unterschieden in Ärger, Wut und – als Steigerung – Hass, der im Extremfall die Vernichtung, den Tod des anderen will. Im Alltag sind es eher die passiven oder versteckten Formen dieser Emotion, die wir wahrnehmen können: die zynischen Bemerkungen eines Arbeitskollegen, sarkastische Witze, Tratsch über andere, Mobbing am Arbeitsplatz, Schweigen und Ignorieren, Termine vergessen und Abmachungen nicht einhalten.

Es gibt Situationen, in der alte Wunden aufgerissen werden und heftige Gefühle aufsteigen. Das ist ein Anlass, tiefer zu blicken, genauer hinzuschauen, was dahinterstecken könnte. Viele Menschen haben es nie gelernt, mit den unterschiedlichen Ausprägungen der Wut angemessen umzugehen. Als Kinder wurden sie bestraft, wenn sie wütend waren. Sie wurden gestraft mit Liebesentzug und mussten so schnell lernen, ihre Wut zu unterdrücken. Die Verdrängung der Wut kann sich in Bindungsstörungen, Depressionen und Angstzuständen äußern.

In einem meiner Kurse erlebte ich eine ältere Dame, die unter anderem mit Depressionen zu kämpfen hatte. Während einer nonverbalen Kommunikationsübung, in der sich die Teilnehmenden schweigend und mit geschlossenen Augen in einem Raum bewegen sollten, machte sie eine interessante Erfahrung. Die Teilnehmenden sollten ihre Körperempfindungen, Gedanken und Gefühle in Begegnung mit anderen mittels verschiedener Grundhaltungen, die sie in der Übung eingenommen hatten, wahrnehmen und erforschen – also was sie empfanden und dachten, wenn sie andere berührten oder berührt wurden, schubsten oder geschubst wurden, rempelten oder angerempelt wurden. Die drei Haltungen, mit denen experimentiert wurde, waren erstens »Entschuldigung«, zweitens »Ich war zuerst da, das ist mein Platz« und drittens »Achtsame Begegnung«. Bei der zweiten Haltung erlebte die ältere Dame eine Art Erwachen. Ihr Gesicht erstrahlte vor Lebensfreude und Energie – Gefühle, die sie seit Jahren vermisst hatte. In der Reflexionsrunde offenbarte sie, dass diese Erfahrung sie mit einer vergessenen Kraft und Vitalität erfüllt hatte. Sie erzählte, wie sie als Teil der älteren Generation stets gelernt hatte, Wut und lautstarke Emotionen zu unterdrücken – besonders als Frau. Diese Übung gab ihr die seltene und wertvolle Gelegenheit, diese unterdrückten Emotionen auszudrücken und neu zu erleben, was eine bemerkenswerte Veränderung in ihr bewirkte.

Der dänische Familientherapeut Jesper Juul sagte einmal, dass vielen Erwachsenen eine Psychotherapie erspart geblieben wäre, wenn die Eltern früher öfter mit ihnen gerauft hätten (vgl. Juul 2013). Das Leben in seiner Ganzheit zu erfahren, bedeutet, die ganze Palette seiner Emotionen bewusst zu erleben. Neben Freude, Angst, Traurigkeit und Scham gehört die Wut, wie gesagt, zu unseren Grundemotionen. Ohne sie wären wir nicht ganz. Für Personen, die ihre Wut zum Beispiel im Zuge größere Belastungen oder Traumata unterdrückt haben, ist es dienlich, diese einmal richtig zu erfahren, sie zu spüren und so aus der Ohnmacht in die Position der inneren Macht zu kommen. Das hat etwas mit dem Erleben der eigenen Kraft zu tun. Wenn ich innerlich vor Wut koche, aber nach außen hin ein Lächeln aufsetze, ist das nicht stimmig. Kurzfristig mag das funktionieren, aber langfristig kann es zu Neurosen und Krankheiten führen. Die Lösung liegt aber auch nicht im ständigen Ausagieren, sondern im authentischen Kontakt mit den eigenen Gefühlen, in der bewussten Wahrnehmung und Akzeptanz dessen, was ist.

Der Versuch, unliebsame Emotionen und innere Spannungen durch emotionales Abreagieren loszuwerden, hat sich nicht immer als erfolgreich erwiesen. Dies offenbarte sich beispielsweise bei der Osho-Bewegung und bei anderen Lehrern, die versuchten, ihre Schüler durch kathartische Übungen von emotionalen Belastungen zu befreien. Kurzfristiges Abreagieren mag zwar entlastend wirken, doch eine Befreiung von den wahren Ursachen bringt das nicht. Unbewusstes Ausagieren kann Emotionen sogar verstärken, sie quasi »füttern«. Das sieht man klar bei Menschen, die ihre Wut cholerisch herauslassen. Das cholerische Verhalten bleibt, weil die Ursachen unerkannt und die Gewohnheitsmuster bestehen bleiben. Es ist wichtig, vollständig in Kontakt mit seinem Gefühl zu sein, in einer annehmenden, bewussten Haltung alles wahrzunehmen. Man kann sich das wie ein Feuer vorstellen: Gedanken und unbewusstes Ausagieren sind wie Brennholz, das das Feuer am Leben hält. Wenn wir dieses Feuer nur beobachten und den Impulsen nicht nachgeben, wird kein weiteres Brennholz in Form von Gedanken hinzugefügt und das Feuer erlischt. Die Gedanken, Gefühle und der Körper werden in Gänze wahrgenommen, ohne etwas tun zu müssen. Es wird nichts hinzugefügt und nichts weggenommen, es wird lediglich erkannt, was da ist. Alles andere wäre Verdrängung, ein Unterdrücken dessen, was sich früher oder später in körperlichen Empfindungen und neurotischen Verhaltensweisen manifestiert (vgl. Kapitel »Jenseits der Gedanken muss die Freiheit wohl grenzenlos sein«, S. 21–27).

Aggression ist, richtig verstanden, gefühlt und adäquat ausgedrückt, eine lebensnotwendige Energie. Sie schafft Kraft und Klarheit. Das Feuer gehört zu den Grundelementen in der Natur und damit auch zu uns. Es wärmt und nährt uns, liefert uns die

Energie, uns für etwas einzusetzen. Erst im Übermaß wirkt das Feuer zerstörerisch. Nicht die Wut ist das Problem, sondern unser Umgang mit ihr – beziehungsweise, wie bewusst wir uns dieses Gefühls sind. Es besteht die Neigung, sich nur den positiven Gefühlen zu widmen und sich die unangenehmen vom Leib zu halten. Ohne eine gewisse Portion Wut könnten wir jedoch nicht für die Gerechtigkeit, den Umweltschutz und unsere Werte eintreten. Hinter der Wut steckt die Liebe für etwas, was uns wichtig ist. Diese Liebe zu leugnen, um zu gefallen, oder aus Angst, nicht akzeptiert oder bestraft zu werden, bedeutet, sich klein zu machen und seine Bedürfnisse und Werte zu missachten.

Die Achtsamkeitspraxis lädt uns täglich ein, unsere inneren Muster und Bedürfnisse deutlicher zu erkennen (→ hierzu die Übung »Innehalten & Wahrnehmen – In 6 Schritten zur Klarheit«, S. 76). Es ist wichtig, persönliche Grenzen zu setzen und nein zu sagen. Dieses Nein ist ein Ja zu etwas anderem. Indem wir mehr Bewusstsein und Mitgefühl für uns selbst und andere entwickeln, können wir uns von den negativen Aspekten der Wut, dem selbstzerstörerischen Gift des Hasses befreien. Mahatma Gandhi führte Indien 1947 durch gewaltlosen Widerstand in die Befreiung von der britischen Herrschaft. Wut bezeichnete dieser Repräsentant der Friedfertigkeit als ein Geschenk – wenn wir sie als Kraft und Antrieb zur Veränderung verstehen (vgl. Ghandi 2017).

7.9 Achtsamkeit und unangenehme Gefühle

»Das menschliche Dasein ist ein Gasthaus.
Jeden Morgen ein neuer Gast.
Freude, Depression und Niedertracht –
auch ein kurzer Moment von Achtsamkeit
kommt als unverhoffter Besucher.
Begrüße und bewirte sie alle!
Selbst wenn es eine Schar von Sorgen ist,
die gewaltsam Dein Haus
seiner Möbel entledigt,
selbst dann behandle jeden Gast ehrenvoll.
Vielleicht bereitet er dich vor
auf ganz neue Freuden.
Dem Dunklen Gedanken, der Scham, der Bosheit
begegne ihnen lachend an der Tür
und lade sie zu dir ein.
Sei dankbar für jeden, der kommt,
denn alle sind zu Deiner Führung
geschickt worden aus einer anderen Welt.«
Rumi

Wut, Trauer, Angst und Schmerz – vieles, was unbewusst in einem schlummert, taucht von Zeit zu Zeit als unverhoffter Besucher wieder auf. Jahrzehntelang gut verdeckt, kann es durch ein Ereignis oder durch die Stille ins Bewusstsein katapultiert werden. Die Emotionen rasch wieder unter den Teppich zu kehren, kann im ersten Moment Erleichterung verschaffen. Langfristig aber wird es nichts bringen, denn der Haufen wird mit der Zeit immer größer und die Kompensationsmuster wie Urlaub, Geld, Konsum, Arbeit, Sex verlieren ihre Wirkung. Derart in die Enge getrieben, sind körperliche oder geistige Kapitulation oft die Folge.

Der Prozess der Erkenntnis kann manchmal schmerzhaft sein, gehört aber zur persönlichen Reifung. Wenn die Unzufriedenheit in das Leben eintritt, sollte sie nicht als Störenfried gesehen werden, sondern als eine Freundin, die etwas mitteilen möchte. Unzufriedenheit ist letztendlich der Antrieb zur Veränderung. Wo sollte ich genauer hinschauen? Was sollte ich annehmen? Was sollte ich loslassen? Führe ich vielleicht eine Beziehung zu einem Menschen, die mir nicht guttut?

Es gibt wenige Menschen, bei denen alles nach Plan läuft, kaum welche, die frei von kleineren oder größeren traumatischen Erfahrungen sind. Letztendlich prägen uns diese Erfahrungen und Brüche. Rufen wir uns das Bild der japanischen Kunst Kintsugi nochmals ins Gedächtnis, in der ein zerbrochenes Gefäß wieder zusammengefügt wird und die Bruchstellen mit Gold hervorgehoben werden: Auch wir sind ein solches Gefäß, ein Unikat, einzigartig mit unseren Rissen. Die großen Persönlichkeiten der Weltgeschichte sind mit Narben übersäht. »Das Leid«, so Khalil Gibran, »brachte die stärksten Seelen hervor.«

Einer der wichtigsten Erfahrungen, die Übende in der Achtsamkeit und Meditation machen, ist, dass sie allmählich verstehen, dass sie nicht ihre Gedanken sind und sich nicht von ihnen zu unerwünschten Verhaltensweisen verführen lassen müssen. Es ist ein Unterschied, *ein Gedanke zu sein*, das heißt sich mit ihm zu identifizieren, oder *einen Gedanken zu haben* und ihn bewusst wahrzunehmen, als das, was er ist: einfach nur ein Gedanke. Wichtig ist, zu betonen, dass es nicht um ein Verdrängen von Gefühlen und Körperempfindungen geht, denn sie haben alle ihre Funktionen. Sie sind unsere Verbündeten, die uns etwas mitteilen wollen.

Der persische Dichter Rumi schreibt in dem einleitenden Zitat von unverhofften Besuchern und einer Schar von Sorgen, die gewaltsam das Haus seiner Möbel entledigen – und dass selbst diese unverhofften Gäste ehrenvoll behandelt werden sollten. In der Regel sehen wir diese Art von Besuchern als Störenfriede und Feinde, die man eigentlich vertreiben, wegsperren oder bekämpfen sollte. Könnten wir hier vielleicht einen Lösungsansatz finden? Das, was wir einladen und zu dem wir eine Beziehung aufbauen, kann uns nicht mehr überraschen. Das, was wir in unserem Haus bewirten, kann uns nicht mehr überfallen. Stellen wir uns offen und mitfühlend den unliebsamen Gefühlen, den Ängsten, verlieren sie ihre negative Macht und können sich dann vielleicht zu Gästen oder gar Freunden verwandeln.

Ein gutes Beispiel dafür ist der Umgang mit kleinen Kindern. Stellen wir uns ein kleines Kind vor, das schreit und tobt, weil es mit etwas unzufrieden ist oder etwas haben will. Vielleicht ist es wütend oder ängstlich. Mit unserem Erwachsenenverständnis können wir das Kind nicht erreichen. Rationale Erklärungsversuche scheitern, denn die Welt des Kindes ist nicht rational. Wir müssen uns also auf die Gefühlsebene des Kindes begeben, um es zu verstehen und zu erreichen. Dies habe ich immer wieder erleben können, als meine eigenen Kinder klein waren. Mit der Zeit begriff ich, dass jeder Widerstand, jeder Versuch, gegenzusteuern, das Verhalten der Kinder nur verstärkte. Sie brüllten umso mehr. Erst das Annehmen der Situation und das offene, aufrichtige Zuhören brachte in den meisten Fällen Ruhe. Warum ist das so? Weil der Mensch, unabhängig ob Kind oder Erwachsener, in seinem Erleben und Empfinden, in seiner Realität also, wahrgenommen und anerkannt werden möchte. Ein natürliches Bedürfnis eines jeden Menschen ist, gesehen und im wahrsten Sinne des Wortes *wahr*genommen zu werden. So ist das auch mit unseren Gefühlen.

Die folgende Übung soll dir helfen, unangenehme Gefühle anzuerkennen und ihnen mit Mitgefühl und Verständnis zu begegnen, anstatt sie zu vermeiden oder zu unterdrücken.

ÜBUNG »Achtsamer Umgang mit unangenehmen Gefühlen«

Finde einen ruhigen Ort, an dem du dich für einige Minuten ungestört entspannen kannst. Setz oder leg dich bequem hin und schließ die Augen, um dich auf dich selbst zu konzentrieren.

- *Achtsamkeit aufbauen:* Beginne damit, deine Atmung zu beobachten. Spür, wie die Luft ein- und ausströmt, ohne den Atem zu verändern. Nimm wahr, wie dein Körper sich mit jedem Atemzug leicht hebt und senkt.
- *Unangenehme Gefühle erkennen:* Lenk deine Aufmerksamkeit sanft auf die Gefühle, die gerade in dir präsent sind. Es kann sich um Wut, Angst, Trauer oder Schmerz handeln. Beobachte diese Gefühle, ohne urteilend zu sein oder zu versuchen, sie zu verändern. Stell dir vor, sie seien Gäste, die an deine Tür klopfen.
- *Gefühle begrüßen:* Begrüß jedes Gefühl, als würdest du einen unerwarteten Gast willkommen heißen. »Hallo Angst«, »Willkommen Traurigkeit« oder ähnliches. Erkenne an, dass jedes Gefühl einen Zweck und etwas zu sagen hat.
- *Mitgefühl zeigen:* Stell dir vor, du reagierst auf dieses Gefühl wie auf ein kleines Kind, das Trost sucht. Zeige Mitgefühl und Verständnis. Frag dich, was dieses Gefühl dir mitteilen möchte. Was ist der tiefere Grund oder die Botschaft dahinter?
- *Reflexion:* Überlege, wie sich die Haltung des Annehmens und des Willkommen-Heißens auf deine Wahrnehmung des Gefühls auswirkt. Fühlt es sich anders an, wenn du ihm mit Offenheit begegnest? Erkenne, dass Gefühle vorübergehend sind und dass du die Wahl hast, wie du auf sie reagierst.
- *Abschluss:* Kehr langsam mit deiner Aufmerksamkeit zurück zu deinem Atem. Öffne deine Augen, wenn du bereit bist, und nimm dir einen Moment, um die Erfahrung zu würdigen.

Du kannst ein Tagebuch führen, um deine Erfahrungen und Erkenntnisse nach jeder Übung festzuhalten. Das hilft dir, deine Fortschritte in der Achtsamkeitspraxis zu verfolgen und ein tieferes Verständnis für deine Gefühle zu entwickeln.

Im Prinzip gibt es also keine guten oder schlechten Gefühle. Man sollte eher von angemessenen und unangemessenen Gefühlen sprechen. Unsere Gefühle und Emotionen haben letztendlich eine Funktion, sonst wären sie nicht da. Diese kann auf der evolutionsbiologischen Ebene, zum Beispiel bei Angst, eine Warn- und Schutzfunktion sein. Auf der psychischen Ebene geht es um den Selbstwert, die Integration und Identität, und damit verbunden um die psychische Gesundheit; und auf der sozialen Ebene geht es um die Bedeutung für Beziehungen in der Gruppe. Gefühle sind letztendlich immer beteiligt, sie haben eine eigene Sprache, die sich im Körperausdruck, den Empfindungen sowie in unseren Träumen als Bilder zeigen. Wir neigen dazu, Gefühle zu bewerten – die angenehmen willkommen zu heißen, die schwierigen zu unterdrücken. Wie bereits erwähnt sollten sie aber alle gleichermaßen willkommen geheißen werden, haben sie doch Signalcharakter.

Die folgende Abbildung zeigt die verschiedenen Aspekte, wie wir mit Erfahrungen umgehen und wie sie sich auf der Gefühlsebene ausdrücken.

Abb. 7.1: Darstellung der verschiedenen Ebenen der Erfahrungsverarbeitung, von der unmittelbaren Wahrnehmung bis zur Verdrängung. Quelle: Renato Kruljac in Anlehnung an Silverton 2012, S. 12.

Der Punkt in der Mitte symbolisiert die Erfahrung. Der Kreis darum ist die Ebene, auf der wir unsere Körperempfindungen, unsere Gefühle, unsere Gedanken und Verhaltensweisen wahrnehmen – auf der also ein bewusstes und tieferes Erforschen stattfindet. Auf der dritten Ebene wird die Erfahrung analysiert, werden Konzepte entwickelt und Vergleiche gezogen. In Gesprächen (nicht selten auch im therapeutischen Kontext) wird aus der Erfahrung eine Geschichte, die sich der Betroffene selbst und anderen erzählt. Damit aber geht er in Distanz zu seiner Erfahrung und verliert einen wertvollen Zugang, um die Gefühle zu verarbeiten und zu transformieren. Der äußerste

Kreis symbolisiert die Ebene, auf der wir ganz Abstand von der Erfahrung und den Gefühlen nehmen. Das ist die Phase der typischen Verdrängung, die sich in Schönreden, Rationalisieren, Bagatellisieren sowie Projizieren äußert. Bekannt sind auch Verhaltensweisen wie die Flucht in die Arbeit, Ablenkung durch Medienkonsum, Verdrängung durch Flucht in Alkohol, Drogen und anderes. Es ist, als zöge man eine Wand zwischen die Erfahrung und das Gefühl. Man möchte von der Erfahrung nichts wissen, von der Emotion nichts fühlen. Das Resultat sind Verdrängung und Abspaltung. Doch wenn Gefühle und die dahinterstehenden Bedürfnisse nicht wahrgenommen werden, suchen sie sich ihren eigenen Weg, um die erforderliche Aufmerksamkeit zu bekommen. Bei Menschen, die unter Angst leiden, entstehen beispielsweise plötzlich Panikattacken, für die niemand eine körperliche Ursache finden kann.

Wenn ich in angeleiteten Meditationen Teilnehmende einlade, ihre Aufmerksamkeit auf ihre Gefühle zu richten und diese wahrzunehmen als das, was sie sind, kann es passieren, dass sich manche nach der Übung wesentlich schlechter fühlen als vorher. Sie berichten dann von einer Steigerung der unerwünschten Symptome, also der unangenehmen Gefühle und Körperempfindungen, die sie eigentlich durch den Achtsamkeitskurs loswerden wollten. Das Gegenteil vom Gewünschten ist eingetreten. Was bedeutet das?

Es gibt verschiedene Gründe, die zur Verstärkung der Symptome führen können. Meditation beziehungsweise Achtsamkeit produziert, wie gesagt, keine Gedanken, Ängste oder andere unangenehmen Gefühle. Sie weitet den Raum für das Vorhandene und macht somit bewusster, was schon da ist. In diesem Moment verstärkt sich die Wahrnehmung des vorhandenen Gefühls, zum Beispiel der Angst, und leitet somit – und das wiederum geschieht meist nicht bewusst – eine durch die erneute Identifikation mit den Gefühlen und Gedanken ausgelöste Gedankenspirale ein. Hier lauert der berühmte Teufelskreis.

In der Anleitung sage ich nicht, dass man Gefühle oder Gedanken suchen und alte und schon längst vergessene Erfahrungen aktivieren soll; sondern dass man das, was im Augenblick vorhanden ist, wahrnehmen soll. Bewusste Wahrnehmung also: »Ah, da ist Angst.« – »Ah, da ist Widerstand.« Bewusste Wahrnehmung auch, dass die Gedanken/Gefühle sich auflösen, wenn ich sie nicht weiter nähre; dass ich stärker bin, als ich angenommen habe; dass ich das, was mich belastet, tragen kann. So mache ich eine neue Erfahrung, erweitere meinen Bewusstseinsraum, in dem die Konzentration des Unangenehmen dann insgesamt betrachtet weniger wird. So können wir den belastenden Gefühlen begegnen. Wenn wir die Angst, deren Nährboden die Enge ist, in einem offenen Raum begrüßen, entziehen wir ihr die Grundlage ihres Daseins. Sie kann in der Weite, im Feld der Achtsamkeit nicht überleben. Hier darf alles sein und wird alles angenommen, wie es ist.

8 Das Geheimnis liegt in dir

8.1 Du musst den Weg selbst gehen

> »Glaubt nicht dem Hörensagen und heiligen Überlieferungen,
> nicht Vermutungen oder eingewurzelten Anschauungen,
> auch nicht den Worten eines verehrten Meisters;
> sondern was ihr selbst gründlich geprüft und als euch selbst
> und anderen zum Wohle dienend erkannt habt, das nehmt an.«
> *Buddha*

Als ich mit acht Jahren mit den fernöstlichen Kampfkünsten in Kontakt kam, war ich Feuer und Flamme und wollte sie bis ins Detail erlernen und perfektionieren. Selbst nach einem langen Training, manchmal waren es zwei hintereinander, blieb ich noch im Trainingsraum und feilte weiter an den Techniken. Nach vielen Jahren intensivem Training merkte ich, dass nicht alles funktionierte, zum Beispiel, wenn es darum ging, die Angriffe meines Gegners abzuwehren beziehungsweise ihnen auszuweichen. Obgleich ich zu den Besseren gehörte, stellte sich der wirkliche Erfolg nicht ein. Etwas funktionierte einfach nicht.

Anfang der 1990er Jahre wurden in der Kampfkunstszene, zu der ich gehörte, eine Familie aus dem brasilianischen Kampfkunststil Jiu-Jitsu über Nacht international bekannt. Ein kleiner, schmächtiger junger Mann namens Hélio Gracie, weder besonders stark noch besonders schnell, war von japanischen Jiu-Jitsu-Meistern, die in Brasilien lebten, ausgebildet worden. Aus der Not heraus veränderte er die uralten Kampftechniken und entwarf einen Stil, der ihn fast unbesiegbar machte. Dieses Wissen gab er seinen Kindern weiter. Bei den nachfolgenden Wettkampfturnieren fegten diese zur Überraschung aller die Größen des Rings im Schnelldurchlauf weg. Viele Meister und ihre Gefolgschaft waren schockiert, denn nichts, woran sie geglaubt hatten, funktionierte mehr. Die Brasilianer interessierten sich nicht für irgendwelche Traditionen, Rituale und geheimnisvollen Techniken, sondern nur für das, was in der Praxis funktionierte.

Ich bin in meiner aktiven Kampfkunstzeit einigen Menschen begegnet, die nach Asien gereist waren, getrieben von der Faszination, geheime Kampfkunsttechniken in abgelegenen Klöstern zu erlernen. Diese Westler, voller mystischer Vorstellungen und Hoffnungen, investierten viel Zeit und Geld, um den Meistern zu folgen. Doch oft fanden sie lediglich das, was auch im Westen zu finden gewesen wäre. Diese Ernüchterung, so schmerzhaft sie auch war, brachte eine wertvolle Einsicht: Wahre Erkenntnisse und »Zaubereien« sind nicht ausschließlich in fernen Ländern verborgen, sondern oft in unserem eigenen Inneren und in der Kultur, in der wir leben.

Inzwischen sehe ich viele Parallelen zwischen dem spirituellen Weg der Achtsamkeit und den Kampfkünsten. Hier wie dort geht es um ihre Anwendbarkeit und Tauglichkeit im Alltag – kein Mythos, keine Geheimniskrämerei, wie es manche Großmeister aus dem Fernen Osten betrieben, keine hochkomplexen Techniken. Der »Zweikampf« der Achtsamkeitspraxis ist der Alltag, es sind die zwischenmenschlichen Begegnungen. Sie sind der Lackmustest, inwiefern die Erfahrungen des Weges greifen. Es ist nicht so entscheidend, was auf dem Meditationskissen passiert, sondern was im Alltag – das heißt im Job, im Discounter in der Warteschlange oder in der Beziehung mit dem Partner – passiert.

Bruce Lee, der als Kampfkünstler und Schauspieler in den 1960er und 1970er Jahren weltberühmt wurde, gehört zu jenen, die sich kritisch mit den traditionellen Lehren der Kampfkünste auseinandersetzten. Er entwickelte später seinen eigenen Stil – getreu dem Motto: »Nimm an, was nützlich ist. Lass weg, was unnütz ist. Und füge das hinzu, was dein Eigenes ist.«

In der Zen-Praxis gibt es die im Kapitel »Im Hier und Jetzt« (S. 19–20) bereits erwähnten Koans, paradoxe Fragen oder kurze Geschichten, die den Schüler zur tieferen Erkenntnis führen können. Hat ein Schüler die Koans verstanden und durchgedrungen, ist er erleuchtet – so die Auslegung von manchen Lehrenden. Wenn das nur immer so wäre! Es gibt zahlreiche Zen-Lehrer und -Meister, die jahrzehntelang meditieren, die Koans gelöst haben und doch nicht vollständig erleuchtet sind. Sie kleben weiter an ihrem Ego und versagen im Alltag mit gierigem Verhalten, Wichtigtuerei oder Machtmissbrauch. Waren die Prüfer zu locker gewesen oder stimmt etwas nicht mit dem »Curriculum Erleuchtung«?

Der indische Zen-Meister Ama Samy schreibt: »Man kann ein autorisierter Zenmeister (Roshi) sein, ein Fachmann in Zen-Sprache und Koan-Antworten, ohne erwacht zu sein, ohne je tiefe Einsicht oder Verständnis gewonnen zu haben.« (Samy 2005, S. 61) Und er führt weiter aus, dass sein Meister, der bekannte Yamada Kôun Roshi, einige Westler durch das ganze Koan-Studium geführt und zum Lehren befähigt habe, später aber beklagen musste, dass vielen von ihnen das erleuchtete Auge fehle (vgl. ebd.). Viele sogenannte Meister haben die Befugnis zum Lehren und ihren Titel weniger aufgrund ihrer Erfahrung und Eignung als wegen ihrer langjährigen Treue gegenüber ihrem Lehrer und der Tradition erhalten. Dies ist in vielen Traditionen leider nicht anders.

Ein guter Lehrer kann uns auf dem Weg nur behilflich sein. Gehen müssen wir den Weg selbst. Und vielleicht wird uns das Glück der Entdeckung beschieden, dass das Geheimnis, das wir zu ergründen suchen, in uns selbst liegt.

8.2 Von Meistern und Scharlatanen

> »In den Lebensgeschichten der großen Meditationsmeister heißt es häufig, sie hatten zwölf große und zwölf kleine Hindernisse zu überwinden, um ihren Lehrer zu treffen oder Realisation zu erlangen. Guru Rinpoche sagt sogar, dass die Leute, die nach der Wahrheit suchen, so zahlreich sind wie die Sterne am Himmel, diejenigen jedoch, die frei von Hindernissen sind, seien weniger als Sonne und Mond. Wir brauchen Hindernisse also nicht so persönlich zu nehmen. Es gibt keinen Weg ohne Hindernisse.«
> *Michaela Fritzges*

In der Welt der Spiritualität gibt es eine lange Tradition der Lehrer-Schüler-Beziehung. So, wie es heute im Sport und Beruf selbstverständlich ist, einen Ausbilder, Lehrer beziehungsweise Mentor zu haben, ist das auch in der Achtsamkeitspraxis. Es braucht Lehrer, die einen auf dem Weg der Achtsamkeit begleiten – wie ein Bergführer, der den Weg, die Gefahren, die Hindernisse und Abkürzungen kennt. Führen kann er den Schüler aber nur so weit, wie er den Weg selbst bereits gegangen ist.

Berichte von sogenannten spirituellen Meistern, die ihre Autorität missbraucht haben, gibt es zuhauf. Da wären zum Bespiel die Sex-Skandale des einflussreichen Zen-Meisters Eido Shimano oder eines autoritären und manipulativen spirituellen Lehrers aus der Advaita-Tradition, Andrew Cohen. Cohens ehemaliger Schüler André van der Braak schildert in seinem Buch *Liegestütz zur Erleuchtung. Lehrjahre mit einem amerikanischen Guru* (2004), dass Cohen von seinen Schülern große Geldsummen und eine extreme und kritiklose Hingabe verlangt habe.

Ich selbst suchte während der letzten Jahrzehnte verschiedene spirituelle Meister und Lehrer auf und war nicht immer einverstanden mit dem, was sie lehrten und vorlebten. Viele waren in den alten und nicht mehr zeitgemäßen Sichtweisen ihrer Meditationspraxis verhaftet, hatten bedingungslos die Methode ihrer Lehrer übernommen, ohne sie zu hinterfragen. Es mag sein, dass ihre Lehrer oder sie durch eine bestimmte Methode zu tieferen Erfahrungen kamen, aber das bedeutet nicht automatisch, dass dieser Weg für andere genauso geeignet ist. Viele wirklich erwachte Menschen haben ihre Erleuchtungserfahrung nicht durch ein spezielles Training erreicht, sondern sie fiel ihnen zu, ohne dass sie etwas dafür getan hatten. Eckhart Tolle (2018) ist ein bekanntes Beispiel hierfür.

Wie soll ein Schüler nun aber vorgehen? Er sollte sich immer wieder vergegenwärtigen, was ihn auf den Weg geführt hat. Es ist weniger entscheidend, was ein Lehrer sagt, sondern wie gut er den Schüler in seiner Entwicklung unterstützen kann. Wem nützt der Glanz des Lehrers, wenn man nichts von ihm abbekommen kann? Neben den fachlichen Qualitäten ist ein weiteres Kriterium, was man in der Begegnung mit dem Lehrer spürt. So sollte die Begegnung nicht nur den Verstand, sondern vor allem auch das Herz berühren. Fühle ich mich in Kontakt mit dem Menschen, der mir gegenübersteht, wohl und angenommen? Gibt es eine Resonanz, die mich öffnet, oder empfinde ich Härte und Widerstand? Wie ist der Lehrer im Alltag? Wie geht er mit anderen Menschen und Situationen um? Lebt er vor, was er predigt? Kann er über sich selbst lachen? Ist er offen für Kritik und lässt andere Meinungen zu?

Im Kontext eines Achtsamkeitsretreats, das ich mit einem befreundetem Kontemplationslehrer leitete, wurde ich in das Gespräch zweier Teilnehmer verwickelt, die sie sich über verschiedene Lehrer und deren Kompetenz austauschten. Sie fragten mich, was ich von diesen Lehrern halte. Ich entschied mich, diese Frage gleichnishaft mit meiner Erfahrung aus den Kampfkünsten zu beantworten: Als ich seinerzeit auf der Suche nach einem guten Kampfkunstlehrer war, richtete ich den Fokus weniger auf den Lehrer als auf die Schüler und ihren Fortschritt, denn was nützt mir ein Lehrer, der selbst zwar Wunder vollbringen kann, ich aber nichts davon habe. Darüber hinaus stellt sich die Frage, ob die Fähigkeiten des Lehrers durch Training und spezielle Methoden entwickelt wurden, oder ob er einfach über grundlegende Talente und eine bestimmte psychische Prädisposition verfügt. Es gibt Menschen, die von Natur aus gelassen, empathisch und charismatisch sind, diese Eigenschaften also keinen speziellen Methoden verdanken. Viele sind von einem solchen Lehrer beeindruckt, ohne zu verstehen, dass er wenig oder nichts mit der von ihnen vermittelten Praxis zu tun hat. Diese Menschen wären beziehungsweise sind auch ohne die von ihnen vermittelten Methoden so, wie sie sind. Daher frage ich mich stets, ob die Techniken und Methoden, die jemand vermittelt, tatsächlich aus seiner eigenen Praxis entstanden und förderlich für die Entwicklung anderer sind. Es ist keine Kunst, aus viel viel zu machen. Die Herausforderung besteht darin, aus wenig viel, oder zumindest mehr zu machen.

Auf der Suche nach einem Lehrer schaute ich mir also stets seine Schüler an, um herauszufinden, welche Fähigkeiten er bei ihnen entwickelt und entfaltet hatte. Entdeckte ich nichts Besonderes, suchte ich weiter. Dabei ließ ich mich von folgenden Bibelworten leiten: »An ihren Früchten werdet ihr sie erkennen.« (Matthäus 7,16) Ein guter Lehrer ist jemand, der nicht nur sein Wissen und seine Fähigkeiten weitergibt, sondern auch die individuellen Stärken seiner Schüler erkennt und fördert. Er schafft eine Umgebung, in der Lernen und Wachstum möglich sind, die Schüler gedeihen können; und er passt seine Methoden an die Bedürfnisse und das Potenzial jedes einzelnen Schülers an. Ein Lehrer in der Achtsamkeitspraxis, oder in jedem anderen Feld, definiert sich oft weniger durch seine persönlichen Qualitäten oder Errungenschaften, sondern vielmehr durch seine Fähigkeit, andere zu inspirieren, zu motivieren und zu befähigen. Er ist ein Mentor, der nicht nur lehrt, sondern auch den Weg zur Selbstentdeckung und Selbstverwirklichung ebnet. Er erkennt, dass sein Erfolg im Fortschritt und Erfolg seiner Schüler liegt. Zu einem guten Lehrer wird man also, indem man nicht nur Wissen und Techniken vermittelt, sondern eine tiefe Verbindung zu den Schülern aufbaut, sie versteht und unterstützt. Es ist eine Kunst, das Beste aus jedem Schüler herauszuholen und ihn auf seinem eigenen Weg zu begleiten und zu fördern.

Die meisten, die mit Meditation anfangen, wollen bewusst oder unbewusst durch die Übung etwas erreichen. Im Zen gibt es folgendes geflügelte Wort: »Stirb auf deinem Kissen.« Damit ist das radikale Aufgeben von Konzepten und Vorstellungen von sich und der Welt gemeint, ein Sterben des Egos. Und nicht nur das. Damit sind auch die Vorstellungen gemeint, die man von der Meditation selbst hat. Letztendlich muss man auch von der Übung lassen, die einem verspricht, irgendwo hinzukommen. Yamada Kôun Roshi soll nach der Erleuchtung lange Zeit gebraucht haben, bis er auch diese loslassen konnte. Genauso wie man in einer negativen oder traumatischen Erfahrung hängenbleiben kann, kann dies auch mit einer Erleuchtungserfahrung geschehen.

Die Herausforderung auf dem Weg der Achtsamkeit und Meditation war und ist – wie bereist mehrfach erwähnt –, die Erfahrung des Transpersonalen in den Alltag zu integrieren. Es ist wichtig, den Begriff Erleuchtung und alles, was damit verbunden ist, zu entmystifizieren und ins Alltägliche zu übersetzen. So sprach der deutsche Jesuit und Zen-Meister Pater Hugo M. Enomiya-Lasalle (1991) davon, dass die Erleuchtung erst der Anfang sei. Ein Oberhaupt der Sufis drückte es wiederum folgendermaßen aus: »Was die vielen großen Lehrer betrifft, denen ich in Indien und Asien begegnet bin, bring sie nach Amerika, gib ihnen ein Haus, zwei Autos, eine Ehefrau, drei Kinder, einen Beruf, lass sie mit Versicherungen und Steuerzahlungen zu tun haben ... sie hätten es allesamt schwer.« (Kornfield 2010, S. 20) Und Buddha hielt einen noch pragmatischeren Rat bereit: »Wenn du denkst, du bist erleuchtet, geh zu deiner Familie.«

Bücher zu den Themen Meditation, Mystik und Spiritualität gibt es zuhauf. Von den Überflüssigen möchte ich hier nicht sprechen. Gemeint sind damit diejenigen, in denen von Suchenden berichtet wird, die ihren Meister fanden, Erleuchtung erlangten und frei von allen Problemen waren. Stattdessen möchte ich auf Alfred Binders ernüchternde Analyse verweisen. In *Mythos Zen* (2009), einem auf seiner 30-jährigen Zen-Praxis basierenden Buch, setzt er sich kritisch mit den viel versprochenen Erleuchtungserfahrungen auseinander. In seiner Analyse verdeutlicht er die Diskrepanz zwischen dem Versprechen und der Realität des Zen und verweist darauf, dass viele Mystiker mit starken psychischen Belastungsstörungen zu kämpfen hatten, die sie mittels verschiedener religiöser Praktiken leider nicht besonders erfolgreich überwinden konnten. Binder zitiert den großen Zen-Meister Dogen: »Die echte WEG-Übung muss einfach sein. Dennoch gibt es selbst in den Klöstern des großen chinesischen Song-Reiches unter Hunderten oder Tausenden Übender immer nur ein oder zwei Personen der Schülerschaft eines Lehrers, die das Dharma verwirklichen und den WEG erreichen.« Binder stellt daraufhin verständlicherweise die Frage, warum das so ist und warum so viele nach jahrzehntelanger Praxis den Weg verlassen. Ein Grund könne in dem extrem hochgesteckten Ziel liegen, das menschliche Bedürfnis nach Anerkennung und Liebe auszulöschen. Doch »selbst bei Menschen, die ihr Leben ganz Zen verpflichten«, führt Binder weiter aus, »bei Zen-Mönchen und Meistern, bewirkt diese Praxis anscheinend selten auch nur eine Minderung der ›Untugenden‹ des gewöhnlichen Menschen, der ›Geistesgifte‹ Ärger, Zorn, Neid, Gier und der übrigen alltäglichen Manifestationen der im Buddhismus für falsch erachteten Selbstbezogenheit.« (Ebd., S. 206–261)

Der Preis dieser Art Erleuchtung ist hoch und zweifelhaft. Ist es überhaupt möglich, das, was zutiefst menschlich und von Geburt an vorhanden ist, aufzugeben? Es geht nicht um das Vernichten des Egos, sondern um das Loslassen von Anhaftungen und Widerständen. Das Ego, also unser Ich-Bewusstsein, ist ein notwendiges Werkzeug und kann uns in unserer komplexen Welt gut dienen, wenn wir es als das, was es ist, verstehen und nutzen. Wenn wir hier also in den modernen Achtsamkeitsmethoden vom

Ego-Tod reden, dann ist nicht die Vernichtung des Ego-Bewusstseins gemeint, sondern der Tod von falschen Vorstellungen und Illusionen in Bezug auf uns und die Welt. Aus meiner Sicht geht es primär um ganzheitliche Aspekte, wie das Erreichen von mehr Selbsterkenntnis, Gelassenheit und Zufriedenheit. Auch dieser Weg erfordert Disziplin und Ausdauer.

Lehrer sind hierbei Wegweiser und nicht das Ziel. Jemanden an seiner Seite zu haben, der einen auf dem Weg begleitet, der wertvolle Impulse und Korrekturhinweise gibt sowie auf Durststrecken motiviert, ist wertvoll. Die Mahnung so mancher Lehrer – »bleibt in der Übung und der Weg wird euch zur Erleuchtung führen« – motiviert auf diesem Weg und macht ganz gewiss mehr Mut, als würden sie sagen, dass nur eine oder zwei Personen den großen Durchbruch schaffen. Gleichwohl lernt ein in der Achtsamkeitspraxis Geübter vor allem, mit dem Leid zu sein und damit umzugehen. Das heißt, er kann sich von inneren Widerständen und Anhaftungen leichter lösen und lässt die Dinge sein, so wie sie sind. Kurz gesagt: Er ist im Fluss Lebens und steht weniger im Widerstand dazu.

Man kann von einem Meister also besonders angetan sein und seine Weisheit und Tiefe bewundern, am Ende aber geht es um die eigene Erfahrung: »Nun sagt ein Meister: Gott ist Mensch geworden, dadurch ist erhöht und geadelt das ganze Menschengeschlecht. Dessen mögen wir uns wohl freuen, dass Christus, unser Bruder, aus eigener Kraft aufgefahren ist über alle Chöre der Engel und sitzt zur rechten Hand des Vaters. Dieser Meister hat recht gesprochen; aber wahrlich, ich gäbe nicht viel darum. Was hülfe es mir, wenn ich einen Bruder hätte, der da ein reicher Mann wäre und ich wäre dabei ein armer Mann? Was hülfe es mir, hätte ich einen Bruder, der da ein weiser Mann wäre, und ich wäre dabei ein Tor? Ich sage etwas anderes und Eindringenderes: Gott ist nicht nur Mensch geworden, vielmehr: er hat die menschliche Natur angenommen.« (Meister Eckhart 1958, S. 449)

8.3 Was bedeutet Erleuchtung?

> »Man wird nicht dadurch erleuchtet, dass man sich Lichtgestalten vorstellt, sondern durch Bewusstmachung der Dunkelheit.«
> *Carl Gustav Jung*

Erleuchtung – ein Begriff, der oft von Mystik umhüllt ist, entpuppt sich in der realen Welt als ein tiefgreifender Prozess der Selbsterkenntnis und Bewusstseinserweiterung. Diese Einsicht führt uns auf einen Weg, der weit über traditionelle spirituelle Praktiken hinausgeht und in den Alltag hineinreicht.

Ken Wilber, ein Philosoph und Autor im Bereich der Integralen Theorie, fragte einmal einen seiner Meinung nach erleuchteten Zen-Meister, wie viele wirklich Erleuchtete es denn in Japan gäbe. Darauf soll dieser geantwortet haben, dass es wahrscheinlich weniger seien als Finger an seinen Händen. Als ich das vor Jahren las, stellte ich mir die Frage, was für einen Sinn dann das ganze Meditieren überhaupt hat. Wenn es in dem Land der Zen-Meister schon nur so wenige Erleuchtete gab, was sollte mir dann meine Praxis bringen? Mit der Zeit wurde mir klar, dass Erleuchtung nicht das ferne, unerreichbare Ziel ist, als das es oft dargestellt wird. Vielmehr ist sie ein vielschichtiger Prozess, der sich in zahlreichen Facetten des Lebens manifestiert. Es geht dabei um die Erkundung der eigenen Schattenseiten, die wir oft verbergen oder in andere projizieren, und um das Verständnis unserer wahren Stärken und Schwächen. Diese Selbsterkenntnis führt uns zu einem authentischeren Leben, in dem Entscheidungen im Einklang mit unseren tiefsten Überzeugungen getroffen werden.

Zwischen der Erleuchtung, von der oft in der spirituellen Tradition berichtet wird, und der Nicht-Erleuchtung gibt es sehr viel – so wie es viele Grautöne gibt zwischen Weiß und Schwarz –, und somit zahlreiche Ebenen der menschlichen Entwicklung auf dem Weg dorthin. Auf dem Pfad der Erleuchtung gibt es unterschiedlich tiefe Erfahrungen, die zum Teil von besonderer Qualität, aber meist nicht von Dauer sind. Die Erfahrung verblasst. Was bleibt, ist die Erkenntnis. So ist mir die erste Erfahrung, die mir im Zuge meines ersten Retreats bei meinem Lehrer Willigis Jäger geschenkt worden ist und über die ich im Kapitel »Erste Schritte zur Achtsamkeit« (S. 14–15) geschrieben habe, stets im Bewusstsein. In schwierigen Zeiten kann ich mich daran erinnern. Dieses Erinnern ist ein Wachruf aus dem tiefsten Innern: Ich bin geborgen im Urgrund.

Verstehen wir Erleuchtung also als einen besonderen Bewusstseinszustand, nämlich jenen der Selbsterkenntnis, werden wir auch mit unseren Schattenseiten konfrontiert – ein Bereich, den vor allem die Tiefenpsychologie intensiv erforscht. Es sind die Teile von uns, die wir nicht mögen, ablehnen, nicht sehen wollen und oft in andere hineinprojizieren. Erleuchtung oder Selbsterkenntnis bedeutet, sich selbst besser zu verstehen; sich seiner Stärken und Schwächen bewusst zu werden; zu erkennen, was einem im Leben wirklich wichtig ist; Gewohnheiten und Glaubenssätze zu hinterfragen; kein Spielball der unbewussten Impulse zu sein; Verhaltensmuster aufzudecken und zu verändern; Beziehungen und Situationen aufzulösen oder zu meiden; Beziehungen einzugehen, die stimmig und förderlich sind. Auf die Weise, wie wir unsere Wahrnehmung mithilfe der Achtsamkeitspraxis erweitern, können sich innere Spannungen und Widerstände auflösen. Entscheidungen werden dann so getroffen, dass sie mit den innersten Überzeugungen im Einklang stehen. Wir sind dann echt, das heißt authentisch in unserem Denken, Fühlen und Handeln.

In unserem Alltag treten häufig Momente der kleineren und größeren Erleuchtung auf. Es sind die Augenblicke, in denen wir unsere automatisierte Reaktion auf Situationen hinterfragen und uns unserer wahren Gefühle und Bedürfnisse bewusst werden. So wird ein hektischer Tag plötzlich zu einem Anstoß für eine bewusste Entscheidung, langsamer zu treten und den Moment zu genießen. Die Erinnerung daran wird wach, dass wir die Wahl haben, wie wir auf unsere Umgebung reagieren.

Der Moment, in dem wir Licht in die Dunkelheit bringen, findet auch statt, wenn wir lernen, unsere eigenen Schwächen zu akzeptieren und aus unseren Fehlern zu lernen. Es ist ein Prozess, der uns lehrt, mitfühlender mit uns selbst und anderen zu sein.

Wenn wir beginnen, die Perspektiven anderer zu verstehen und zu respektieren, können diese Einsichten Beziehungen transformieren und zu tieferem Mitgefühl führen.

Die spirituelle Erfahrung der Erleuchtung ist also nicht auf Momente der Meditation oder des Rückzugs beschränkt. Sie findet in der Natur statt, wenn wir die Schönheit eines Sonnenuntergangs bewundern; in der Kunst, wenn wir uns kreativ ausdrücken; und in der Gemeinschaft, wenn wir Erfahrungen teilen und voneinander lernen. Selbst alltägliche Handlungen, wie das Helfen in der Gemeinschaft, können tiefgreifende spirituelle Erfahrungen sein.

Die Reise der Erleuchtung ist niemals abgeschlossen. Sie ist ein ständiges Streben nach Wissen, Verständnis und persönlichem Wachstum. Jeder Moment, jede Begegnung und jede Herausforderung bietet die Gelegenheit, uns selbst besser zu verstehen und zu wachsen. In diesem Sinne ist Erleuchtung nicht ein einmaliges, endgültiges Ereignis, sondern ein lebenslanger Prozess, der uns zu einem immer tieferen Verständnis unseres Selbst und unserer Rolle in der Welt führt.

8.4 Das erste Mal

> »Jedem Anfang wohnt ein Zauber inne […]«
> *Hermann Hesse*

»Wann hast du das letzte Mal etwas zum ersten Mal gemacht?« – Das ist eine Frage, die auf diversen Abreißkalendern zu lesen ist. Man mag annehmen, es ginge dabei nur um vollständig neue Erfahrungen. Vordergründig stimmt das auch. Es kann jedoch auch bedeuten: das Unbekannte im Bekannten zu entdecken. Genau das nämlich geschieht, wenn wir uns vorurteilsfrei auf den Augenblick einlassen, auf das, was vor uns liegt, in welcher Form auch immer. Ist es uns also möglich, bewusst und urteilsfrei mit neuen Augen zu sehen, statt an alten Bildern, Urteilen und Konzepten festzuhalten? Im Zen spricht man vom Anfängergeist. Die Tasse Tee am Morgen zu trinken, als sei es das erste Mal im Leben. Im Yoga den Sonnengruß auszuüben, als wäre es das erste Mal …

Wir sehen die Welt so, wie *wir* sind. Das heißt, je nachdem, welche Erfahrungen wir im Leben gemacht haben und welche Anteile in uns auf die Bühne treten beziehungsweise in welcher Gemütsverfassung wir uns befinden, so werden wir die Welt betrachten. Tun wir das mit den Augen eines kritischen, verdrießlichen oder freudigen und mitfühlenden Selbst? Verschlafen, den Kaffee verschüttet, im Stau gestanden: Wehe dem Menschen, der uns jetzt querkommt. Gut aufgestanden und in den Tag gestartet, sieht die Welt ganz anders aus: Der Partner oder die Arbeitskollegin, die gestern noch so nervig waren und einen mit ihren Bemerkungen zur Weißglut brachten, sind plötzlich einfach nur nette Menschen.

Dieses Phänomen lässt sich im Alltag an unzähligen Beispielen beobachten. Es ist, als hätten wir eine mentale Brille auf, die die Farbe wechselt, je nachdem, wie es uns geht. Wenn wir unter Stress stehen oder von Sorgen geplagt sind, neigen wir dazu, die Welt durch dunklere Gläser zu betrachten. Kleinste Probleme können dann unlösbar erscheinen, und die Freundlichkeit anderer Menschen wird oft kaum wahrgenommen. Auf der anderen Seite erscheint im Zustand der Ausgeglichenheit und Glückseligkeit alles um uns herum heller und positiver. Wir gehen durch die Stadt, und plötzlich scheinen die Gesichter der Menschen freundlicher, die Sonne strahlt heller, sogar die gewöhnlichen Straßengeräusche klingen irgendwie harmonischer. An solchen Tagen fühlt sich die Welt an, als wäre sie voller Möglichkeiten. Dieses einfache Beispiel zeigt, wie sehr unsere eigene innere Verfassung die Art und Weise beeinflusst, wie wir die Welt um uns herum erleben. Es ist, als wären unsere Emotionen und Gedanken Filter, durch die wir alles betrachten.

Das hat auch Auswirkungen darauf, wie wir mit Konflikten oder Herausforderungen umgehen. In einem Zustand der Gelassenheit und des Mitgefühls können wir oft effektiver und empathischer reagieren. Wenn wir jedoch von negativen Emotionen überschwemmt werden, kann unsere Fähigkeit, konstruktiv zu reagieren, beeinträchtigt sein. Daher ist es so wichtig, uns unserer inneren Zustände bewusst zu sein und zu lernen, wie wir sie beeinflussen können (vgl. Übung »Innehalten & Wahrnehmen – In 6 Schritten zur Klarheit«, S. 76–77).

In der MBSR-Praxis gibt es die sogenannte Rosinenübung – eine einfache, aber dennoch herausfordernde Übung. Es geht darum, eine Rosine einige Minuten lang bewusst wahrzunehmen, sie mit allen Sinnen zu erforschen. Man nimmt sie zunächst zwischen zwei Finger und betastet sie, fühlt ihre Haut, ihre Struktur. Man riecht an der Rosine, versucht sie zu hören, führt sie an die Lippen, leckt an ihr. Und schließlich nimmt man sie in den Mund – auch da ein Spüren, Fühlen, ehe man beginnt, sie zu kauen. Für viele ist es so, als kosteten sie zum ersten Mal in ihrem Leben eine Rosine.

Gerade weil wir alle glauben zu wissen, wie eine Rosine schmeckt, ist diese Übung eine Herausforderung – für getriebene und effizienzorientierte Menschen gar eine Zumutung. Gibt es nicht etwas Spektakuläreres auf dem Weg der Achtsamkeit, etwas, das mehr nach Erleuchtung klingt? Nun, im Grunde genommen steckt die Erleuchtung in der Rosine. Nie zuvor hat man eine Rosine so wahrgenommen. Die tiefgreifenden Erfahrungen, die man auf dem Weg der Achtsamkeit machen kann, basieren häufig gerade auf ihrer Schlichtheit. Sie sind weder spektakulär noch für Außenstehende immer sichtbar. Sie liegen auch nicht im Außen, sondern verborgen im Grund der eigenen Entdeckerfreude, der Neugierde und Unvoreingenommenheit: zu sehen, als ob man zum ersten Mal sieht; zu hören, als ob man zum ersten Mal hört; zu riechen, als ob man das erste Mal riecht; zu schmecken, als ob man das erste Mal schmeckt; zu spüren, als ob man das erste Mal spürt. Ein Zen-Spruch lautet: »Vor der Erleuchtung sind Berge Berge und Wasser ist Wasser; nach einem ersten Blick in die Wahrheit sind Berge nicht mehr Berge, und Wasser ist nicht länger Wasser; nach der Erleuchtung sind Berge wieder Berge, und Wasser ist wieder Wasser.«

Man braucht für die oben genannte Übung keine Rosine zu nehmen. Wir können den Ehepartner, die Freundin, einen Arbeitskollegen, die Nachbarin auf die Weise betrachtet – offen, unvoreingenommen, mit Neugierde und Interesse.

Auch in einer langjährigen Beziehung können Gedanken des »Das kenne ich schon« aufkommen. Man glaubt, den Partner, die Partnerin nach all den gemeinsamen Jahren durch und durch zu kennen. Doch genau das ist die subtile Falle der Routine. In unserem »Kennen« sammeln sich unzählige Bilder aus der Vergangenheit an, sowohl schöne als auch weniger schöne Erinnerungen. Das Wesen einer Beziehung zu Menschen und auch anderen Dingen des Lebens besteht jedoch darin, das Einzigartige im gegenwärtigen Moment zu sehen und zu erfahren. Die Herausforderung ist, der Person, die uns im gegenwärtigen Moment gegenübersteht, mit Offenheit und Neugier zu begegnen, als wäre es das erste Mal; ihr in die Augen zu blicken und den Funken des Lebens, der sie in diesem Moment beseelt, zu erkennen.

Diese Haltung erfordert ein Abstreifen von Vorurteilen und Erwartungen, die sich im Laufe der Zeit angesammelt haben. Es geht darum, wieder zu lernen, mit der Unvoreingenommenheit eines Kindes zu sehen, zu hören, zu riechen, zu schmecken und zu spüren. Auf diese Weise wird jede Begegnung, sei es mit einem Menschen oder einer scheinbar banalen Tätigkeit wie dem Essen einer Rosine, zu einer Quelle der Erkenntnis und der Freude. Die Rosinenübung ist ein perfektes Beispiel dafür, wie das Einfache zum Außergewöhnlichen werden kann, wenn wir es mit Achtsamkeit und voller Präsenz erleben. Sie lädt uns ein, die Welt mit neuen Augen zu sehen, und erinnert uns daran, dass die größten Wunder oft in den kleinsten Dingen liegen. Dieser Ansatz kann transformierend wirken, sowohl in unserer Beziehung zu uns selbst als auch in unseren Beziehungen zu anderen. Er öffnet uns die Tür zu einer Welt, in der Berge wieder Berge sind und Wasser wieder Wasser ist – doch mit einer tiefen Wertschätzung und Bewunderung für ihre einfache Schönheit.

Die folgende Übung fordert uns auf, unsere alltägliche Welt und uns selbst mit neuen Augen zu betrachten. Sie ermutigt uns, die gewohnte Perspektive zu verlassen und uns selbst, unsere Beziehungen und unsere Umgebung neu zu entdecken.

ÜBUNG »Das erste Mal«

- *Beginne diese Übung mit einer Selbstwahrnehmung:* Betrachte dich im Spiegel oder setz dich ruhig hin und schließ die Augen. Nimm deinen Körper, deine Gesten, dein Verhalten und deine Gedanken wahr. Versuch, dich selbst zu beobachten, als würdest du dich zum ersten Mal sehen. Welche Gefühle und Gedanken kommen hoch, wenn du dich ohne Urteil betrachtest?
- *Geh einen Schritt weiter und erforsche bewusst deine alltäglichen Routinen:* Ob beim Zähneputzen, beim Zubereiten des Frühstücks oder beim Spazierengehen – nimm jede Handlung bewusst wahr. Was fühlst du dabei? Gibt es neue Empfindungen oder Wahrnehmungen, die du bisher übersehen hast?
- *Wende diese Haltung nun auf die Begegnung mit anderen an:* Begegne deinem Partner, deiner Freundin, dem Arbeitskollegen oder einer Fremden auf der Straße, als ob es das erste Mal wäre. Versuch, ihre Worte, Gesten und Ausdrücke ohne vorgefertigte Bilder oder Urteile zu betrachten. Was bemerkst du, was dir bisher nie aufgefallen ist?

- *Nimm abschließend eine reflektierende und akzeptierende Haltung ein:* Wenn alte Bilder und Vorstellungen auftauchen, so nimm sie wahr und lass sie sanft los. Erkenne, dass sie Teil deiner Erfahrung sind, aber nicht deine gesamte Realität definieren. Versuche, sie durch neue Bilder zu ersetzen, die mehr im Einklang mit deinem gegenwärtigen Selbst stehen.

Versuche, jeden Tag etwas zu tun oder zu sehen, als ob es das erste Mal wäre. Beobachte die Blätter eines Baumes, hör einem Vogel zu oder fühl die Textur eines Stoffes. *Finde das Wunderbare im Alltäglichen!*

8.5 Erwachen

»Gestern Nacht träumte ich,
ich wär ein Schmetterling
und flog von Blume zu Blume.
Da erwachte ich und siehe:
Alles war nur ein Traum.
Jetzt weiß ich nicht:
Bin ich ein Mensch der träumte,
er sei ein Schmetterling,
oder bin ich ein Schmetterling,
der träumt, er sei ein Mensch?«
Zhuang Zhou

Eine mystische Erfahrung ist ein radikales Aufwachen, ein Bewusstseinszustand, der über das gewöhnliche Alltagsbewusstsein hinausgeht und nicht über das Denken und unsere Sinnesorgane erfasst wird. Das in Worte zu fassen, ist so, als wolle man einem blinden Menschen Farben erklären. Der Poesie mit ihrer ätherischen Kraft – wie überhaupt der Kunst – vermag dies am ehestens zu gelingen, wie in dem oben zitierten Gedicht des taoistischen Philosophen Zhuang Zhou.

Eigentlich gleichen die meisten Menschen eher Träumenden, die ab und zu aufwachen. Wir alle kennen den Zustand des Träumens. Manchmal haben wir Träume, in denen wir etwas suchen, vor etwas flüchten oder den Weg nach Hause nicht finden. Aufgewacht, bemerken wir dann, dass wir ja zuhause sind. Übertragen auf den Zustand des Erwachens: Wir sind aufgewacht in der Wirklichkeit, kommen endlich nach Hause.

Dass es unterschiedliche Tiefen beziehungsweise Zustände in der Meditation gibt, ist mittlerweile wissenschaftlich nachgewiesen. So unterscheidet der Psychotherapeut und Meditationsforscher Harald Piron folgende fünf Dimensionen (vgl. Piron 2020):

Tiefe der Meditation

1. *Hindernisse*
   Unruhe, Grübeleien, Konzentrationsprobleme, Langweile, Schläfrigkeit
2. *Entspannung*
   Ruhe, Wohlbefinden, Geduld, ruhige Atmung, entspannter Körper
3. *Konzentration*
   Achtsamkeit, Zentriertheit, Kraft, Energie, Gleichmut, innerer Frieden
4. *Essenziele, transpersonale Qualitäten*
   Klarheit, Dankbarkeit, Hingabe, Demut, bedingungslose Liebe, grenzenlose Freude
5. *Nicht-Dualität*
   Einssein, Gedankenstille, zeitlose Gegenwart, offenes, leeres und grenzenloses Bewusstsein

Eine Erleuchtung, also die Erfahrung der Nicht-Dualität, kann man nicht aktiv erreichen. Sie ist eher wie ein Geschenk, auf das man sich vorbereiten, für das man sich empfänglich machen kann, indem man sich von jeder Absicht löst, alles Tun unterlässt. Im Englischen gibt es dafür das wunderbare Wort *undoing*, Nicht-Tun. Das Tun unterlassen.

Die verschiedenen Vorstellungen von Erleuchtung beziehungsweise die Wege, sie zu erreichen, lassen sich in drei Hauptkategorien einteilen.

1. *Gottes Gnade:* Du kannst für dein Erwachen nichts aktiv tun. Es ist Gottes Gnade und nur er oder eine andere höhere Macht entscheidet, ob und wann du die Erleuchtung erlangst. Diese Sichtweise ist in vielen monotheistischen Religionen – vor allem in den alten, eher konservativen und religiösen Traditionen[8] – verbreitet, wobei diese sich im Hinblick auf die Interpretation des Konzepts der Erleuchtung teilweise deutlich unterscheiden. Es ist wichtig zu erwähnen, dass in diesen Traditionen der Begriff Erleuchtung nicht immer verwendet wird und unterschiedliche theologische Konzepte vorherrschen können.
2. *Innewohnende Erleuchtung:* In einigen Strömungen des Buddhismus und den Lehren des Advaita Vedanta herrscht die Auffassung, dass alle Menschen bereits in ihrem Kern erleuchtet sind. Diese Vorstellung von einer innewohnenden Erleuchtung geht davon aus, dass Erleuchtung nicht erlangt, sondern lediglich erkannt werden muss. Es geht darum, die eigene wahre Natur als bereits vollkommen und erwacht zu erkennen. Diese Sichtweise legt den Fokus auf das Loslassen von Illusionen und das Erkennen der Einheit allen Seins, wobei die spirituelle Praxis weniger als aktive Anstrengung, sondern eher als Entdeckung der eigenen wahren Natur gesehen wird.
3. *Aktive Praxis:* Du kannst etwas tun, um erleuchtet zu werden. Jeder Mensch kann es schaffen, wenn er sich nur ernsthaft darum bemüht. Vertreter dieser Sichtweise,

---

8 Damit sind nicht die spirituellen Wege wie die Kontemplation im Christentum oder der Sufismus im Islam gemeint. Siehe auch Kapitel »Meditation ist nicht gleich Meditation«, S. 96–98.

wie die Zen-Meister der Rinzai-Linie, betonen das aktive Bemühen um Erleuchtung. Sie sind bekannt für ihre direkte und manchmal herausfordernde Art des Unterrichtens, die darauf abzielt, den Schülern zu helfen, ihre üblichen Denkmuster zu durchbrechen. Man spricht hier oft vom plötzlichen Erwachen.

Nun, Erleuchtung ist – wie oben beschrieben – ein unvorhersehbares Ereignis, ein Geschenk, für das man sich durch Meditation empfänglicher machen kann. Diese Praxis eröffnet jedem die Möglichkeit, sich auf ein tiefes spirituelles Erlebnis einzulassen, indem sie die Bereitschaft für solche Erfahrungen steigert. So bietet die Meditation jedem die Chance, sich diesem außergewöhnlichen Zustand anzunähern.

Es gibt einige neuere Ansätze, die weniger von Erleuchtung als vielmehr von transpersonalen Zuständen sprechen. Diese Schulen gehören zum Zweig der transpersonalen Psychologie. Meiner Erfahrung nach bergen Körperarbeit und andere erlebnis- und erfahrungsorientierte Methoden gute Potenziale, Menschen zur Bewusstseinserweiterung zu führen. Neben meiner Meditations- und Achtsamkeitspraxis habe ich mich im holotropen Atmen (*holotropic breathwork*) und in der Gestalttherapie weitergebildet. Gerade mit der holotropen Atmung durfte ich besonders intensive Erfahrungen machen. Diese von dem Psychiater und Psychotherapeuten Stanislav Grof entwickelte Methode, die alte spirituelle Techniken mit Erkenntnissen der modernen Bewusstseinsforschung verknüpft, kann mittels der speziellen Atemtechnik und evozierender Musik zu besonders tiefen Bewusstseinszuständen führen (vgl. Walch o.J.). In einer Sitzung hatte ich eine Art Satori-Erfahrung, also das, was im Zen als die Erfahrung der Leere oder als Ausbruch aus der personalen Eingrenzung beschrieben wird. Ich verfiel in ein gelöstes und unerschütterliches langes und tiefes Lachen. In einem anderen Seminar wurde ich nach anfänglichen traurigen Emotionen in eine Erfahrung hineingeschleudert, die so heftig war, dass ich – angefüllt mit demütiger Dankbarkeit und Liebe – nur weinen konnte. Bei der Nachbesprechung in der Gruppe konnte ich dafür keine Worte finden. Hätte ich es versucht, so wäre es gewesen, als hätte ich aus dem tiefen Ozean kommend über Seifenblasen in der Badewanne gesprochen.

Nicht selten vergleichen sich Übende mit ihren Lehrenden oder mit anderen, die den Weg der Achtsamkeit und Meditation gehen, auf der Suche nach einem Referenzpunkt, um sich selbst zu verorten. Der Wunsch nach einer tieferen Erfahrung ist verständlich. Er ist getrieben von der Hoffnung, sich vom Leid zu befreien. Manchmal werde ich nach meinen Erfahrungen gefragt, und dann erzähle ich etwas von dem, was ich erlebt habe. Ich hatte einige spontane und ziemlich intensive Erfahrungen zu Anfang meiner Praxis, aber einen verdienstvollen Anteil daran hatte ich nicht. Man könnte sagen: Es war ein Zufall.

Ich höre von manchen, dass sie sich sehnlichst eine tiefere Erfahrung wünschen. Sie sprechen von manchen Veränderungen, die sie bisher in ihrem Verhalten festgestellt hätten, aber das große, besondere Erlebnis, das sei nicht eingetreten. Nun, eine Erfahrung, die sich als besonders gehaltvoll anfühlt, sollte nicht als einziges Kriterium für den Grad des Fortschritts verstanden werden. In den Traditionen wird manchmal von einer *plötzlichen* oder einer *stillen* Erleuchtung gesprochen. Als Metapher kann man sich einen Menschen vorstellen, der in der Dunkelheit auf dem Weg nach Hause ist und plötzlich von einem Reflektor angestrahlt wird. Der Weg, auf dem er sich bewegt, erscheint ihm auf einmal klar, und zugleich das Licht so hell, dass seine Augen es kaum ertragen. Die stille Erleuchtung wiederum gleicht diesem Bild: Ein Mensch macht sich in der Dunkelheit der Nacht auf den Weg nach Hause, suchend, irrend. Mit dem Anbrechen des Tages wird der Weg nach Hause immer klarer. Er kommt genauso zum Ziel wie derjenige, dessen Weg plötzlich erhellt wurde. Beide erreichen das Ziel, ihr Weg nach Hause und die Erleuchtung wurde lediglich unterschiedlich erfahren.

8.6 Abschied von der Erleuchtung

> »Solange wir nach einem Dort suchen, werden wir niemals ein Hier finden. Denn sobald wir ein Hier gefunden haben, begeben wir uns wieder auf die Suche nach einem neuen Dort. Wir sind nicht auf der Suche nach etwas außerhalb, sondern auf der Suche nach etwas in uns. Oder auf der Flucht vor einer inneren Leere. Oder wir haben uns verloren und suchen unseren Weg. Im Augenblick stehe ich im Wald, finde ich die Wege vor lauter Bäumen nicht, verzettle mich und bräuchte eine Landkarte. Eine Karte von meinem Inneren aber kann ich nur selbst zeichnen. Ein wenig ziellos, ratlos ... Es ist schwer, das Glück in uns zu finden, und es ist ganz unmöglich, es anderswo zu finden.«
> *Nicolas de Chamfort*

Das Festhalten an Traditionen kann auf dem Weg der Achtsamkeit eine Gefahr darstellen. Traditionen bieten zwar oft einen festen Rahmen und eine Richtschnur für die Achtsamkeitspraxis, können aber auch zu einer Art geistigem Gefängnis werden. Sie beschränken die Freiheit, neue Erfahrungen zu machen und das Bewusstsein auf einer tieferen, persönlicheren Ebene zu erweitern. Das Festhalten an alten Mustern und Vorstellungen von Erleuchtung hemmt die wahre persönliche Entwicklung. Es ist notwendig, sich von starren Dogmen und vorgefertigten Wegen zu lösen, um eine authentischere, individuellere Erfahrung zu ermöglichen. Der Abschied von der Erleuchtung, wie sie traditionell verstanden wird, könnte als ein notwendiger Schritt hin zu einer tieferen, persönlicheren und letztlich befreienderen spirituellen Reise betrachtet werden.

Das wahre Wesen der Erleuchtung wird häufig missverstanden als ein Zustand, in dem alle Unannehmlichkeiten und Probleme verschwinden. Diese Fehlinterpretation verhindert eine authentische spirituelle Erfahrung. In persönlichen Gesprächen höre ich häufig den brennenden Wunsch, Erleuchtung zu erlangen, oft angetrieben von tiefem Schmerz und der Hoffnung, dass diese Erfahrung vom Leiden befreit. Je intensiver der Schmerz, desto stärker ist der Drang nach Erleuchtung. Erleuchtung erfordert jedoch vielmehr, diesen Schmerz zuzulassen und anzunehmen. Sie erfordert eine Hingabe an die Realität des gegenwärtigen Moments. Erleuchtung umfasst daher nicht nur das Durchdringen von Leid, Wünschen und Bedürfnissen, sondern auch das Sich-Einlassen auf das Unbekannte und Schmerzhafte. Das ist der wahre Weg des Loslassens: ein Fallen in die Leerheit des Seins, eine Akzeptanz des Lebens in all seinen Facetten. Es ist ein Prozess, der den Einzelnen dazu einlädt, über vorgefertigte Konzepte hinauszugehen und eine individuellere Verbindung zum eigenen spirituellen Weg zu finden. In dieser Hinsicht ist Erleuchtung weniger ein Ziel als vielmehr ein fortwährender Prozess des Bewusstseins, der Akzeptanz und des tiefen Verstehens des eigenen inneren Erlebens und der Welt.

Je mehr wir uns auf das Wollen und Erreichen konzentrieren, desto weiter entfernen wir uns paradoxerweise von der Erleuchtung. In unserer schnelllebigen und leistungsorientierten Gesellschaft wird die Kunst des Empfangens und Einlassens oft vernachlässigt, doch genau diese Qualitäten sind für die Erleuchtung essenziell. Erleuchtung bedeutet nicht das Anstreben eines spezifischen Zustands, sondern vielmehr die bedingungslose Hingabe und das Loslassen aller Erwartungen und Ziele. Dieser Prozess erfordert ein Öffnen für das, was ist, und ein Empfangen ohne Vorbedingungen.

In einer Welt, die ständig nach Ergebnissen und Leistung strebt, ist es eine Herausforderung, sich in eine solch passive, empfangende Haltung zu begeben. Es geht darum, das Streben und den Drang nach Kontrolle loszulassen und sich stattdessen dem Fluss des Lebens hinzugeben. In diesem Sinne wird Erleuchtung zu einer Reise des Vertrauens und der Akzeptanz, die uns erlaubt, tiefer in das wahre Wesen unserer Existenz einzutauchen.

In der Meditationspraxis ist es hilfreich, eine Haltung zu finden, die sich zwischen Wollen und Nicht-Wollen bewegt. Zu Beginn der Meditation handeln wir naturgemäß, und dabei verfolgen wir bewusst oder unbewusst eine bestimmte Intention. Vielleicht ist unser Ziel, zu entspannen, uns zu erforschen oder sogar die Erleuchtung zu erlangen. In einer offenen und präsenten Haltung des Nicht-Wissens, Nicht-Erreichens und Nicht-Strebens kann sich das Tor zum Unnennbaren öffnen. In der Praxis ist es wesentlich, alle Denk- und Handlungsimpulse, die auf ein bestimmtes Ziel ausgerichtet sind, loszulassen. Das beinhaltet die Meditation an sich, das Streben nach Erleuchtung, das Bestreben nach Entspannung und sogar den Akt des Loslassens selbst. Als Ergebnis kann sich eine transpersonale Erfahrung einstellen – ein Zustand, den letztendlich alle traditionellen und modernen Praktiken erreichen möchten. Das Gemeinsame all dieser Übungen liegt darin, dass das Denken und sämtliche Egoaktivitäten zur Ruhe kommen. Dies kann, wie bereits in vorherigen Kapiteln erörtert, durch Stille, durch repetitive Rhythmen, die uns vom Denken befreien, durch Grenzerfahrungen wie besondere Lebensereignisse oder Naturerlebnisse sowie durch bewusstseinserweiternde Substanzen erreicht werden. Der Schlüsselmoment tritt ein, wenn sich der Geist in einem wachen, bewussten Zustand von jeglicher Denk- und Ichaktivität löst.

Wir können immer wieder von den »Neuen« lernen: von neuen Menschen, Impulsen und Übungswegen. Routine und Stagnation sind Gefahren in der eigenen Entwicklung, und man sollte sich hüten, zu denken, dass man mehr oder alles weiß. Dann nämlich besteht die Gefahr, dass wir uns eingekapselt in der Stille der Achtsamkeit entspannen, aber nicht genügend weiterentwickeln. Achtsamkeit ist mehr als Präsenz und Ruhe. Die Herausforderungen im Leben lassen uns das täglich erfahren. Die Praxis muss auch mal Reibung und Widerstand erzeugen. Oft beobachte ich in der Praxis eine Art intellektuelle Achtsamkeit, es wird intellektualisiert und lediglich an der Oberfläche gekratzt. Es darf und muss aber auch mal ungemütlich werden. Es geht darum, auch jene Meinungen und Seiten in uns zum Ausdruck zu bringen, die wir normalerweise verbergen möchten.

So manche introvertierte und unsichere Menschen zieht die Achtsamkeits- beziehungsweise spirituelle Szene an, weil sie meinen, in der Introspektion müssten sie keine Konfrontation mit anderen erleben und alles um sie herum sei nett und ruhig. Diese Herangehensweise birgt die Gefahr, dass ich den unliebsamen Dingen, meinen Schattenseiten und Gefühlen, aus dem Weg gehe und mit diesen nie authentisch in Kontakt komme. Ein guter Lehrer wird das durchschauen und den Schüler damit konfrontieren.

In vielen Gruppen scheint mir die Praxis zu steril, zu sauber. Manchmal muss es einfach »stinken«. Und dieses »Stinken« geht von Gefühle und Widerständen aus, die sowohl in der Praxis als auch im Alltag hochkommen. In der Welt der Achtsamkeit und spirituellen Praxis sollten wir stets daran denken, dass echtes Wachstum vielfach im Konflikt und in der Konfrontation mit unseren tiefsten Ängsten und Widerständen entsteht. Es ist leicht, in einer Blase der Ruhe zu verharren, aber wahre Entwicklung erfolgt, wenn wir uns unseren Schatten stellen. Denken wir an Momente im Alltag, in denen wir uns ärgern, frustriert oder überfordert sind. Diese Momente sind nicht nur Hindernisse, sie sind vielmehr Gelegenheiten, tiefer in unser Selbst zu blicken. Wir sollten uns fragen: Was löst dieses Gefühl in mir aus? Warum reagiere ich so intensiv darauf? Diese Fragen können die Türen zu einem tieferen Selbstverständnis öffnen. Die wahre Praxis beginnt, wenn wir mitten im Chaos eines stressigen Tages innehalten und uns dessen bewusst werden, dass auch das Teil unseres Weges ist. Das Leben ist im ständigen Wandel begriffen. Die Kunst besteht darin, diesen Wandel anzunehmen und sich mit ihm zu bewegen, statt dagegen anzukämpfen. Wir sollten zulassen, dass neue Ideen und Perspektiven unser Denken bereichern und unsere Sichtweise erweitern. Ich höre manchmal Sätze wie »Das macht man in unserer Tradition nicht« oder »Zen mag das nicht«. In anderen (religiösen) Kontexten – wie dem Islam, dem Christentum, dem Buddhismus oder bestimmten Art der Psychotherapie – werden ähnliche restriktive Aussagen getroffen. Es ist erstaunlich, wie sehr sich Menschen an Konzepte klammern und das Wesentliche aus den Augen verlieren. Es geht nicht um irgendein Konzept, um die Meisterschaft der Meditation oder Achtsamkeit, sondern um die Meisterschaft des Lebens. Darum, die Augen zu öffnen und Verantwortung zu übernehmen – ein ganzer Mensch zu sein, mit all dem, was dazugehört.

Die traditionellen spirituellen Wege haben die Erleuchtung nicht für sich gepachtet, und es gibt viele andere Wege zur Befreiung. Manche Seminarteilnehmende, die zu mir kommen, haben belastende Erfahrungen gemacht oder Krankheiten, und nach Bedarf leite ich dann die Übungen intuitiv an. Die Methode oder Technik ist dabei zunächst zweitrangig. Dadurch kann ich die Übung beziehungsweise den Prozess erleichtern und vertiefen. Dass sich manche Lehrende neuen Impulsen verschließen und verkrampft an alten und überholten Methoden festhalten, macht mich sehr nachdenklich. Wo bleiben Intuition und gesunder Menschenverstand?

Und schließlich sollten wir uns daran erinnern, dass unsere Reise einzigartig ist. Wir sollten uns nicht mit anderen vergleichen. Was für einen anderen funktioniert, muss nicht unbedingt zu uns passen. Wir sollten unseren eigenen Weg finden und den Mut haben, ihn zu gehen. Nur so können wir unser volles Potenzial entfalten und ein authentisches, erfülltes Leben führen.

9 Der Weg zur inneren Freiheit

9.1 Achtsame Stille

> »Still sein bedeutet nicht Verneinung des Tätigseins oder trägen Stillstand. Stille ist nicht bloße Verneinung von Gedanken und Regungen, sondern etwas Positiveres, als du dir vorstellen kannst. In dieser schweigenden Stille wurzelt Gott, wurzeln die Erlösten.«
> *Ramana Maharshi*

Der große Weise Ramana Maharshi fasste den Kern der Achtsamkeitspraxis beziehungsweise eines spirituellen Weges in zwei Worten zusammen: »Sei still!« Man könnte auch sagen: Sein und Stille. Beide Begriffe heben die Qualitäten einer Erfahrung hervor. Aus der Stille kommen wir und zur Stille kehren wir zurück. Der ganze Kosmos ist still und gewaltig. Gewaltig ist auch die Stille, wenn sie denn im Inneren – im Sein – erfahren wird.

Was bedeutet nun diese Stille? Wenn es im Außen still wird, und diesen Rahmen schaffen wir in einem Achtsamkeitsretreat durch Schweigen, Vermeiden von Blickkontakt, Vermeiden von Ablenkungen wie Lesen, aufs Handy schauen und anderem, wird es manchmal innen laut. Aber wie wir schon mehrfach nun gelesen haben, produziert die Stille nicht den inneren Lärm, sondern sie macht uns den Lärm, der die ganze Zeit da war, nur bewusst. Zu entdecken, dass hinter all diesem Lärm auch die Stille immer schon da war und ist, gehört zu den tiefsten und beglückendsten Erfahrungen in der Meditation. Die Erfahrung lässt uns erleben, dass wir im tiefsten Inneren vollkommen und ganz sind.

»Du sollst dieses tiefe Schweigen oft und oft in dir haben und es dir zur Gewohnheit werden lassen, sodass es durch Gewohnheit ein fester Besitz in dir werde«, schrieb der Theologe und Mystiker Johannes Tauler. Wir müssen nicht an Buddha, Jesus oder die Propheten glauben und uns auch nicht einer Religion zugehörig fühlen. Nicht der Glaube und die Geschichte sind entscheidend. Es geht darum, unseren eigenen Wesenskern zu erfahren, das Unsterbliche in uns, das Unwandelbare, das Göttliche. Jon Kabat-Zinn fasste es folgendermaßen zusammen: »Das Herz der Achtsamkeit ist die Entdeckung und Kultivierung der Verbundenheit mit dem, was das Beste und Tiefste in uns ist.« (Kabat-Zinn 2017, S. 55) Achtsamkeit kultiviert durch die stetige Praxis die Verbundenheit mit dem, was das Beste und Tiefste in uns ist: Das ist der Wesenskern, oder, um an Kabat-Zinns Worte anzuknüpfen, das Göttliche in uns.

Aus persönlicher Erfahrung weiß ich, wie stark der Impuls sein kann, die Anteile, mit denen man kämpft, durch Gespräche nach außen zu verlagern oder durch Aktivitäten zu verdrängen. Einer der Gründe, warum Menschen zur Sucht neigen oder süchtig werden, ist, weil sie mit ihren inneren Anteilen, ihren unangenehmen Gefühlen und dem Schmerz nicht klarkommen und all das durch Alkohol, Medikamente, Zigaretten, durch Arbeits-, Sex-, Esssucht, exzessiven Sport und Projektionen der eigenen verdrängten Anteile auf andere fernhalten wollen, durch Medienkonsum und sinnlose Gespräche zu übertönen versuchen. Auch die Sucht nach Wissen und neuen Erfahrungen durch Weiterbildungen, Coaching und Psychotherapie können dazugehören.

Es gilt jedoch, das, was ich fühle, da sein zu lassen und vollkommen und beurteilungsfrei zu erleben, damit es sich wandeln kann. Das ist ein Prozess des Erkennens, des Zulassens, des Einlassens und erst dann Loslassens. Durch das Feuer führt der Weg. Das Feuer ist das Element der Transformation. Willst du zum Kern vordringen, musst du die Schale schmelzen, lautet sinngemäß eine weitere Weisheit von Meister Eckhart.

Der Weg der Wandlung führt nicht selten durch den Schmerz. Die Meditationslehrerin Vidyamala Burch berichtete in einem Interview mit dem Achtsamkeits-Magazin *moment by moment* von ihrem inneren Erwachen nach einer für sie sehr leidvollen Erfahrung. Als junge Frau hatte sie zwei schwere Unfälle, die sie an den Rollstuhl fesselten. Unerträgliche Schmerzen begleiteten sie jahrelang, bis sie eines Tages auf die Intensivstation eingeliefert werden musste. Mit dem Schmerz und dem Widerstand kämpfend, der sich immer mehr aufbaute, wusste sie nicht mehr weiter. Bis ein einziger Moment ihr eine tiefgreifende Erkenntnis brachte. »Es war mitten in der Nacht auf der Intensivstation, der Schmerz war kaum zu ertragen und ich hatte keine Ahnung, wie ich das bis zum Morgen aushalten sollte. Ich hatte große Angst und fürchtete mich … und dann hörte ich eine Stimme, ganz klar, eine innere Stimme, die sagte: ›Du musst nicht bis zum Morgen aushalten, du musst einfach nur diesen Moment leben. Und diesen – und diesen – und diesen …‹ Und mein Leben, meine Wahrnehmung veränderte sich. Anstatt eng und verkrampft fühlte sich plötzlich alles viel weiter und zuversichtlicher an.« (Janosch 2017, S. 40)

Der Gedanke, dass die Erlösung in der Zukunft liegt, gibt Hoffnung, aber schenkt keine Freiheit. »Wenn ich mehr Zeit habe, dann … Wenn ich in Rente bin, dann … Wenn ich mehr Geld habe, dann … Wenn ich gesünder werde, dann … Wenn ich einen anderen Partner habe, dann … Wenn ich einen neuen Job habe, dann …« So strampeln sich viele Menschen auf der Suche nach einem glücklichen und freien Leben Jahr um Jahr ab. Wir verpassen so aber das Leben – wenn wir den Augenblick, so wie er ist, nicht annehmen (vgl. das Kapitel »Im Hier und Jetzt«, S. 19–20).

9.2 Geistiges Fasten

»Verzicht nimmt nicht. Verzicht gibt.«
Martin Heidegger

Das Achtsamkeitstraining kann als eine Art geistig-seelischer Reinigung verstanden werden. In der christlichen Mystik gibt es den Begriff Via Purgativa. Er bezeichnet den Weg der inneren Läuterung und Askese. Das ist der Weg, auf dem der Mensch sich von Ich-Verhaftungen, dem Nicht-Wollen und Haben-Wollen löst. Diese Art seelischer Reinigung kann unliebsame und lang verdrängte Anteile an die Oberfläche bringen: »So wie Eiter, der aus einer entzündeten Wunde herauskommen muss, damit die Heilung einsetzen kann«, wie es Gregor Hasler, Chef-Psychiater an der Schweizer Université de Fribourg, ausdrückte (zit. nach Witte 2021).

In einem Achtsamkeitsretreat entziehen wir den Sinnen für eine gewisse Zeit ihre gewohnte Nahrung. Stell dir vor, du verzichtest mal auf deine täglichen Routinen und Ablenkungen – keine Nachrichten, kein Social Media, kein Smalltalk. Es ist eine Art Entzug, eine Reinigung von dem, was unseren Geist täglich überflutet. In der Stille eines solchen Retreats wird der innere Lärm, den wir normalerweise überhören, plötzlich laut. Vielleicht ist es die Angst vor dem Versagen, die uns beim Blick in den leeren Terminkalender überkommt, oder das Echo alter Verletzungen, die in der Ruhe des Abends auftauchen. Diese Stille macht uns bewusst, was ständig unter der Oberfläche brodelt. Das ist keine sanfte Wellnesskur, sondern ein radikaler Entzug von allem, was uns betäubt. Es ist eine Konfrontation mit dem wahren Selbst, ein Prozess der Reinigung und Regeneration. Du entziehst dich der endlosen Nahrung für die Sinne und wirst so feinfühliger, durchlässiger, echter. Wer schon einmal gefastet hat, kennt das Phänomen: Nach dem Fasten schmeckt das einfachste Essen intensiv. Ähnlich verhält es sich mit der geistigen Entschlackung: Wenn wir den unnötigen Ballast abwerfen, schärfen wir unsere Wahrnehmung für das, was wirklich zählt. Die kleinen Freuden des Lebens, wie das Lächeln eines Kindes oder der Duft von frisch gemähtem Gras, erfüllen uns mit tiefer Dankbarkeit.

Wir leben in einer Welt, die uns betäubt! Wir ertrinken in einem Meer aus Reizen, die immer extremer werden müssen, um uns überhaupt noch zu berühren. Die alten Filme? Zu harmlos. Die Nachrichten? Nicht schockierend genug. Wir sind wie Junkies, ständig auf der Suche nach dem nächsten Kick, um etwas zu fühlen. In der Übung der Achtsamkeit befreien wir uns von gedanklichem und seelischem Ballast und werden transparenter für das, was die reizüberfluteten Sinne nicht wahrnehmen konnten.

»Wenn der Mensch in der Übung der inneren Einkehr steht,
hat das menschliche Ich für sich selbst nichts.
Das Ich hätte gerne etwas,
und es wüsste gerne etwas,
und es wollte gerne etwas.
Bis dieses dreifache ›etwas‹ in ihm stirbt,

kommt es den Menschen gar sauer an.
Das geht nicht an einem Tag
Und auch nicht in kurzer Zeit.
Man muss dabei aushalten,
dann wird es zuletzt leicht und lustvoll.« (Zit. nach Jäger 2010, S. 44)

Johannes Tauler, ein mystischer Denker, warnt uns mit diesen Worten vor der Illusion, dass wir in der Einkehr schnell und leicht Antworten finden. Die Einkehr ist vielmehr ein Kampf, ein Ringen mit dem eigenen Ich, das nicht sterben will. Es ist ein Prozess, der Geduld erfordert, bis man endlich die Freiheit und Leichtigkeit erreicht.

Die Einkehr in der Achtsamkeitspraxis ist das Gegenteil einer Flucht: Sie ist ein Eintauchen in die intensivste Form des Seins. In der Stille des Rückzugs wird dir klar, dass der ganze Lärm, den du zuvor nicht wahrgenommen hast, von dir selbst erzeugt wurde. Es ist eine harte Konfrontation mit der Wahrheit, dass du selbst dein größter Feind bist. Dieser Weg ist nicht immer sanft, kein bloßes Entspannen und Wohlfühlen. Es ist eine radikale Begegnung mit dir selbst – ungeschönt, roh, echt. Es ist der Moment, in dem du erkennst, dass all die Ablenkungen, all der Lärm und das Chaos nur dazu dienten, dich von den leidvollen Aspekten deines Seins abzulenken – von den Herausforderungen, Ängsten und inneren Konflikten, die in dir wohnen.

Vielleicht war es auch die Angst vor deiner wahren inneren Größe – vor dem, was dir als göttliche Kraft, als Licht innewohnt. So unterstrich Nelson Mandela in seiner Antrittsrede: »Unsere tiefste Angst ist nicht, dass wir unzulänglich sind. Unsere tiefste Angst ist, dass wir unermesslich machtvoll sind. Es ist unser Licht, das wir fürchten, nicht unsere Dunkelheit. Wir fragen uns: Wer bin ich eigentlich, dass ich leuchtend, begnadet, phantastisch sein darf? Wer bist du denn, es nicht zu sein?« (Zit. nach Williamson 2019)

Meditation ist kein Luxus, sondern eine Notwendigkeit, um zu überleben in einer Welt, die uns ständig zu überwältigen droht. Sie ist der Anker in einem stürmischen Meer, der Ruhepunkt im Chaos des Alltags. In dieser Stille erkennst du, dass du nicht mehr brauchst, um vollkommen zu sein. Du bist bereits vollkommen – in deiner unvollkommenen Menschlichkeit. Achtsamkeit ist also mehr als eine Übung – es ist eine Lebenshaltung, ein radikales Sich-Entledigen von allem Überflüssigen, um das Wesentliche zu erkennen. Es ist der mutige Schritt, das Bekannte und Tröstliche zu verlassen und sich der nackten Wahrheit zu stellen. Bist du bereit, diesen Schritt zu gehen?

9.3 Achtsames Zuhören

»Man kann auf eine Art zuhören,
die mehr wert ist als das Gefälligste,
was man sagen kann.«
Fürst Charles Joseph von Ligne

Nicht nur das achtsame Sitzen in der Stille – das Abwenden des Blicks vom Außen und die Hinwendung zur Innenschau – ist für die meisten Menschen ungewohnt. Auch das achtsame Zuhören ist in unserem Alltag nicht besonders stark ausgeprägt. Reden, Denken, Tun sind aktive Handlungen. Sie sind evolutionsbiologisch und vor allem in unserer leistungsorientierten Gesellschaft stärker ausgeprägt als empfangende Qualitäten wie das Zuhören.

Wir alle kennen Gespräche, bei denen wir ungeduldig abwarten, endlich selbst etwas sagen zu können. Oder man hört nur deshalb zu, weil man sich nicht traut, seine eigene Meinung zu äußern beziehungsweise weil man nichts zum Thema beitragen kann. Es gibt aber auch die Art von Menschen, die zuhören, um mehr vom Gegenüber und dem, was es sagt, verstehen zu können. Die andere Ebenen der Wahrnehmung beziehen sie mit ein. Was kann ich aus dem Gesicht ablesen? Was »höre« ich, wenn ich meinem Gegenüber in die Augen schaue? Was kann ich seiner Haltung entnehmen? Welche Not offenbart sich mir? Tiefes, echtes Zuhören bedeutet, dem anderen mit Weisheit, Respekt und Demut zu begegnen. Davon erzählt die Geschichte von *Momo*:

> »So kam es, dass Momo sehr viel Besuch hatte. Man sah fast immer jemanden bei ihr sitzen, der angelegentlich mit ihr redete. Und wer sie brauchte und nicht kommen konnte, der schickte nach ihr, um sie zu holen. Und wer noch nicht gemerkt hatte, dass er sie brauchte, zu dem sagten die anderen: ›Geh doch zu Momo!‹ […] Aber warum? War Momo so unglaublich klug, dass sie jedem Menschen einen guten Rat geben konnte? Fand sie immer die richtigen Worte, wenn jemand Trost brauchte? Konnte sie weise und gerechte Urteile fällen? […] Nichts von alledem.
> Was die kleine Momo konnte wie kein anderer, das war Zuhören. Das ist doch nichts besonderes, wird nun vielleicht mancher Leser sagen, zuhören kann doch jeder. Aber das ist ein Irrtum. Wirklich zuhören können nur ganz wenige Menschen. Und so wie Momo sich aufs Zuhören verstand, war es ganz und gar einmalig.
> Momo konnte so zuhören, dass dummen Leuten plötzlich sehr gescheite Gedanken kamen. Nicht etwa, weil sie etwas sagte oder fragte, was den anderen auf solche Gedanken brachte, nein, sie saß nur da und hörte einfach zu, mit aller Aufmerksamkeit und aller Anteilnahme.
> Dabei schaute sie den anderen mit ihren großen, dunklen Augen an, und der Betreffende fühlte, wie in ihm auf einmal Gedanken auftauchten, von denen er nie geahnt hatte, dass sie in ihm steckten.

> Sie konnte so zuhören, dass ratlose oder unentschlossene Leute auf einmal ganz genau wussten, was sie wollten. Oder dass Schüchterne sich plötzlich frei und mutig fühlten. Oder dass Unglückliche und Bedrückte zuversichtlich und froh wurden. Und wenn jemand meinte, sein Leben sei ganz verfehlt und bedeutungslos und er selbst nur irgendeiner unter Millionen, einer, auf den es überhaupt nicht ankommt und der ebenso schnell ersetzt werden kann wie ein kaputter Topf – und er ging hin und erzählte alles das der kleinen Momo, dann wurde ihm noch während er redete, auf geheimnisvolle Weise klar, dass er sich gründlich irrte, dass es ihn, genauso wie er war, unter allen Menschen nur ein einziges Mal gab und dass er deshalb auf seine besondere Weise für die Welt wichtig war.
> So konnte Momo zuhören!« (Ende 1973, S. 14–16)

Ich möchte an dieser Stelle von einer Begebenheit mit meinem Lehrer Willigis Jäger während eines mehrtägigen Schweigekurses berichten. Wie üblich gab es während des Retreats die Möglichkeit, zum Einzelgespräch zu gehen. Ich hatte einiges auf dem Herzen, das ich mitteilen wollte in Bezug auf meine Erfahrungen im Alltag und auf dem Meditationskissen. Ich trat in das Zimmer, verbeugte mich und setzte mich ihm gegenüber. Wir blickten uns tief in die Augen. Es war still. Eine unbeschreibliche Ruhe durchströmte mich. Alles, was an Impulsen, Gedanken und Gefühlen vorhanden gewesen war, war nun verschwunden. Es fühlte sich an, als würde ich von seinem Blick ganz erfasst und durchleuchtet. Es gab keine Fragen und keine Wünsche. Jedes Wort wäre zu viel gewesen. Sein Auge und mein Auge waren ein Auge, und ich war durchdrungen von innerem Frieden. Ich weiß nicht, wie lange wir uns so gegenübersaßen. Nach einiger Zeit verneigten wir uns zum Ende dieses »Gesprächs« und ich verließ das Zimmer. Diese Begegnung lehrte mich, was Zuhören auch bedeuten kann: mit allen Sinnen zuhören, einfach nur da zu sein.

9.4 Bewusst sein

> »Die Definition des Bewusstseins ist Klarheit und Erkenntnis.«
> *XIV. Dalai Lama*

Das Problem in stressigen Situationen ist, dass dabei extrem schnell jene Gehirnregionen aktiv werden, die nach dem Steinzeitprinzip funktionieren beziehungsweise in unserem biologischen System verankert sind: jene, die auf Kampf oder Flucht programmiert sind. Für etwas anderes ist keine Zeit. Die dritte Option, die Schockstarre, tritt meistens dann ein, wenn keine der beiden anderen Alternativen mehr greift oder die Stressbelastung zu groß ist. Das betrifft etwa auch Menschen mit äußerst starker seelischer Belastung. Neben diesen Extremreaktionen gibt aber auch eine Form der subtilen Erstarrung: wenn Menschen sich einen seelischen Schutzpanzer zugelegt haben, um sich vom Leben nicht mehr berühren zu lassen. Das Herz dieser Menschen ist verschlossen und erkaltet.

Wenngleich diese evolutionsbiologischen Automatismen zunächst als ein ausgeklügeltes Programm erscheinen, um uns zu schützen, so sind sie in unseren Alltag nicht immer angebracht. Das Reden vor Publikum, die Kritik des Vorgesetzten oder eine verbale Auseinandersetzung im Alltag sollten uns nicht zur Flucht oder zum Kampf verleiten. Und noch weniger sollten sie uns erstarren lassen. Damit befänden wir uns auf der biologischen Ebene der Reflexe und nicht auf der des Verstandes – des Bewusstseins. Wie bereits ausgeführt wurde, kann die Achtsamkeitspraxis uns helfen, in Stresssituationen von der reaktiven Ebene auf die Ebene des Bewusst-Seins zu kommen. Folgende Übung möchte ich dazu vorstellen.

ÜBUNG »7 Schritte zu bewusster Stressbewältigung«

1. *Komm ins Spüren:* Nimm den Körper wahr, wie er im Moment ist.
2. *Fühle und Benenne:* zum Beispiel »Da ist Angst«.
3. *Nimm deinen Atem wahr:* Beobachte, wie er kommt und geht. Er wird mit der Zeit tiefer und ruhiger werden.
4. *Nimm deine Gedanken wahr:* Ist da Ablehnung oder Widerstand? Versuche ich die Dinge zu bagatellisieren oder zu dramatisieren? Suche ich nach Schuldigen oder hege ich Schuldgefühle gegenüber mir selbst?
5. *Stell dir Fragen:* Wie beeinflusst das Gefühl meine Wahrnehmung und Gedanken? Was ist das Schlimmste an diesem Gefühl? Was möchte mir das Gefühl sagen? Was würde meinem Körper guttun?
6. *Werde aktiv:* Was könntest du tun, sagen, unterlassen? Hilfreich ist dabei, sich ehrlich mit dem Gefühl beziehungsweise dem inneren Anteil in Verbindung zu setzen und eine Abmachung zu treffen, sich diesem zu einem späteren oder zu einem geeigneteren Zeitpunkt zu widmen.
7. *Wertschätze dich selbst:* So wie man einem guten Freund begegnet, sollte man auch zu sich selbst sein: freundlich und hilfsbereit. Das gleiche empathische Gefühl bringe dir selbst entgegen. Dieses Selbstmitgefühl ist eng mit dem Selbstwert verbunden und ein zentraler Schlüssel für ein zufriedenes Leben. Fehlt das Fundament der eigenen Würde, nützen alle Errungenschaft im Leben nichts. Der innere Hunger nagt weiter an dir.

9.5 Liebevolle Disziplin

»Alles Gute verdankt sich liebevoller Disziplin.«
Peter Horton

Es ist nicht ungewöhnlich, dass Teilnehmende in Achtsamkeitskursen sagen: »Das kenne ich schon.« Doch es besteht ein wesentlicher Unterschied zwischen Kennen und Können. Einige Menschen besuchen regelmäßig Kurse zur Persönlichkeitsentwicklung und nehmen an Achtsamkeitsretreats teil, sammeln Erfahrungen mit verschiedenen Meistern und Lehrern – in der Hoffnung, ihrem Ziel näherzukommen. Sie springen von Seminar zu Seminar, von Lehrer zu Lehrer, sehen vieles, lernen aber nichts wirklich. Die Jahre gehen dahin und es ändert sich nichts.

Achtsamkeit basiert vor allem auf Erfahrung. Und für Letztere ist entscheidend, in die Tiefe zu gehen, statt sich in der Breite zu verlieren – besonders in einer von Angeboten überfluteten Welt. Wie bei der körperlichen Fitness, wo sporadisches Üben nicht ausreicht, erfordert auch geistiges Training regelmäßiges und systematisches Üben. Motivation, Ausdauer und Disziplin sind auch in der Achtsamkeitspraxis notwendig. Und obwohl ich nicht unbedingt ein Fan von Begriffen wie Fleiß und Disziplin bin, muss ich zugeben, dass wir ohne sie nicht viel im Leben erreichen würden.

Das Wort Disziplin stammt aus dem Lateinischen (*disziplina*, *disziplinare*) und bezeichnet eine bewusste Selbstkontrolle und Einordnung oder Unterordnung. Letzteres mag nicht so positiv klingen, aber aus meiner Perspektive bedeutet es, den wichtigen Dingen im Leben Priorität zu geben.

In meinen Kursen und im Alltag treffe ich sowohl auf Menschen, die sehr diszipliniert sind, als auch auf solche, die glauben, Disziplin schade ihnen. Einige von ihnen sagen Dinge wie: »Ich musste immer der Beste in der Schule und im Job sein und mich stets beweisen« oder »Ich musste mein ganzes Leben lang kämpfen und jetzt stehe ich vor dem Burn-out«. In solchen Fällen ist es wichtig, sie daran zu erinnern, freundlich mit sich selbst umzugehen. Zum Beispiel durch Übungen des Mitgefühls. Manchmal müssen wir das Harte für das Weiche und das Weiche für das Harte einsetzen.

Achtsamkeit und Selbstmitgefühl erfordern eine Disziplin, die nicht mit Strenge, sondern mit Gelassenheit und Beständigkeit einhergeht. Es geht darum, eine Praxis zu pflegen, die nicht zu Enttäuschung führt, sondern zu einer tiefen, bereichernden Selbstentfaltung, die das innere Wachstum nährt und fördert. Dranbleiben, heißt die Devise. Und manchmal darf es auch hart sein, denn kein Spiel ist spielend zu gewinnen. Sport und Spaziergänge bei kaltem Wetter machen nicht immer Spaß, aber sie sind gesund und wichtig für das innere Gleichgewicht. Hier muss jeder seine Grenzen ausloten. Die Fragen dabei sind immer: Wo unterschreite ich sie und bleibe in der Komfortzone? Wo überschreite ich sie und mache so neue Erfahrungen und wachse über das Alte und Vertraute hinaus? Aber auch: Wo überschreite ich sie und es wird einfach zu viel?

Warum brechen viele ihre Übungspraxis ab? Unsere Sinne sind oft nach außen gerichtet, auf das Materielle fokussiert, und wir verbinden Entwicklung meist mit sichtbarem Wachstum. Achtsamkeitspraxis wirkt jedoch subtiler und immateriell: geistiges Wachstum, Ruhe, Gelassenheit, Reflexionsfähigkeit und Lebensfreude. Das macht es ungemein schwerer, wenngleich der Preis für unsere Disziplin nachhaltig und für unseren Alltag bereichernd ist. Hinzu kommt, dass wir oft den Rat hören, auf unser Gefühl, unsere Intuition zu hören. Doch unsere Gefühle können uns täuschen. Während wir denken, dass unsere vermeintliche Intuition uns etwas Wichtiges mitteilen will, kann sich dahinter auch einfach Unlust, Faulheit verstecken.

Die Praxis der Achtsamkeit kann uns helfen, das Richtige vom Falschen zu unterscheiden und mehr Klarheit zu gewinnen. Wir neigen dazu, aufzuhören, wenn es uns gut geht; und die Motivation zu verlieren, wenn es uns schlecht geht. Ein ähnliches Phänomen erleben wir oft in der Meditation, wo Gedanken das ersehnte Gefühl der Stille stören. Der innere Schweinehund gewinnt, wenn wir nachgeben und uns sagen, dass wir es eben ein anderes Mal versuchen werden. Der Sinn der Praxis liegt ja gerade darin, diese inneren Widerstände zu erkennen und zu überwinden. Denken wir an einen Menschen mit Rückenproblemen, der zur Physiotherapie geht. Anfangs sind die Übungen anstrengend, und er würde sie am liebsten beenden. Er macht aber weiter, weil sie ihm guttun. Nach einiger Zeit geht es ihm immer besser und er denkt nun, dass er sie nicht mehr braucht. Er vernachlässigt das Training und die Probleme treten erneut auf...

Manche haben die Vorstellung, dass durch eine Erfahrung – ob auf der geistig-seelischen oder körperlichen Ebene – die Probleme für immer gelöst werden. In der Regel ist das nicht so. Es bedarf eines kontinuierlichen Trainings – mäßig, aber regelmäßig –, denn wir leben ja nicht in einem statischen Zustand. Täglich sind wir im Alltag neuen Reizen und Interaktionen ausgesetzt und deswegen müssen wir anhaltend trainieren, um unser geistig-seelisches Immunsystem fit zu halten und zu stärken. Nur so können wir den äußeren und inneren Stürmen standhalten. Wir kennen das auch aus der Medizin: Ein trainiertes Immunsystem, welches zum Beispiel durch Sport, Wechselduschen und mit einer angemessenen Konfrontation im Alltag Erfahrungen macht, baut Resilienz, also Widerstandsfähigkeit auf.

Disziplin beinhaltet bewusste Selbstkontrolle und Prioritätensetzung im Leben. Was für den Körper gilt, gilt auch für den Geist. Präsenz, innere Ruhe und Selbsterkenntnis erfordern eine kontinuierliche Praxis. Das bleibt uns nicht erspart. Das Sprechen lernen wir durchs Sprechen, Schwimmen durchs Schwimmen und Achtsamkeit durch Achtsamkeit. Bevor jemand denkt, dass etwas nicht funktioniert, sollte er sich ehrlich fragen, was er in die Sache investiert hat. Eine unterstützende Umgebung kann dabei helfen, am Ball zu bleiben. In der buddhistischen Tradition ist beispielsweise die *Sangha*, die Gemeinschaft, eines der drei Juwelen, die den spirituellen Weg unterstützen.

ÜBUNG »Stärkung der Disziplin und freundlicher Umgang mit sich selbst«

- *Formuliere klare Ziele:* Definiere eindeutig und realistisch, welche Ziele du erreichen möchtest. Wenn du ein Ziel vor Augen hast, fällt es dir leichter, dich zu motivieren und diszipliniert darauf hinzuarbeiten.
- *Strukturiere deine Planung:* Entwickle eine Liste deiner Aufgaben, einen organisierten Zeitplan, um deine Tätigkeiten und Verpflichtungen effektiv zu koordinieren. Eine gute Planung hilft dir, den Überblick zu behalten und effizienter zu arbeiten.
- *Starte mit kleinen Schritten:* Wenn eine Aufgabe besonders herausfordernd erscheint, teil sie in kleinere, machbare Schritte auf. Indem du kleine Erfolge erzielst, stärkst du deine Motivation und Disziplin.
- *Belohne dich selbst:* Setz dir Belohnungen für erreichte Ziele oder Meilensteine. Eine Belohnung kann motivierend wirken und dir dabei helfen, deine Disziplin aufrechtzuerhalten.
- *Finde deine Motivation:* Identifiziere deine persönlichen Motivationsfaktoren. Was treibt dich an? Halte deine Motivation lebendig, indem du dich regelmäßig daran erinnerst, warum du bestimmte Ziele verfolgst.
- *Sei geduldig mit dir selbst:* Disziplin aufzubauen, erfordert Zeit und Übung. Sei geduldig und akzeptiere, dass es Rückschläge geben kann. Wichtig ist, dass du immer wieder aufstehst und weitermachst.
- *Finde die Balance:* Disziplin bedeutet nicht, dass du dich aufopfern musst. Finde eine gesunde Balance zwischen Disziplin und Selbstfürsorge. Achte darauf, auch genügend Zeit für Erholung, Spaß und Entspannung einzuplanen.
- *Übe Selbstreflexion:* Nimm dir regelmäßig Zeit, um über deine Fortschritte, Herausforderungen und Erfahrungen nachzudenken. Selbstreflexion und Achtsamkeit ermöglichen es dir, deine Disziplin zu überprüfen und gegebenenfalls anzupassen.

9.6 Der Alltag als Übungsfeld

»Wer einen Erfahrungsweg bis zum Ende geht, kommt wieder in den Alltag. Dort hat sich alle Erfahrung zu bewähren. Ziel ist nicht eine abgehobene Ekstase, sondern die volle Entfaltung unseres Menschseins. Schauplatz ist der Alltag, der Marktplatz oder, wie es Josef Beuys formuliert hat, der Hauptbahnhof, auf dem das Mysterium stattfindet.

Willigis Jäger

Für die Praxis der Achtsamkeit im Alltag hat der Vater des MBSR, Jon Kabat-Zinn, hilfreiche Prinzipien erstellt (vgl. Kabat-Zinn 2013, S. 88 ff.). Ich habe sie auf Basis meiner eigenen Erfahrungen umformuliert und ergänzt sowie das Prinzip von Freundlichkeit und Humor integriert.

- **Nicht-Urteilen** – das erfordert, von den eigenen Interpretationen Abstand zu nehmen und Dinge einfach nur wahrzunehmen, wie sie im Augenblick sind, ohne den alten Mustern gleich zu verfallen.
- **Geduld** bedeutet, nichts tun und erreichen zu müssen; innezuhalten und nicht gleich zu reagieren. Es ist die Fähigkeit, auf etwas zu warten oder es gar zu ertragen, wenn es unangenehm ist.
- **Anfängergeist** – sich öffnen, Neues zulassen und nicht davon ausgehen, dass man »schon weiß«. Durchdrungen vom Anfängergeist, können wir in einer neugierigen und offenen Haltung staunen und Neues über uns und die Welt erfahren.
- **Vertrauen** in sich und die Welt bedeutet, etwas von den Sorgen, die uns täglich begleiten, loszulassen. Vertrauen heißt, die Kontrolle abzugeben und darauf zu vertrauen, dass die Dinge ihren eigenen Weg gehen werden.
- **Nicht-Erzwingen** heißt nicht vorwegnehmen oder anhaften. Damit ist gemeint, in der gegenwärtigen Erfahrung zu bleiben und nicht an der Vergangenheit haftenzubleiben oder die Zukunft vorwegzunehmen. Es ermutigt dazu, in Einklang mit dem natürlichen Lebensfluss zu stehen und so mehr Gelassenheit im Alltag zu erfahren.
- **Akzeptanz** bedeutet nicht, einfach (fatalistisch) alles hinzunehmen, sondern meint die Bereitschaft, die Dinge anzunehmen. Diese Haltung – »Ja, so ist es« – hilft in der Meditation, unangenehme Gedanken oder Gefühle nicht wegzudrücken, sondern sie wohlwollend und akzeptierend zu betrachten.
- **Loslassen** bedeutet, sich in den Zustand hinein zu entspannen. Entspannung allein bedeutet aber noch nicht, etwas loszulassen. Es geht vielmehr darum, die Kontrolle über etwas aufzugeben.
- **Freundlichkeit** ist von einer öffnenden und empfangenden Qualität. Sie ermöglicht es uns, im Gegensatz zum Widerstand, Neues zu erfahren und zu lernen.
- **Humor** heißt, sich selbst und die Welt nicht zu ernst zu nehmen. Humor schafft Abstand zu eigenen Schwächen und inneren Widerständen. Er fördert eine positivere Lebenseinstellung und erleichtert den Umgang mit Krisen.

Die Prinzipien überschneiden sich teilweise, bringen aber trotz der Überschneidungen jeweils wichtige Aspekte mit ein und unterstützen sich gegenseitig. Zum Beispiel erleichtert das Nicht-Werten die Akzeptanz, fördert das Nicht-Erzwingen den Anfängergeist. Die Akzeptanz wird unterstützt durch Freundlichkeit, Loslassen fällt leichter mit Akzeptanz, Vertrauen hilft dem Anfängergeist.

Nutze die in der folgenden Übung beschriebenen Achtsamkeitsfunken als Gelegenheiten, die Tiefe und Vielfalt der Achtsamkeitspraxis in deinem Alltag zu erfahren. Jeder dieser kleinen Momente trägt dazu bei, ein größeres Bewusstsein und eine tiefere Verbindung zu dir selbst und der Welt um dich herum aufzubauen.

ÜBUNG »Achtsamkeitsfunken im Alltag«

Begib dich auf eine Achtsamkeits-Entdeckungsreise. Wähle ein Achtsamkeitsprinzip aus und integriere es bewusst in *drei* Alltagssituationen. Stell dir vor, du hast eine unsichtbare Lupe, die dieses Prinzip in den kleinen Momenten deines Tages hervorhebt.

- Vielleicht entscheidest du dich für das Prinzip der *Akzeptanz*. Begegnet dir eine Herausforderung, so sage – anstatt dich ihr zu widersetzen – innerlich: »Ja, so ist es jetzt.« Beobachte, wie sich durch diese einfache Annahme die innere Spannung löst und sich ein Gefühl von Frieden breitmacht.
- Oder du wählst das Prinzip der *Freundlichkeit*. Hier könntest du dreimal am Tag bewusst jemanden oder etwas anlächeln: einen Fremden, eine herausfordernde Aufgabe oder dich selbst im Spiegel. Jedes Lächeln wirkt wie ein Sonnenstrahl, der durch die Wolken bricht, deine Umgebung erhellt.
- Wenn du dich für das *Loslassen* entscheidest, finde drei Momente, in denen du bewusst die Kontrolle abgibst. Es könnte so etwas Einfaches sein wie der Entschluss, auf eine provokante Nachricht nicht zu antworten oder eine Aufgabe nicht sofort, sondern später zu erledigen. Spüre, wie sich mit dem Loslassen ein Raum der Freiheit öffnet.
- Widmest du dich dem Prinzip des *Anfängergeistes*, so versuche alles um dich herum mit Neugier und Offenheit zu betrachten, als ob es dein erster Tag auf der Erde wäre. Finde drei Momente, in denen du bewusst innehältst, tief atmest und dich fragst: »Was sehe, höre, rieche oder fühle ich hier zum ersten Mal?« Lass dich von dieser frischen Perspektive überraschen und genieße die kleinen Wunder des Alltags.
- Wähle drei Momente, in denen du normalerweise ungeduldig wirst – sei es im Stau, an der Supermarktkasse oder beim Warten auf eine Antwort. Wende nun das Prinzip der *Geduld* an. Atme tief durch und sage dir: »Dies ist ein Moment des Wartens, des Innehaltens.« Beobachte, wie Geduld deine Wahrnehmung verändert und dir eine ruhigere, gelassenere Haltung ermöglicht.
- Jedes Mal, wenn du das Bedürfnis verspürst, etwas zu haben, zu kontrollieren oder einzugreifen – sei es ein Objekt, ein Gefühl oder eine Situation –, erlaube dir, einen Schritt zurückzutreten. Frage dich: »Was passiert, wenn ich einfach nur beobachte und nicht (ein-)greife?« Experimentiere mit dieser Haltung des *Nicht-Greifens* und erlebe die Freiheit und Leichtigkeit, die sich daraus ergibt.
- Die Praxis der *Nicht-Wertung* kann eine Herausforderung sein, besonders in einer Welt voller Urteile. Versuch, dreimal am Tag eine Situation oder Person ohne vorgefasste Meinungen zu betrachten. Entdecke, wie diese wertfreie Betrachtung dir neue Perspektiven eröffnet.
- Finde drei Gelegenheiten, in denen du normalerweise ernst oder angespannt wärst, und nimm sie bewusst mit *Humor*. Vielleicht, indem du über einen kleinen Fehler lachst oder eine heitere Bemerkung in einer sonst tro-

ckenen Besprechung machst. Lass den Humor eine Brücke bauen zwischen dir und anderen und spüre, wie er die Atmosphäre aufhellt und dich mit deiner Umgebung verbindet.

- *Vertrauen* ist oft am schwersten, wenn wir uns unsicher fühlen. Finde drei Situationen, in denen du Unsicherheit oder Zweifel verspürst. Atme in diesen Momenten tief durch und sage dir: »Ich vertraue dem Prozess.« Ob es darum geht, einem anderen Menschen zu vertrauen, einer ungewissen Situation oder deiner eigenen Intuition – lass das Vertrauen dein Anker sein und beobachte, wie sich deine Einstellung und deine Reaktionen verändern.

Im abschließenden Kapitel dieses Buches nehmen wir uns die Zeit, auf die bisherige Reise zurückzublicken und die gewonnenen Einsichten zu festigen. Dabei möchte ich dir einige abschließende Ratschläge mit auf den Weg geben, die als Leitsterne auf deiner weiteren Reise der Achtsamkeit und Persönlichkeitsentwicklung dienen können.

10 Mach dich auf den Weg

10.1 Sei wachsam und (selbst-)kritisch

Wie jede Erfahrung kann auch eine Erleuchtungserfahrung mit der Zeit verblassen und lässt uns Gefahr laufen, auf einer oberflächlichen Art in der Praxis zu verbleiben. Alte Muster bilden sich dann wieder zurück und neue Automatismen entstehen. Wir müssen also jederzeit wachsam sein und uns und unseren Weg immer wieder kritisch hinterfragen. Portia Nelsons »Autobiography in Five Short Chapters« bringt dies wunderbar auf den Punkt:

> »Ich gehe die Straße entlang.
> Da ist ein großes Loch im Bürgersteig.
> Ich falle hinein.
> Ich bin verloren ... Ich bin hilflos.
> Es ist nicht meine Schuld.
> Es dauert endlos, einen Ausweg zu finden.
> [...]
> Ich gehe dieselbe Straße entlang.
> Da ist ein großes Loch im Bürgersteig.
> Ich tue so, als sähe ich es nicht.
> Ich falle wieder hinein.
> Ich kann nicht fassen, dass ich mich wieder in dieser Situation befinde.
> Aber, es ist nicht meine Schuld.
> Immer noch dauert es endlos, herauszukommen.
> [...]
> Ich gehe dieselbe Straße entlang.
> Da ist ein großes Loch im Bürgersteig.
> Ich sehe es.
> Trotzdem falle ich hinein ... aus Gewohnheit, aber
> meine Augen sind geöffnet.
> Ich weiß, wo ich bin.
> Es ist *meine* Schuld.
> Ich komme sofort heraus.
> [...]
> Ich gehe dieselbe Straße entlang.
> Da ist ein großes Loch im Bürgersteig.

Ich gehe darum herum.
[...]
Ich gehe eine andere Straße entlang.«[9] (Nelson 1993, S. xii)

Das Sitzen mit einem »Vakuum im Kopf« wird uns nicht weiterbringen. Viele Menschen meditieren jahrelang, ohne dass sich viel verändert. Im Zen habe ich die Erfahrung des langen Sitzens in der Stille aber intensiv erfahren. Die immer wiederkehrende Konfrontation mit meinen auftauchenden Gedanken und Gefühlen, das bewusste Aushalten und nicht Ausagieren hatte oftmals einen heilsamen und transformierenden Effekt. Manchmal kann dieser Prozess aber auch ins Stocken geraten, und es tut sich nichts. Der Zen-Meister Ama Samy rät diesbezüglich: »Sitzen, sitzen, endlos lange in Zazen sitzen. Als ob dies das ganze Zen wäre.« (Samy 2005, S. 64)

Die Hirnforschung zeigt, dass sich durch kontinuierliche Praxis, wie beim Geige spielen, die Gehirnstruktur durch Neuroplastizität verändert und neue neuronale Verbindungen entstehen. Dieser Prozess ermöglicht es uns nicht nur, neue Fähigkeiten zu erlernen, sondern auch, uns in unbekannten Situationen zu orientieren und komplexe Zusammenhänge zu verstehen. Die Fähigkeit des Gehirns zur Neurogenese, der Bildung neuer Nervenzellen, unterstreicht das unendliche Potenzial unseres neuronalen Netzes, sich anzupassen und zu wachsen (vgl. ARD Alpha 2024).

Stille muss nicht nur aus Stille bestehen. Oft folgt sie gar nicht auf diese beziehungsweise kann sie den inneren Lärm sogar verstärken, denn wenn es im Außen still ist, wird es innen laut. Innere Stille ist manchmal nach einem Ausbruch der Gefühle erfahrbar. Nachdem sich zum Bespiel das Gefühl im vollen Bewusstsein entladen hat, kehrt wahre Stille ein. Auch tiefgreifende und ehrliche Gespräche können dies unterstützen. Ebenso können Musik oder ein Liebesakt die Ich-Struktur auflösen und einen in die Tiefe des Seins führen.

Es gibt Menschen, bei denen ein spirituelles Über-Ich entstanden ist und die dann anfangen, »spirituell« zu reden, zu laufen, zu essen; Dinge zu tun, die ihnen selbst und anderen den Eindruck vermitteln, irgendwie spiritueller und besser zu sein. Das ist nichts anderes als eine neue Maske. Wir kennen Masken etwa aus dem Karneval. Menschen nutzen die Anonymität und Narrenfreiheit, wenn sie ihr Gesicht nicht zeigen müssen. Warum trauen wir uns nicht, unser wahres Gesicht zu zeigen? Im Zen gibt es ein Koan, das die Frage stellt: »Wie sah dein Gesicht vor der Geburt deiner Mutter aus?« Es geht darum, jene Masken, die wir aus Angst oder aufgrund falscher Vorstellungen unbewusst tragen, zu erkennen und abzulegen.

Im Buddhismus ist vielfach die Lehre vom Nicht-Selbst (*Anatta*) Thema. Diese Lehre besagt, dass das, was wir als Selbst betrachten, eigentlich eine Ansammlung von sich ständig verändernden Phänomenen ist. Diese Sichtweise fördert das Loslassen von festen Identitäten und eröffnet einen Weg zu tieferer Freiheit und Gelassenheit. Es geht dabei um Folgendes: »Du sollst der werden, der du bist« (Nietzsche 1883) – ein einzig-

9 Übersetzung des ursprünglich englischen Zitats: RK.

artiges Wesen mit all den Eigenschaften, die dich ausmachen. Ein *ganzer* Mensch, vollkommen in seiner Unvollkommenheit.

Meditation ist Arbeit, unter anderem eine Auseinandersetzung mit inneren Widerständen, bei der man, bildlich gesprochen, ordentlich ins Schwitzen kommen kann. Widerstände sind im Leben nicht immer von Nachteil. So kann ein Muskel nur durch Widerstand wachsen. Neue Pfade können sich erst dann bilden, wenn wir immer wieder durch das Gras gehen, das auf dem Weg gewachsen ist.

Um innere Widerstände lösen zu können, braucht es eine ehrliche, kritische Auseinandersetzung mit sich selbst. Wer bin ich wirklich? Was macht mich im tiefsten Kern aus? Was ist mein Weg? Was will ich im Leben? Bei diesen Fragen kommen wir unweigerlich auch mit unseren Schattenseiten, unseren Ängsten, Aggressionen und anderen unangenehmen Gefühlen in Kontakt. Wenn wir das aushalten und all diese Facetten in einer liebevollen Akzeptanz zulassen, dann kann wirkliche Wandlung entstehen.

Nutze die folgende Übung, um deine Selbstwahrnehmung zu schärfen und bewusstere Entscheidungen im Alltag zu treffen. Es geht darum, eingefahrene Wege zu verlassen und neue Pfade der Achtsamkeit und persönlichen Entwicklung zu entdecken.

ÜBUNG »Dein Weg zur bewussten Veränderung«

Denk an Situationen zurück, in denen du metaphorisch in ein »Loch« gefallen bist. Wann bist du einfach hineingefallen? Wann hast du es kommen sehen und trotzdem nichts unternommen?

- *Alltagsbewusstsein:* Halte eine Woche lang in einem Notizbuch fest, wann du automatische Muster wiederholst und wann du bewusst anders handelst. Beobachte, wie sich das jeweils auf dein Wohlbefinden auswirkt.
- *Experiment der Wahl:* Wähle bewusst eine Situation aus, in der du normalerweise nach einem festen Muster vorgehst. Ändere diesmal deine Reaktion. Spür nach, wie sich das anfühlt.
- *Meditation:* Nimm dir täglich Zeit für eine kurze Meditation. Konzentriere dich auf deine Atmung und beobachte deine Gedanken, ohne zu urteilen. Kehre immer wieder sanft zu deinem Atem zurück.
- *Tiefgründiges Gespräch:* Sprich mit einer Person deines Vertrauens über deine Beobachtungen. Teile deine Gedanken über Veränderungen in deinen Reaktionen und Gefühlen.

10.2 Werde, wer du bist

Wenn wir jung sind, haben wir Bezugspersonen und Vorbilder, die wir meist unbewusst imitieren. Das gehört zum impliziten Lernprozess eines jeden Menschen. Wir wollen dazugehören und ahmen Menschen nach, die wir gut finden und die für uns relevant sind – wie das Adlerküken in der folgenden Geschichte:

»Es war einmal ein Adlerküken, das in seinem Nest saß, über das während einer dunklen Herbstnacht ein gewaltiger Sturm hereinbrach. Der Sturm war so heftig, dass es aus seinem Nest geblasen wurde und in die Tiefe hinabfiel. Verzweifelt flatterte das Adlerküken mit seinen kleinen Flügeln, in der Hoffnung den Sturz noch etwas abfangen zu können. Doch es schlug unsanft auf den Boden auf und blieb benommen liegen, während der Sturm weiter wütete.
Am nächsten Morgen kam der Sturm zum Erliegen. Die Luft war klar und rein. Ein Junge von ungefähr sieben Jahren war auf dem Weg von seinem Bauernhof zum Markt im Dorf. Er pfiff ein heiteres Liedchen vor sich hin, als er plötzlich neben sich ein Häufchen Daunenfedern im Gras bemerkte. Aufgeregt und erschrocken sah er, dass es ein Adlerküken war. Ein echter Adler! Zwar mehr tot als lebendig, aber doch: ein Adler!
Er nahm den verwundeten Adler in seine Hände und lief so schnell er konnte zurück zum Bauernhof. Dort versorgte er die Wunden des Adlers. Der kleine Adler schien stark und würde es wohl überleben, aber er hatte Pflege nötig. Aus Mangel an Besserem brachte der Junge den Adler in den Stall zu den Hühnern. So hatte dieser auf jeden Fall Gesellschaft.
Schnell kam der Adler wieder zu Kräften und fand es herrlich bei den Hühnern. So lange war er allein gewesen, immer nur in einem Nest, hoch oben in den Bergen. Der Adler fing an mit den Hühnern zu picken, zu scharren und mit seinen kräftigen gelben Zehen eine Kuhle in die Erde zu graben, um bequem darin zu liegen. Irgendwann gab er sogar eine Art gackerndes Geräusch von sich, um mitzufeiern, wenn eins der Hühner mal wieder ein Ei gelegt hatte. Der Adler verhielt sich wie ein Huhn. [...] Nach einer Weile nahm [der Junge] den Jungadler aus dem Hühnerstall und brachte ihn auf den Hof. ›Flieg!‹, rief er dem Adler zu. Der Adler aber machte keine Anstalten zu fliegen. Im Gegenteil. Er stolzierte keck herum, als wäre er ein Huhn. Nach vielen Versuchen steckte der Junge den Adler wieder in den Hühnerstall.
Ein paar Monate später versuchte es der Junge erneut. Nun kletterte er jedoch mit dem größer gewordenen Adler auf das Dach der Scheune. Aber der Adler bewegte nicht einmal seine Flügel. Unverrichteter Dinge kletterte der Junge herunter und steckte den Adler wieder zu den Hühnern, wo der Greif sein Hühnerspiel schnell wieder aufnahm.
Es dauerte ungefähr ein Jahr, bis der Junge einen erneuten Versuch mit dem ausgewachsenen Adler unternahm. Er nahm den riesigen Vogel auf seinen Arm und kletterte mit ihm auf einen Berg. Es war ein hoher Berg und der Aufstieg war scher, aber schließlich erreichten sie den Gipfel. Dort befand sich ein Felsplateau. Nun müsste der Adler doch endlich fliegen. Aber es geschah nichts – bis der Junge sich irgendwann mit dem Adler auf dem Arm umdrehte, sodass der Adler zufällig direkt in die Sonne blickte. Da stieß der Adler einen Schrei aus, rang sich los, schlug einige Male mit seinen mächtigen Flügeln und glitt hinweg, der Sonne entgegen.

> Er flog höher und höher, bis er eins wurde mit dem endlosen Blau des Himmels.« (Stoorvogel & Poppe 2015, S. 13–14)

Mit der Zeit verändern sich unsere Sichtweisen und so kann es sein, dass wir uns von denen, die für uns mal interessant waren, entfernen. Sowohl im privaten als auch im beruflichen Bereich habe ich diesbezüglich unterschiedliche Erfahrungen gemacht. Als Jugendlicher verkehrte ich manchmal mit Leuten, die für meine Entwicklung weniger förderlich waren, und so suchte ich nach Möglichkeiten, mich weiterzuentwickeln. Dazu musste ich neue Wege gehen und mich vom Gewohnten trennen. Heute kenne ich mich besser und kann meinen wahren Bedürfnissen treu sein. Spüre ich Widerstand oder Anhaftungen, lässt mich das aufhorchen. Dann reflektiere ich meine Gedanken, Gefühle und Handlungen und stelle mir folgende Fragen: Will ich das wirklich? Tut mir das gut? Ein wichtiger Indikator ist für mich, ob ich im Fluss bin. Hier dient mir vor allem mein Körper als Referenz – ich spreche in diesem Zusammenhang gerne von einer Körper-Geist-Beziehung. Fühle ich im Kontakt mit einem Menschen oder in einer Situation Wärme und Offenheit beziehungsweise ist mein Körper entspannt, deutet das auf ein Ja hin. Spüre ich Enge oder Anspannung, deutet das auf ein Nein hin. Der Kopf sieht manche Dinge anders, ich aber habe gelernt, auch auf meinen Bauch zu hören. Es ist mir wichtig, Dinge zu tun, die sich für mich wirklich stimmig anfühlen.

Wir machen so vieles, um uns anzupassen, um einem Idealbild zu entsprechen oder zu sein, wie es andere wollen. Das ist anstrengend und lässt uns nicht gelassen und im Fluss des Lebens sein. Wenn wir auf unser Innerstes hören, werden wir feststellen, dass vieles, was wir machen, nicht im Einklang mit uns selbst ist. Eine Weisheit besagt: »Spannung ist, wer du glaubst sein zu müssen. Entspannung ist, wer du bist.«

Es ist nicht natürlich, gepresst zu amten; steif den ganzen Tag im Bürostuhl zu sitzen; zu lachen, obwohl man innerlich vor Wut kocht. Mach dir im Alltag öfter bewusst, wie du unterwegs bist. Wie spontan bist du? Wie oft hast du heute von Herzen gelacht? Wie viel Freundlichkeit hast du dir und anderen geschenkt? Wie viel Neues hast du ausprobiert? Spontanität, Ehrlichkeit, Freundlichkeit und Mitgefühl sowie der Zusammenhalt untereinander machen das Leben freudvoller und leichter. Vieles, was wir in der Achtsamkeit lernen, soll uns zur Natürlichkeit bringen – in einen Zustand, den wir eigentlich von Geburt an kennen. Als Kinder mussten wir dafür nicht viel tun. Wir atmeten als Babys tief, waren als Kinder spontan und lachten, wenn wir uns wohl fühlten. Wir weinten, wenn wir Schmerzen hatten und wenn es uns nicht gut ging. Wir waren wütend, wenn unsere Grenzen überschritten wurden, und das zeigten wir denen, die sie überschritten hatten. Heute fühlen wir nicht mehr viel von diesen Gefühlen, und falls ja, dann halten wir sie zurück – aus Angst vor Ablehnung.

Es gab Zeiten, in denen ich beruflich gut verdiente, aber nicht glücklich war; umgeben von Menschen, die erfolgreich und für viele interessant waren, aber mit denen ich nichts anfangen konnte. Wenn Personen wegen Fragen zur Berufs- und Neuorientierung zu mir kommen, betone ich immer wieder, dass sie zwar möglichst viele Informationen für ihre Entscheidung sammeln sollten, aber am Ende vor allem die praktische Erfahrung machen und auf das Gefühl dabei hören sollten. Jungen Erwachsenen, die eine

Ausbildung oder ein Studium beginnen möchten, stehen heutzutage viele Informationsquellen zur Verfügung: Bücher, Broschüren, Veranstaltungen, auf denen man sich mit Fachleuten unterhalten kann. Das alles ersetzt aber nicht die praktische Erfahrung.

Ich erinnere mich an eine Begebenheit, bei der ich in Frankfurt am Main auf einem japanischen Festival den sogenannten Taiko-Trommlern begegnete. Zufällig schlenderte ich mit meiner Frau an der Gruppe vorbei, als sie zu spielen begannen. Der Ton, der Rhythmus der Trommeln und die Energie erfassten mich, und ich erlebte in mir eine besondere Kraft. Mein Körper vibrierte. Als die Vorführung geendet hatte, verspürte ich eine starke Lebendigkeit und zugleich eine ebenso starke Sehnsucht, etwas Wehmütiges. So etwas wie das Adlerküken in der oben zitierten Geschichte. Es war das Kraftvolle, die Energie, die ich immer auch in den Kampfkünsten gespürt hatte, die ich 30 Jahre lang betrieben und mit denen ich irgendwann aufgehört hatte. An diesem Tag in Frankfurt lebte sie in mir wieder auf – und mit ihr die Frage: Wer bin ich?

Ich bin viele, würde ich heute sagen. Nicht im Sinne einer Persönlichkeitsstörung, sondern im Sinne von Anteilen, die wir alle in uns tragen. Ich erlebte mich zeitlebens oft als Kämpfer, und das gab mir Kraft. In vielen Lebenssituationen musste ich stark sein und mich durchkämpfen. In den Kampfkünsten bot sich mir die Möglichkeit, diesen Anteilen genügend Raum zu geben und sie zu entfalten. Später erlebte ich in mir auch weiche Seiten: die eigene Verletzlichkeit und Sensibilität. Als junger Mann – aus einem Umfeld stammend, in dem Weichheit und Sensibilität eher als Schwäche gesehen wurde – hatte ich anfangs damit meine Schwierigkeiten. Später, vor allem durch den Weg der Achtsamkeit, wurde mir ein anderes Verständnis zuteil: In der Weichheit steckt viel mehr Kraft als in dem sichtbar Kraftvollen. Das Weiche ist der Eros, der Gott der Liebe, oder wie im Taoismus das Yin, das für Dunkelheit, Ruhe, passives Empfangen steht. Um zu seinem Kern vorzudringen, braucht es Lebenserfahrung und einige Experimente, die uns weiser und erkenntnisreicher machen. Somit ist es eigentlich das Leben selbst, das uns zu uns führt. Dabei können uns Fragen leiten oder auch Symptome hinweisen, als eine Art Weckruf, sich auf das Wesentliche im Leben zu besinnen.

10.3 Finde die goldene Mitte

Das Haben-und-machen-Wollen geht primär von der Domäne unseres Verstandes aus. Das Loslassen hingegen ist ein Zustand des Öffnens, eine passive Haltung. Im Taoismus werden diese beiden Eigenschaften beziehungsweise Dynamiken als Yin (passives Empfangen) und Yang (aktives Geben) bezeichnet, dargestellt in einem Kreis mit schwarzem (Yin) und weißem (Yang) Anteil, die ineinander liegen und je eine Hälfte des Kreises, zusammen ein Ganzes bilden. Idealerweise sind beide Anteile in einem ausgewogenen Verhältnis in uns vorhanden. Es geht dabei nicht um Polarität, Dualität, Extreme, sondern um ein ausgewogenes Verhältnis unserer Anteile – und das sind wie gesagt mehr als nur zwei –, um die goldene Mitte, um Balance.

Es wird erzählt, dass Buddha, ehe er erleuchtet wurde, immer wieder Neues ausprobierte. Unter anderem versuchte er sich in der Askese, die auch heute in vielen Religionen noch eine Rolle spielt. So saß er meditierend und fast ausgehungert unter einem Baum am Ufer eines Flusses, als er zufällig ein Gespräch zwischen einem älteren Mann und einem Jungen vernahm, die in einem Boot unterwegs waren. Der Junge hielt eine Zita, ein in Indien bekanntes Zupf- beziehungsweise Seiteninstrument, und versuchte eine Melodie anzustimmen. Der ältere Mann gab ihm den Rat: »Du darfst die Seiten nicht zu lasch spannen, dann erklingt die Melodie nicht. Du darfst sie aber auch nicht zu stark spannen, denn sonst gehen sie kaputt und dann gibt es auch keine Melodie.« In diesem Moment erkannte Buddha das Extreme seines Verhaltens und dass die Lösung darin liegt, den Mittelweg zu finden. In diesem Moment hörte er auf zu fasten (vgl. Thanissaro Bhikkhu 2010).

Mir begegnen in meiner Beratung Menschen, die von ihrem Naturell her warmherzig und intuitiv sind und in Führungsetagen den knallharten Manager geben (müssen); oder analytische Menschen, Macher, die sehr leistungsorientiert sind und doch in Positionen arbeiten, in denen Empathie und Geduld gefragt sind. All diesen Personen wird ihre Arbeit nicht gerecht und in ihren Rollen werden sie auch anderen nicht gerecht. Die Frage, die sich hier dann stellt, ist: Wer bin ich? Erst wenn ich das herausgefunden habe, kann ich mir und anderen gerecht werden.

Bekanntlich führen viele Wege nach Rom. Welcher aber ist für mich der richtige? Wie kann ich mich in der Tiefe kennenlernen und verstehen? Wie komme ich endlich bei mir selbst an? Kann ich äußere und innere Zustände zulassen? Mit ihnen sein? Meine Vorstellungen über mich und die Welt loslassen und die inneren Turbulenzen aushalten?

In einem achtsamen Zustand können wir all unseren Emotionen und inneren Glaubenssätzen neu begegnen und sie in einer neugierigen Haltung erforschen. Was sind das für Gedanken, die ich über mich und andere habe? Welche Gefühle tauchen auf und wie beeinflussen sie mein Denken, mein Fühlen, mein Handeln? Durch die offene Begegnung und das Zulassen verlieren sie an Macht. In der tiefsten Form ist dieses Zulassen ein Loslassen. Ein *Ver*geben. Zu vergeben, heißt nicht unbedingt, zu vergessen und zu verzeihen, sondern es bedeutet, die eigenen Erwartungen an mich und andere loszulassen – wie die Welt und die anderen sein sollten, die Eltern, der Partner ... Dann kann wie durch ein Wunder das Unerwartete entstehen: Veränderung.

In spirituellen Kreisen wird manchmal vom *Bypassing* gesprochen – einem Umweg oder gar einer Flucht vor der Wahrheit und dem, was mich hindert, mich auch dem Schmerzhaften zuzuwenden. So schreibt Carl Friedrich von Weizsäcker über die Ausrichtung der Meditation: »Also es ist nicht eine Flucht in die eigene Innerlichkeit, sondern es ist ein Sichstellen gegenüber denjenigen inneren Hemmnissen, die einen hindern, sich seinen Mitmenschen und der Wirklichkeit zuzuwenden« (von Weizsäcker 1977, S. 530). Und weiter: »Ein großer Teil der sogenannten aktiven Zuwendungen zur Wirklichkeit ist ja nur eine Flucht davor, einmal sich selber anzusehen.« (Ebd.) Und dieser Weg der Zuwendung führt immer auch durch das Leid.

In meinen Kursen erlebe ich viele Teilnehmende als starke Persönlichkeiten. Vielleicht würde man eher das Gegenteil vermuten: dass es fragile Menschen sind, die Halt und Hilfe suchen. Das ist gemäß meiner Erfahrung nicht so – erfordert der Weg der Selbsterkenntnis doch Mut und Disziplin.

Das Wort Persönlichkeit steht im psychologischen Bereich für die »Gesamtheit der individuellen Fähigkeiten, Dispositionen und Eigenschaften im Erleben, Denken und Verhalten eines Individuums (die sich in der Auseinandersetzung mit seiner Umwelt entwickelt und ausprägt)« (dwds 2023). Der Begriff *persona,* auf den das Wort Persönlichkeit etymologisch zurückgeht, kommt aus dem Lateinischen und bedeutet unter anderem Maske oder Rolle (eines Schauspielers) und im weiteren Verlauf der Sprachgeschichte dann »das Wesentliche im Menschen, [seine] Individualität« (Ebd.) Mit einer Persönlichkeit assoziieren wir gemeinhin heute eine gefestigte Person, die an sich selbst glaubt. Im Prinzip, und im Hinblick auf die Wortbedeutung, bezeichnet der Begriff aber auch Deprimierte und Ängstliche. Auch eine solche Person ist gefestigt in ihrer Meinung, auch sie glaubt an sich und ihren »Wert«: dass er geringer ist. Der eine identifiziert sich mit einem »Ich bin gut«, der andere mit einem »Ich bin nicht gut«. Diese Identifikation kann sich auch auf einen bestimmten Personenkreis, eine Bildungsschicht, auf Nationalitäten sowie Religionszugehörigkeiten ausweiten. Für ein Kleinkind gibt es keine Nationalität oder Religion, kein Arm oder Reich. Es fühlt sich unvoreingenommen verbunden mit dem, was es umgibt.

Im Leben geht es darum, dass jeder, wie in der im vorherigen Kapitel zitierten Geschichte des Adlers, seinen wahren Kern entdeckt und sich von seinen Masken, falschen Rollen, Identifikationen befreit – um schließlich zwischen allen Extremen zu seiner Mitte zu finden. Es sind unsere Geschichten, mit denen wir uns identifizieren. Wenn wir uns von den Schichten der eigenen Ge-Schichten lösen, werden wir den wahren Kern in uns, unser Selbst, zur Entfaltung bringen.

10.4 Erkenne deinen (Selbst-)Wert

Im Einzelcoaching oder in den Gruppenkursen begegnet mir immer wieder das Thema Selbstwert. Es ist unabhängig vom Alter, Beruf und Bildungsniveau. Es betrifft alle sozialen Schichten, ist ein fundamentales Thema. Es ist das Lebenselixier und die Grundvoraussetzung für ein zufriedenes Leben.

Stell dir vor, du findest ein Stück Gold. Wahrscheinlich freust du dich, da es einen Wert hat. Plötzlich fällt es dir aus den Händen. Du trittst darauf und schleifst es über den Boden. Das Goldstück ist nun schmutzig und zerkratzt. Hat dieses Goldstück etwas an seinem Wert verloren? Nein. Denn egal, ob es verdreckt und zerkratzt ist oder sich in seiner Form verändert, sein Wert bleibt erhalten.

Ich habe einen Hund und wir, das heißt meine Kinder, meine Frau und ich, lieben ihn. Leistet er etwas dafür? Nein, im Gegenteil. Wir müssen ihm Futter geben, ihn pflegen, seine Häufchen beim Spazierengehen entsorgen und so einiges anderes tun. Würdest du ihn fragen, ob er einen Wert hat, würde er dich einfach anschauen und erwarten, dass du ihm was zu fressen gibst. Die Frage interessiert ihn nicht. Er ist einfach nur da.

Nun, wir sind weder ein Stück Metall noch ein Tier. Wir Menschen sind viel komplexer. Unser Ich-Bewusstsein hat sich im Laufe der Jahrtausende weiterentwickelt und es bildeten sich unterschiedliche Mentalitäten, die für das Überleben notwendig waren. Der Mensch musste sich an die Umstände anpassen und unterschiedliche Rollen in seiner komplexen Welt einnehmen. Er erkannte, dass das Bild, das die anderen von ihm haben, für ihn nützlich oder gar lebensnotwendig ist. Auch heute nehmen wir, meist unbewusst, solche Rollen ein: zum Beispiel als fürsorgender Elternteil, als Angestellter, als Führungskraft oder einfach als guter Freund. Sowohl in der buddhistischen Psychologie als auch in den Neurowissenschaften herrscht die Erkenntnis, dass wir kein festes, unveränderbares Ich-Bewusstsein besitzen. Wir haben einen festen Körper, aber unser Geist ist frei und wandelbar. Abhängig von der Situation, in der wir uns befinden, und unseren Interpretationen übernehmen unterschiedliche Seiten in uns die Regie auf der inneren Bühne. Wir Menschen können so unterschiedlich sein – und sind manchmal selbst davon überrascht. Wir kennen hierzu vielen Redewendungen: »Ich stand wie neben mir«, »Ich falle in der Situation immer wieder in die / aus der Rolle«, »Ich war nicht ich selbst« etc.

»Zwei Seelen wohnen, ach!, in meiner Brust«, lässt Goethe Faust sagen (Goethe 1922, S. 225). Auch in anderen Büchern und Filmen wird dieser Aspekt oft verarbeitet, zum Beispiel in den Figuren Dr. Jekyll / Mister Hyde, Hulk, Superman und Batman. Da gibt es im beruflichen Alltag den netten und ruhigen Clark Kent der, wenn es darauf ankommt, zum Supermann wird etc. Tatsächlich sind es aber sehr viel mehr als zwei »Seelen«, die in uns wohnen. Und der jeweilige Persönlichkeitsanteil, der zu einem gewissen Zeitpunkt im Vordergrund steht, bestimmt dann unsere Sicht auf die Welt und filtert unsere Wahrnehmung. Unter anderem ist unserer Körper ein Aspekt dieser Bedingungen. Wenn wir erschöpft oder krank sind, können sich Anteile der Lustlosigkeit oder Traurigkeit leichter durchsetzen. Unsere inneren Anteile, die ein- und ausgehen und miteinander interagieren, streben danach, uns im Alltagsleben zu begleiten, was mal erfolgreich und mal weniger erfolgreich sein kann. Es passiert nicht selten, dass wir in gewissen Verhaltensmustern feststecken, die vielleicht im beruflichen Kontext sinnvoll sind, aber im privaten Leben nicht dieselbe positive Wirkung entfalten. Diese unterschiedlichen Facetten unseres Seins spiegeln die Komplexität unserer Persönlichkeit wider.

Wir alle spielen zu unterschiedlichen Zeiten eine Rolle. In den MBCL-Kursen gibt es eine Übung, die »So tun als ob« heißt. Dabei gebe ich den Teilnehmenden die Anweisung, im Alltag bewusst eine Rolle einzunehmen, die ihnen sonst eher fremd ist. So könnte sich eine Person, die normalerweise eher zurückhaltend ist und sich lieber im Hintergrund hält, mehr in den Mittelpunkt stellen. Eine andere, die vielleicht viel und gerne spricht, würde das Gegenteil davon tun. In diesem Experiment kann man auf spielerische Weise den eher unterentwickelten Anteilen Raum geben und so neue Erfahrungen sammeln. Nach dieser Übung berichten mir manche, dass ihnen die Rolle künstlich erschienen sei und sie sich nicht authentisch gefühlt hätten. Das ist zunächst verständlich, da sie mit ihrer alten Rolle stark identifiziert sind und das Neue für sie unbekannt und fremd ist. Es gibt neben all den Rollen in uns einen Teil, der mitspielt und doch auch nicht; der beobachtet und sich wundert; der von all den Identifikationen frei ist und einen unsichtbaren und sicheren Halt hat. In diesem Teil lösen sich alle Fragen auf der personalen Ebene auf. Es ist ein »Ich bin«. Zu finden sind diese Worte schon im Alten Testament. Da offenbart Gott sich Mose auf die Frage nach seinem Namen mit den Worten: »Ich bin, der ich bin«. Danach kommt nichts mehr. Das ist das reine Bewusst-Sein. Es ist frei von jeglicher Identifikation. Es ist ein Sein ohne Haben. Wir haben unseren Wert erkannt.

10.5 Verlass die Heimat

Auf meinem Weg der Achtsamkeit und vor allem im Alltag werde ich immer wieder mit meinem Ego konfrontiert. Mittlerweile sehe ich all diese Konfrontationen als Übung an, für die ich dankbar bin. Es sind Feedbacks, Geschenke von meinen Mitmenschen, von meiner Familie und all den Dingen, die mir täglich begegnen. Ich glaube nicht an die Egolosigkeit, sie habe ich bisher bei keinem Lehrer und Meister gesehen. Ich glaube an die Entschleierung und Erhellung des Ego-Bewusstseins und an die Befreiung von falschen Identitäten und Konzepten, an denen wir alle mehr oder weniger festhalten. Das Ego oder das Ich-Bewusstsein braucht eine stabile Identität. Die Identifikation mit sozialen und kulturellen Rollen, die aus dem Kulturkreis des Individuums entstanden sind, gibt ihm Halt und Orientierung. Das heißt, ein soziales System schreibt implizit bestimmte Werte und Normen vor, die mit Erwartungen verknüpft sind. Im Laufe des Lebens baut das Ich-Bewusstsein über diese verschiedenen Identifikationen seinen Wert auf. Daneben gibt es einen angeborenen Teil der Persönlichkeit. Dieser ist im Kern von Geburt an relativ gleichbleibend. So gibt es Personen, die eher introvertiert oder extrovertiert sind. Manche sind sensibler, andere unempfindlicher und robuster. Sowohl neurobiologische als auch epigenetische Faktoren spielen dabei eine Rolle.

Unsere Persönlichkeit – beziehungsweise unser Selbstbild – bleibt einigermaßen stabil, solange die Identifikationssäulen, die das Ego aufrechterhalten, nicht erschüttert werden. Was aber, wenn das passiert? Die meisten Herausforderungen, denen wir begegnen, wurzeln auf der Ebene des Egos, unserer persönlichen Identität. Jenseits davon erstreckt sich die weitreichende transpersonale Ebene. Herkömmliche Praktiken in Persönlichkeitsentwicklung und Therapie zielen oft darauf ab, das Ego zu stärken, um Schwierigkeiten auf dieser individuellen Ebene anzugehen. Diese Methoden mögen zwar eine gewisse Ordnung und Verbesserung herbeiführen, eine tiefgreifende Wandlung oder grundlegende Transformation bleibt jedoch aus. Dies lässt sich bildlich so darstellen: Es ist, als würden wir lediglich die Möbel innerhalb derselben Etage neu arrangieren, obwohl das Leben manchmal verlangt, komplett in eine neue Etage oder gar ein anderes Haus umzuziehen.

> »Geh, verlaß die Heimat, die Welt, darin du geboren bist, darin du dich eingerichtet hast – das Haus voll von den Namen der Dinge, die um dich sind, laß alles, was dir die Sprache über sie zu wissen gibt, laß auch alles, was dir die Wissenschaft über sie zu wissen gibt, laß auch die Begriffe, mit denen du nach den Dingen greifst –
>
> laß dieses Haus hinter dir, geh! Dann wirst du, vielleicht wirst du dann dem Anderen begegnen, für das du weder Namen noch Wissen noch Begriffe hast, dem ur- und ingründig Wirklichen und Wirkenden begegnen. Du wirst ›schauen‹ [...]
>
> Dann ist kein Ding mehr, was es dir zuvor gewesen, ein jedes, eins um das andere,
> wird dir einen Namen sagen, den du nicht nachsprechen kannst [...]
>
> Und dann wird dir, vielleicht wird dir dann aus allem und jedem, das um dich ist, das Unnennbare erscheinen,
>
> und du wirst jene Stimme hören, die du noch nie gehört, sehr nah und gewaltig wirst du sie rufen hören:
>
> ICH BIN DA!« (Stier 1981, S. 383 f.)

»Geh, verlass die Heimat« – eine Aufforderung, das Alte zu verlassen, um das Neue zu erkennen, den Schleier zu lüften, um, wie der katholische Theologe Fridolin Stier schreibt, dem »ur- und ingründig Wirklichen« zu begegnen. Was für eine Herausforderung! Es wird dir aber nicht unbedingt direkt gelingen, das Alte sofort und ganz zu zurückzulassen. Für den Augenblick, für eine bestimmte Zeit wird es dir möglich sein, doch die Gewohnheiten sind zäh und der Alltag wird noch genügend Macht über dich haben. Mit jeder neuen Erfahrung wirst du aber das alte Haus als Konstrukt deines Geistes erkennen, als Illusion und Selbsttäuschung. So wie du irgendwann, nachdem du dich in dem neuen Haus eingerichtet hast, wissen wirst, dass du angekommen bist.

Das heißt, deine Heimat muss zunächst verlassen werden: die Gewohnheiten, das Leben, in dem du dich eingerichtet hast. Was aber, wenn nichts mehr von dem vorhanden ist, mit dem du dich identifiziert hast? Wer bist du dann und woraus schöpfst du deinen Wert als Mensch? Hier haben wir sie, die Gretchenfrage. Wir sind aufgerufen, sie zu beantworten.

10.6 Birg den Schatz in dir selbst

Wenn man die Achtsamkeitspraxis oder den Aspekt des Erwachens richtig begreift, weiß man, dass die Erfahrung einen immer wieder in den Alltag führt. Es geht nicht darum, auf dem Meditationskissen erleuchtet sitzen zu bleiben, sondern darum, sie im Alltag zu leben. Im Zen gibt es die zehn Ochsenbilder. Diese entstammen der chinesischen Tradition des Chan-Buddhismus. Sie wurden von den alten Meistern entworfen, um den Erleuchtungsweg zu symbolisieren. Zunächst waren es acht. Das letzte von ihnen zeigte den Zen-Kreis, der die Leerheit beziehungsweise die Erleuchtung symbolisiert. Doch den weisen, wirklich erleuchteten Menschen fiel mit der Zeit etwas auf. Sie erkannten, dass die Verbindung zum Alltag fehlte. So kamen zwei weitere Bilder hinzu, die den Marktplatz, also den Alltag, symbolisieren. Der Marktplatz ist jener Ort, an dem sich der Erleuchtete mittendrin im Geschehen befindet. Es ist kein Ort jenseits der Welt, sondern ganz in der Welt.

Diese zehn Ochsenbilder – beziehungsweise deren Interpretation seitens des katholischen Theologen und Religionswissenschaftlers Heinrich Dumoulin, der sich vertieft mit dem Zen-Buddhismus beschäftigt hat – möchte ich hier vorstellen. Vorweggenommen sei, dass der Ochse das höhere Selbst symbolisiert und der Hirte den Menschen auf der Suche nach Erleuchtung:

> »Der Hirte hat den Ochsen verloren und steht allein auf weiter Flur (1. Bild), aber kann der Mensch sein Selbst verlieren? Er sucht und erblickt die Spuren des Ochsen (2. Bild), es gibt eine Vermittlung, eine Hilfe, bei der auch religiöse Dinge wie Sutren und Tempelklöster eine Rolle spielen können. Den Spuren nachgehend, findet er den Ochsen (3. Bild), aber noch ist es nur ein fernes, intellektuelles Wissen oder intuitives Fühlen um den Ochsen, er zähmt das Tier mit heißem Bemühen (4. Bild) und weidet es mit sorgfältiger Wachsamkeit (5. Bild). Diese zwei Stufen beinhalten die Übung in der Zen-Halle, die harte, peinvolle Übung bis zum Erfassen der Erleuchtung und die unabdingbare Übung des Erleuchteten. Der Übende erlangt volle Sicherheit, schon schwingt sich der Hirte auf den Rücken des Ochsen und kehrt, die Flöte spielend, triumphierend heim (6. Bild), die Freude des Hirten und der erhobene Kopf des schon nicht mehr nach Gras gierenden Tieres zeigen die erlangte volle Freiheit an. Beide sind nun eins, der Hirte in seiner Freiheit bedarf nicht mehr des ›Ochsen‹, er vergisst ihn – wie nach dem berühmten Wort Chuang-tzus Falle und Netz unnütz werden, wenn der Hase und der Fisch gefangen sind. So ist der Hirte allein, ohne den Ochsen (7. Bild). Nun verschwinden beide, Ochs und Hirte, im gründenden und umfassenden Nichts des Kreisrunds (8. Bild). Wenn der Hirte wieder erscheint, sind alle Dinge um ihn so, wie sie sind (9. Bild) – der Alltag des Erleuchteten. Und der Hirte kommt herein in die Stadt und auf den Markt und beschenkt alle ringsum (10. Bild). Der Erleuchtete lebt mit allen seinen Mitmenschen und wie alle seine Mitmenschen, aber die Güte, die er ausstrahlt, rührt von seiner Erleuchtung her.« (Dumoulin 2019, S. 283)

Es geht hier um ein Ganz-in-der-Welt-Sein. Dieser Moment der transpersonalen Erfahrung äußert sich für Außenstehende nicht immer spektakulär. So berichten manche Menschen, dass sie beim Anblick einer Blume eine Erfahrung der Einheit erlebt hätten. Wenn wir es schaffen, in der Begegnung mit etwas oder einem anderen in einen aufrichtigen und beurteilungsfreien Kontakt zu kommen, werden wir das ganze Universum in ihm und uns entdecken, denn: »Kein Ding – weder materiell noch geistig – existiert aus sich selbst heraus, alles ist voneinander abhängig, aufeinander bezogen.« (Kohl 2006) Alles ist in der Existenz miteinander verbunden, alles ist *eins*.

Das nagende Gefühl innerer Leere führt uns oftmals in Versuchung, diese Leere durch äußere Dinge zu füllen. Dass dies nicht zum gewünschten Erfolgt führt, begreifen mit der Zeit die meisten. So machen sich manche auf den Weg in der Hoffnung, dass ein anderer, vielleicht ein Lehrer, ein Guru oder Meister, ihnen etwas zeigen kann, was sie noch nicht erkennen können. Irgendwann erfahren sie dann aber, dass auch dieser das nicht kann. Wenn er etwas geben kann, dann vielleicht den Hinweis, dass es nichts gibt, was der Suchende nicht bereits besitzt. Sein Weg ist, zu erkennen, dass er den Schatz seit jeher immer in sich trägt.

10.7 Folge deinem Herzen

Immer wieder habe ich bei Meditierenden festgestellt, dass jahrelanges Üben keine nennenswerten Veränderungen brachte. Sie blieben hart zu sich selbst und zu anderen. Nun, meditieren allein reicht nicht. Das sagten schon einige bekannte Lehrer. So erlebte ich etwa Willigis Jäger in seinen späten Jahren als kritisch bezüglich der traditionellen Praxis. Die westöstliche Weisheit, ein von ihm entwickelter Übungsweg, war unter anderem ein Versuch, die Übungen aus Ost und West mit den Erkenntnissen der modernen Wissenschaften zu verbinden und sie alternativ zu Zen und Kontemplation anzubieten. Letztere beiden Formen der traditionellen Ausrichtung hatte er hinter sich gelassen und eine eigene Zen- und Kontemplationslinie gegründet. Er reduzierte manche übernommenen Rituale und führte eine zeitgemäßere Sprache ein, um den Menschen einen leichteren Zugang zur Praxis zu ermöglichen. Der Alltag war sein Ziel, und das machte er immer wieder deutlich: »Ein spiritueller Weg, der nicht in den Alltag führt, ist ein Irrweg.« (Ethik Heute 2020)

In der Tat wird eine spirituelle Erfahrung meist nicht ausreichen, um Ganzheit und Heilung zu erfahren. Viele bekannte spirituelle Lehrer berichteten von ihren missglückten Alltagserfahrungen nach der Erleuchtung. Meine Erfahrung zeigt mir, dass es hilfreich ist, den Meditationsprozess durch zusätzliche Übungen zu unterstützen. Innere Verspannungen, mentale Blockaden und Hemmnisse können somit erkannt und abgebaut werden.

Die traditionelle spirituelle Praxis sah eine Trennung zwischen Spiritualität beziehungsweise Achtsamkeit einerseits und Psychologie andererseits vor. Sie wurden als zwei gegensätzliche Richtungen betrachtet. Es gibt immer noch Lehrende, die die Meinung vertreten, dass Meditation für »normale« beziehungsweise »gesunde« Menschen geeignet sei. Diejenigen, die mit Neurosen und anderen psychischen Belastungen zu kämpfen hätten, sollten lieber eine Psychotherapie machen. Aber, wer ist denn wirklich gesund? Trägt Psychotherapie immer zur Lösung von Problemen und Meditation immer zur Erleuchtung bei? Nach jahrelanger intensiver Beschäftigung mit Meditation – sowohl als Schüler wie auch als Lehrer – bin ich in diesem Punkte zurückhaltend geworden. Zu viele sogenannte Meister und Experten habe ich kennengelernt, zu viele Wege gesehen, um glauben zu können, dass es nur den einen richtigen gibt.

Jeder, der sich weiterentwickeln möchte, kann seinen Fortschritt überprüfen, indem er sich von Zeit zu Zeit die Frage stellt, ob ihn seine Praxis zu mehr Bewusstheit, Authentizität und Lebendigkeit führt. Und ebenso, ob Freundlichkeit und Mitgefühl vorhanden sind. Wer das bejahen kann, ist wohl auf seinem individuell richtigen Weg.

Das Leben ist zu kurz, um sich für die Zukunft aufzusparen. Es sollte gelebt und nicht überlebt werden. Dazu muss man das errichtete Haus verlassen und sich dem Unbekannten anvertrauen, dem Abenteuer. Was wiegt schwerer? Der Wunsch nach Sicherheit oder die Sehnsucht nach Freiheit? Das sind die beiden Pole, zwischen denen wir leben. Warum folgen wir nicht einfach unserem Herzen, wie es Steve Jobs (2011 [2005]) angesichts schwieriger Entscheidungen riet?

> »Der Gedanke, dass ich bald tot sein werde, ist das wichtigste Hilfsmittel, das mir je begegnet ist, um die großen Entscheidungen im Leben zu treffen. Denn fast alles – alle äußerlichen Erwartungen, aller Stolz, alle Angst vor Blamage oder Misserfolg – fällt im Angesicht des Todes einfach weg und lässt nur das übrig, was wirklich wichtig ist. Sich daran zu erinnern, dass man sterben wird, ist der beste Weg, den ich kenne, um den Fehler zu vermeiden, zu glauben, man hättes etwas zu verlieren. Du bist bereits nackt. Es gibt keinen Grund, deinem Herzen nicht zu folgen.«

Die folgende Übung soll helfen, Klarheit über die eigenen Prioritäten und Werte im Leben zu gewinnen – zu erkennen, was wirklich zählt.

ÜBUNG »Dem Herzen folgen – Eine Reflexion über Leben und Tod«

Such dir einen ruhigen Ort, an dem du ungestört nachdenken kannst. Atme ein paar Mal tief durch und komme zur Ruhe.

- *Reflexion über die Vergänglichkeit:* Denk über die Worte von Steve Jobs nach. Stell dir vor, was wäre, wenn du nur noch ein Jahr zu leben hättest. Was würdest du tun? Was wäre dir wirklich wichtig?
- *Werte und Prioritäten:* Notiere, welche Dinge, Menschen und Aktivitäten dir am wichtigsten sind. Überlege, ob diese Prioritäten in deinem aktuellen Leben eine zentrale Rolle spielen.
- *Ehrlichkeit zu dir selbst:* Frag dich, ob du deinem Herzen folgst. Gibt es Bereiche in deinem Leben, in denen du dich von äußeren Erwartungen

oder Ängsten leiten lässt statt von deinen wahren Wünschen und Bedürfnissen?
- *Veränderung und Akzeptanz:* Überlege, welche Veränderungen du vornehmen kannst, um deinen Werten und Prioritäten mehr Raum in deinem Leben zu geben. Erkenne auch, was du bereits gut machst und wofür du dankbar sein kannst.
- *Planung konkreter Schritte:* Notiere ein paar konkrete Schritte, wie du dein Leben authentischer gestalten kannst. Das kann von kleinen Verhaltensänderungen bis hin zu größeren Lebensentscheidungen reichen. Beginne mit kleinen Schritten, die du sofort umsetzen kannst, und plane größere Veränderungen langfristig.

Erinnere dich nun zum Abschluss dieser Übung daran, dass das Leben vergänglich ist und jeder Moment zählt. Nutze diese Einsicht, um bewusster zu leben und Entscheidungen zu treffen, die deinem wahren Selbst entsprechen.

10.8 Wo gehst du hin?

Oft beobachte ich im Alltag Menschen, die sich immer wieder besonders aufregen: über Menschen, die egoistisch, geizig, kleinlich oder aggressiv sind; über die Politik, den Staat und andere Gegebenheiten, denen wir mehr oder weniger alle im Alltag begegnen. Auch in den Achtsamkeitsseminaren gibt es für sie Dinge, die sie nicht gern haben und an denen sie sich besonders aufreiben. So stört sie zum Beispiel die Stille, die Meditationspraktik oder eine bestimmte Person. Im Prinzip kann das alles eine gute Übung sein, um sich seiner Gedanken und inneren Widerstände bewusst zu werden. Oft sind es unsere Schattenseiten und verzerrten Sichtweisen, die wir nicht wahrhaben wollen und dann in andere Personen hineinprojizieren.

Von Georges I. Gurdjieff, einem griechisch-armenischer Esoteriker, der als Schriftsteller, Choreograf und spiritueller Lehrer in Russland und später in Frankreich wirkte, wird erzählt, dass er einen Schüler hatte, der die Gruppe immens mit seinen Eigenarten störte. Er soll irgendwie alles falsch oder anders gemacht haben. Wenn in Stille geübt wurde, war er laut. Wenn man sich nach rechts bewegte, bewegte er sich nach links. Und wenn die meisten ja sagten, widersetzte er sich und sagte nein. Er war einfach anders. Eines Tages gingen die Schüler zu Gurdjieff und baten ihn, den Störenfried rauszuschmeißen. Alles andere als das werde er tun, erwiderte Gurdjieff. Im Gegenteil, er werde ihn sogar dafür bezahlen, damit er bleibt, denn gerade er sei derjenige, der die Gruppe durch seine besondere Art weiterentwickle.

Machen wir nicht tagtäglich solche Erfahrungen, mit Arbeitskollegen, Familienmitgliedern und alltäglichen Dingen, die uns nerven und die wir am liebsten nicht haben wollen? Es ist leicht, mit dem zu sein, was uns gefällt. Die Kunst liegt darin, bei den vielen unliebsamen Dingen gelassen zu bleiben. Es ist leichter, den Splitter im Auge des anderen zu sehen als den Balken im eigenen.

Diesem Herumschimpfen, sich gegängelt fühlen, gehört zum Schatten der Opferhaltung: Die »Verhältnisse sind nun mal so, ich kann nichts machen.« Sich aus seiner Opferhaltung zu befreien bedeutet, Eigenverantwortung zu übernehmen und den Mist vor der eigenen Haustür zunächst einmal aufzukehren. Solange wir den anderen die Schuld für was auch immer geben, sind wir in der Opferhaltung und bleiben von ihnen abhängig. Sich als Spielball des Schicksals, der Erziehung, der Umstände zu sehen, lähmt und fesselt uns durch die unsichtbaren Ketten der Vergangenheit.

Einer meiner wichtigsten Erkenntnisse vor vielen Jahren war, dass ich die Welt und die Menschen, mit denen ich hadere, kaum oder gar nicht ändern kann. Was ich aber ändern kann, das ist meine Sicht auf die Welt. Und indem ich genau das tat, meine Sicht änderte und den Widerstand auflöste, änderte sich auf eine fast geheimnisvolle Art auch das, was mich störte.

Ich möchte an dieser Stelle Meister Eckhart zitieren, zu dem ich mich immer wieder hingezogen fühle, in meinem persönlichen Glaubensverständnis: »Wer kommen will in Gottes Grund, in sein Innerstes, muss zuvor kommen in seinen eigenen Grund, in sein eigenes Innerstes, denn niemand kann Gott erkennen, er muss zuvor sich selbst erkennen.« (Zit. nach Sauerbrey 2014, S. 30)

Wenn ich mir mein Leben der letzten Jahre anschaue, stelle ich fest, dass ich viele schöne Erfahrungen und erfüllende Begegnungen hatte. Wo waren diese Erfahrungen früher, also in der Zeit des Haderns und Widerstands? Es gab sie, aber der Geist war nicht offen genug, um sie zu sehen. Das, was wir als Gesetz der Resonanz bezeichnen, bestätigte sich, da ich durch meine Denk- und Verhaltensmuster häufiger Dinge anzog, die für mich nicht förderlich waren.

Wir sind aufgerufen, uns aktiv auf den Weg zu machen und uns als Gestalter unserer Welt zu sehen. So besagt ein Zen-Text aus dem 12. Jahrhundert:

> »Wenn du zum Tor des Lebens gelangen willst,
> musst du aufbrechen, einen Weg suchen,
> der auf keiner Karte verzeichnet ist
> und in keinem Buch beschrieben ist.
> Dein Fuß wird an Steine stoßen,
> die Sonne wird brennen und dich durstig machen,
> deine Beine werden schwer werden.
> Die Last der Jahre wird dich niederdrücken.
>
> Aber irgendwann wirst du beginnen,
> diesen Weg zu lieben.
> Weil du erkennst, dass es dein Weg ist.
> du wirst straucheln und fallen,

aber die Kraft haben, wieder aufzustehen.
du wirst Umwege und Irrwege gehen,
aber dem Ziel näherkommen.
Alles kommt darauf an, den ersten Schritt zu wagen.
Denn mit dem ersten Schritt
gehst du durch das Tor.«

Um uns auf den Weg zu machen, brauchen wir weder die Vergangenheit noch die Zukunft. Fangen wir jetzt an! Lassen wir die Bilder der Vergangenheit ziehen, die uns glauben machen, wir seien noch nicht bereit. Wir müssten noch mutiger, weiser, stärker und besser werden, um den ersten Schritt machen zu können – und die Person zu werden, die wir sein wollen. Es bedarf einer bewussten Entscheidung, ein klares inneres Ja. Dem ersten Schritt werden die nächsten folgen, der Weg entsteht beim Gehen und ist zugleich das Ziel. Wir haben die Wahl. Wir haben immer eine Wahl. Die Frage ist, ob wir mit den Konsequenzen leben möchten. Und wenn ja, dann ist es eine bewusste Entscheidung für diese Konsequenzen – keine fremdgesteuerte. Hierzu möchte ich eine letzte Geschichte einfließen lassen, deren Autor unbekannt ist:

»Es war einmal ein armer chinesischer Reisbauer, der trotz allen Fleißes in seinem Leben nicht vorwärtskam. Eines Abends begegnete ihm der Mondhase, von dem jedes Kind weiß, dass er den Menschen jeden Wunsch erfüllen kann.
›Ich bin gekommen‹, sagte der Mondhase, ›um dir zu helfen. Ich werde dich auf den Wunschberg bringen, wo du dir aussuchen kannst, was immer du willst.‹
Und ehe er sich versah, fand sich der Reisbauer vor einem prächtigen Tor wieder. Über dem Tor stand geschrieben: ›Jeder Wunsch wird Wirklichkeit.‹
›Schön‹, dachte der Bauer und rieb sich die Hände, ›mein armseliges Leben hat nun endlich ein Ende.‹ Und erwartungsvoll trat er durch das Tor.
Ein weißhaariger, alter Mann stand am Tor und begrüßte den Bauern mit den Worten: ›Was immer du dir wünschst, wird sich erfüllen. Aber zuerst musst du ja wissen, was man sich überhaupt alles wünschen kann. Daher folge mir!‹
Der alte Mann führte den Bauern durch mehrere Säle, einer schöner als der andere. ›Hier‹, sprach der Weise, ›im ersten Saal siehst du das Schwert des Ruhms. Wer sich das wünscht, wird ein gewaltiger General; er eilt von Sieg zu Sieg und sein Name wird auch noch in den fernsten Zeiten genannt. Willst du das?‹
›Nicht schlecht‹, dachte sich der Bauer, ›Ruhm ist eine schöne Sache und ich möchte zu gerne die Gesichter der Leute im Dorf sehen, wenn ich General werden würde. Aber ich will es mir noch einmal überlegen.‹ Also sagte er: ›Gehen wir erst einmal weiter.‹
›Gut, gehen wir weiter‹, sagte lächelnd der Weise. Im zweiten Saal zeigte er dem Bauern das Buch der Weisheit. ›Wer sich das wünscht, dem werden alle Geheimnisse des Himmels und der Erde offenbar‹, sagte er.
Der Bauer meinte: ›Ich habe mir schon immer gewünscht, viel zu wissen. Das wäre vielleicht das Rechte. Aber ich will es mir noch einmal überlegen.‹

Im dritten Saale befand sich ein Kästchen aus purem Gold. ›Das ist die Truhe des Reichtums. Wer sich die wünscht, dem fliegt das Gold zu, ob er nun arbeitet oder nicht‹, waren die Worte des alten Mannes.
›Ha!‹, lachte der Bauer, ›Das wird das Richtige sein. Wer reich ist, der ist der glücklichste Mensch der Welt. Aber Moment – Glück und Reichtum sind ja zwei verschiedene Dinge. Ich weiß nicht recht. Gehen wir noch weiter.‹
Und so ging der Bauer von Saal zu Saal, ohne sich für etwas zu entscheiden. Als sie den letzten Saal gesehen hatten, sagte der alte Mann zum Bauern: ›Nun wähle. Was immer du dir wünschst, wird erfüllt werden!‹
›Du musst mir noch ein wenig Zeit lassen‹, sagte der Bauer, ›Ich muss mir die Sache noch etwas überlegen.‹ In diesem Augenblick aber ging das Tor hinter ihm zu und der Weise war verschwunden.
Der Bauer fand sich zu Hause wieder. Der Mondhase saß wieder vor ihm und sprach: ›Armer Bauer, wie du sind die meisten Menschen. Sie wissen nicht, was sie sich wünschen sollen, sie wünschen sich alles und bekommen nichts. Was immer sich einer wünscht, das schenken ihm die Götter – aber der Mensch muss wissen, was er will ...‹«

Ja, der Mensch muss wissen, was er will. Zahlreich sind die Wünsche, zahlreich sind die Befürchtungen. Es gibt ein Koan, das da lautet: »Du kommst an eine Kreuzung. Der Weg geht nach rechts oder links. Wo gehst du hin?« Nun lieber Leser: *Wo gehst du hin?*

DIPL.-PSYCH. MICHAELA SCHAUMANN

11 »Komisch« ist kein Gefühl?

Die Verhaltenstherapie beschäftigt sich mit dem Verhalten eines Menschen. Wir erarbeiten mit unseren Patient:innen konkretes Verhalten, welches dysfunktional ist, um dieses abzubauen und neue, gesündere Verhaltensweisen aufzubauen. Das war der Ursprung der Verhaltenstherapie. Ab den 1950er Jahren wurde der Blick dann vermehrt auf die Kognitionen gerichtet. Es wurde deutlich, wie sehr Gedanken – ob funktional oder dysfunktional – unser Verhalten beeinflussen. Viele etablierte Forscher, wie Aron Beck oder Albert Ellis, stellten den Zusammenhang zwischen unseren Gedanken, Bewertungen oder Annahmen zum Verhalten her. Seit den 1980er bzw. 1990er Jahren hat sich die Verhaltenstherapie nochmals gravierend verändert. In der sogenannten »Dritten Welle« standen und stehen vermehrt Prozesse im Vordergrund, die sich mit Themen wie Achtsamkeit, Dialektik, Schemata, Emotionen und Akzeptanz beschäftigen.

Warum ist das so?

Patient:innen geben zu Beginn der Therapie auf die Frage »Wie geht es Ihnen? Womit wollen wir uns heute beschäftigen?« häufig die Antwort: »Mir geht es gut/schlecht/komisch.« Oder: »Ich weiß nicht.« Komisch ist aber kein Gefühl, es ist schwierig, am »komisch Fühlen« zu arbeiten. Dieser Umstand hat sicherlich auch dazu geführt, dass wir Verhaltenstherapeut:innen begonnen haben, uns mit dem Thema Achtsamkeit zu beschäftigen. Dabei geht es nicht um Erleuchtung oder Ähnliches, sondern zuallererst darum, innere Prozesse – Gedanken, Gefühle, Körperempfindungen – wahrzunehmen, zu differenzieren und ggf. zu verändern oder zu akzeptieren. Nur wenn ich in der Lage bin, mich mit allen Facetten zu beobachten, bin ich in der Lage, konkrete Gedanken, Gefühle oder die Wahrnehmung zu verändern. Dieser Prozess ist schwierig, anstrengend und mitunter schmerzhaft, aber leider notwendig. Das Vermeiden dieser inneren Beobachtung führt dazu, dass wir Emotionen und die damit verbundenen Bedürfnisse nicht umsetzen oder ansprechen können. So bleiben wir oft gefangen im Leid und finden keinen Weg heraus.

Achtsamkeit ist aktuell ein viel beschriebenes Konzept, aber es ist für die meisten Menschen schwierig nachzuvollziehen oder gar umzusetzen. Was ist Achtsamkeit? Wie mache ich das? Was muss ich tun? Warum soll ich das lernen? All diese Fragen stellen unsere Patient:innen, und wir brauchen Erklärungen. Mit dem Anschauen der inneren Prozesse ist häufig viel Angst verbunden, oft möchten Patient:innen gar nicht so genau wissen, was in ihnen vorgeht. Es soll einfach nur weg sein. Aber erst der Blick nach innen, das Wahrnehmen und Betrachten der verschiedenen Abläufe in uns, ermöglicht es, diese Dinge zu erfassen. Häufig handeln wir im Alltag automatisiert, wir folgen unseren Emotionen und handeln aus Impulsen heraus. Im Nachgang werden diese Handlungen rationalisiert, damit wir eine gute Erklärung für unser Verhalten liefern können. Aber gerade diese Kette aus Emotion, Impuls und Handlung führt zu komplizierten Handlungen, die nicht immer gut für uns oder andere sind.

Hier kann die Achtsamkeit den Patient:innen helfen, innezuhalten, zu atmen, eine Pause zwischen Emotion, Impuls und Handlung zu bringen und zu entscheiden, welche Handlung sinnvoll ist. Meiner Meinung nach macht es bei den meisten Patient:innen Sinn, zu Beginn der Therapie Achtsamkeit zu üben. Oft reichen kleine Übungen aus, wie achtsames Hören, achtsames Gedanken Beobachten, achtsames Beobachten der Körperempfindungen. Es geht darum, eine wertfreie, annehmende Haltung zu entwickeln, und nicht sofort automatisiert/vermeidend die Wahrnehmung und Empfindungen beiseitezuschieben. In der annehmenden Haltung können Dinge betrachtet werden und ggf. Veränderungen angeregt werden. Erstaunlicherweise zeigt sich bei vielen psychischen Erkrankungen, dass schon das Betrachten des Ist-Zustands eine kleine Veränderung mit sich bringt.

Allerdings ist genau das Beobachten und wertfreie Annehmen der inneren Prozesse für bestimmte Patient:innen mehr als schwierig. Zum Beispiel ist die Dialektisch-Behaviorale Therapie (DBT) eine Therapieform, die Menschen helfen soll, komplexe Traumatisierungen bewältigen zu können. Komplexe Traumatisierung bedeutet, dass es schon früh zu Gewalterfahrungen gekommen ist, sei es körperlicher, sexualisierter oder verbaler Art. Es bedeutet oft auch, dass Grundbedürfnisse nach Sicherheit, Anerkennung und Wertschätzung nicht erfüllt wurden. Grundlage – vielleicht sogar das Herzstück der DBT – ist die Achtsamkeit. Das heißt, wir versuchen Menschen, die sehr viel dafür getan haben, ihren Schmerz, ihr Leid und das Unvorstellbare, was ihnen angetan wurde, nicht zu spüren, sanft dahin zu führen, dass sie dieses wahrnehmen und anerkennen können. Die Achtsamkeit kann dabei helfen, sich mit einer Distanzierung dem Schrecken zu nähern. Viele Patient:innen haben davor Angst und schon die ersten kleinen Übungen, wie achtsam auf den Atem achten, können zu einer starken Aktivierung führen. Also versuchen wir zu Beginn, die Achtsamkeit erst einmal auf ein ungefährliches Terrain zu lenken, wie achtsameres Hören oder Sehen. Das hat auch zur Folge, dass die Patient:innen – und hier ist es nicht wichtig, welche psychischen Probleme vorliegen – üben, mehr in der jetzigen Zeit anzukommen und ihre Energie nicht auf die Vergangenheit oder Zukunft zu richten. Auch wenn Achtsamkeit ein Teil der spirituellen Praxis ist, steht hier mehr die Distanzierung und Verankerung im Hier und Jetzt im Vordergrund. Die Einheiten des Übens sind deutlich kürzer und sollen in den Alltag integriert werden. So gibt es nur wenige psychische Erkrankungen, bei denen Achtsamkeit kontraindiziert ist. Die Forschung ist hier sehr aktiv dabei zu untersuchen, wo und bei welchen Erkrankungen Achtsamkeit ein Teil des Behandlungskonzeptes sein sollte. Wir wissen mittlerweile, dass bei Depression, Sucht, Traumafolgestörungen, Ängsten usw. Achtsamkeit eine Grundlage für die Behandlungen bilden kann und evidenzbasiert als erfolgreich angesehen werden kann.

Anhand eines kleinen Beispiels möchte ich beschreiben, wie Achtsamkeit in der Therapie wirken kann.

Eine Patientin, die unter anderem unter einer sehr aversiven Hochspannung litt, welche zu selbstverletzendem Verhalten zur Beendigung dieser Hochspannung führte, wollte eine DBT-Therapie beginnen, da sie gelesen hatte, dass ihr das helfen könnte. Zu Beginn stand sie dem Konzept der Achtsamkeit sehr skeptisch gegenüber, es erschien ihr sehr esoterisch und wenig hilfreich. Nach einigen Stunden und Erklärungen, dem Betrachten der Zweifel und Ängste konnte sie sich auf die ersten Übungen im Rahmen der Therapiestunde einlassen und sie bemerkte, dass ihr Herzschlag ein wenig ruhiger und die Atmung entspannter wurde. Sie konnte beschreiben, was sie innerlich wahrnahm, ohne davon überflutet zu werden. Zu Beginn lernte sie Fertigkeiten gegen die aversive Hochspannung, d. h. wie sie diese ohne selbstverletzendes Verhalten sukzessive senken konnte. Nach einer längeren Zeit des Übens der Achtsamkeit gelangen ihr zwei wichtige Dinge:

Zum einen konnte sie schneller und früher wahrnehmen, wenn es wieder in Richtung des aversiven Zustandes ging, und schon wesentlich früher die Ursache – meist ging es dabei um Emotionen – bearbeiten. Zum anderen war sie auch in der Lage, diese Hochspannung anzunehmen und zu beobachten. Sie hatte gelernt, sich selbst nicht mehr zu verurteilen, den Zustand anzunehmen und darauf zu vertrauen, dass sie auch diesen bewältigen kann. Das waren wichtige Bausteine für die weitere Behandlung und sie eröffneten den Raum, auch die traumatischen Erinnerungen Stück für Stück zu bearbeiten.

Doch nicht allein für Patient:innen macht das Üben der Achtsamkeit Sinn. Auch Psychotherapeut:innen profitieren davon, Achtsamkeit regelmäßig zu üben. Zum einen ist es auch für uns wichtig, unsere Emotionen, Impulse und Handlungen zu beobachten und gegebenenfalls zu steuern. Psychotherapie kann manchmal in dem Sinne anstrengend sein, dass trotz unserer langjährigen Ausbildung auch bei uns Schemata, Glaubenssätze o. Ä. durch Patient:innen angesprochen werden, die etwas auslösen. Die Achtsamkeitspraxis hilft uns dabei, dies wahrzunehmen und zu überprüfen, ob es sich um meine Geschichte oder um die Geschichte des Gegenübers handelt. So können wir Impulse regulieren und bleiben in unserer professionellen Rolle.

Ein weiterer Punkt ist, dass wir als Therapeut:innen Dinge erfahren, die auch für uns manchmal belastend sind. Achtsamkeit hilft hier, eine gute Selbstfürsorge zu etablieren, Schicksale nicht mit nach Hause zu nehmen und Emotionen klar trennen zu können.

Und schließlich sind Patient:innen oft sehr schlau. Sie spüren, wenn wir ihnen etwas nahebringen möchten, was wir selbst nicht praktizieren. Das ist in der Regel keine gute Grundlage für eine vertrauensvolle Arbeitsbeziehung.

Bei der Frage, ob der Bestandteil der Achtsamkeit eine grundlegende Unterscheidung zwischen den verschiedenen Psychotherapieschulen ausmacht, scheiden sich die Geister. Können wir Achtsamkeit im Sinne des Gewahrwerdens von inneren Prozessen gleichsetzen mit dem Bewusstwerden von Unbewusstem? Vielleicht manchmal, vielleicht auch nicht. Entscheidend für die Verhaltenstherapie ist jedoch die Möglichkeit eines aktiven Schrittes in Richtung Veränderung. Oder die aktive Entscheidung zu lernen, dass wir manchmal auch Dinge akzeptieren müssen, trotz der Schwere des Leidens. Die Welt ist leider kein gerechter Ort, Freud und Leid kommen und gehen, ohne dass wir das aufhalten können. Achtsamkeit kann helfen, dies anzunehmen.

Was Achtsamkeit nicht ist – und in diesem Buch ausführlich und praxisnah erläutert wurde –, betrifft auch einen Bereich der Psychotherapie: Gerade in den sozialen Medien wird Achtsamkeit als Heilmittel und Mittel zur Selbstoptimierung dargestellt. Es gibt aber zum einen Wunden, die nie heilen werden. Wir können sie versorgen, uns gut um sie kümmern und hoffen, dass nur eine Narbe zurückbleibt. Aber tabula rasa wird auch eine intensive Psychotherapie bei einigen Verletzungen nicht ermöglichen. Zum anderen birgt die Suche nach Selbstoptimierung eine Reihe von Konzepten, die wiederum Druck ausüben auf den Einzelnen und vielleicht auch psychisch krank machen können. So stecken Menschen in dem Konzept fest und vergessen, dass genau das der Achtsamkeit widerspricht. Es ist das Gegenteil von »mit dem Fluss von Freud und Leid« mitgehen und beobachten, was passiert. Wer dem Konzept folgt, möglichst alles genau bei sich selbst zu beobachten, verliert zudem einen weiteren wichtigen Punkt der Achtsamkeit, nämlich Mitgefühl zu entwickeln.

Und so sollten wir die Selbstzentriertheit auch mal verlassen und erkennen, dass der Beschreibung »komisch« vielleicht ein Gefühl und Bedürfnis zugrunde liegt, das uns gnädig gegenüber der Welt und den Mitmenschen stimmen kann.

Michaela Schaumann ist Psychologische Psychotherapeutin, sie ist ausgebildet in Verhaltenstherapie, Gestalttherapie sowie in traumaspezifischen Verfahren wie EMDR; DBT-Therapeutin und -Trainerin; Supervisorin an verschiedenen Ausbildungsinstituten.

Dank

Ich möchte meinem spirituellen Lehrer Willigis Jäger sowie allen meinen Lehrerenden aus den Bereichen Zen, Kontemplation, MBSR und MBCL meinen tiefen Dank aussprechen. Ihr umfassendes Wissen und die gewonnenen Erfahrungen haben maßgeblich zur Qualität dieses Buches beigetragen. Ebenso bedeutsam waren die Einsichten aus meiner Gestalttherapie-Ausbildung, am Gestalt-Institut Frankfurt am Main, die durch vertiefte Selbsterfahrung mein Verständnis für menschliche Psychologie und Verhaltensmuster enorm erweitert haben. Während ich die Achtsamkeitspraxis als eine einzigartige Methode der Bewusstseinsarbeit erlebe, betrachte ich die Gestalttherapie als herausragende Methode im Bereich der emotionalen Arbeit. Diese Kombination hat nicht nur mein Wissen, sondern auch meine Arbeit mit zahlreichen Menschen wesentlich geprägt und vertieft.

Ein besonderer Dank geht an Irene Nießen für ihre kritischen Fragen und an Frau Dr. Nadja Urbani vom Klett-Cotta Verlag / Schattauer, deren unermüdliche Motivation und Zuversicht maßgeblich zur Verwirklichung und Veröffentlichung dieses Werks beigetragen haben. Des Weiteren gebührt mein herzlicher Dank Miriam Seifert-Waibel für ihr sorgfältiges und herausragendes Lektorat sowie all den inspirierenden Menschen, die dieses Buch unbewusst mitgestaltet haben. Abschließend möchte ich meiner Familie große Wertschätzung und Dankbarkeit aussprechen für ihre unermüdliche Unterstützung und stetes Dasein.

Mögen alle Wesen glücklich sein!

Literatur

ARD Alpha (2024): Gehirn, Gedächtnis, Lernen: Wie unser Neuronen-Netz funktioniert. Unter: https://www.ardalpha.de/wissen/psychologie/gehirn-gedaechtnis-lernen-neuronen-netz-hirnforschung-100.html (letzter Zugriff: 23.02.2024).

Bargh, J. A., et al. (1996): Automaticity of social behavior: Direct effects of trait construct and stereotype priming on action. In: Journal of Personality and Social Psychology, 71, 230–244.

Barthélémy, A. (2013): Wie Meditation Gehirn und Geist verändert. Unter: https://www.welt.de/wissenschaft/article123325891/Wie-Meditation-Gehirn-und-Geist-veraendert.html (letzter Zugriff: 21.04.2022).

Beisser, A. (1998): Gestalttherapie und das Paradox der Veränderung. Unter: http://www.gestalt.de/beisser_paradox.html (letzter Zugriff: 15.02.2024).

Beisser, A. (2002): Wozu brauche ich Flügel? Ein Gestalttherapeut betrachtet sein Leben als Gelähmter. Unter: http://www.gestalt.de/beisser_fluegel.html#Leseprobe (letzter Zugriff: 20.02.2024).

Binder, A. (2009): Mythos Zen. Aschaffenburg: Alibri Verlag.

Bock, W. (2015): Gestalttherapie – eine moderne Form der Psychotherapie. Vorlesung am Psychologischen Institut der Universität Würzburg, 13.01.2015. Unter: https://metatheorie-der-veraenderung.info/wp-content/uploads/2015/06/VorlesungGestalttherapie.pdf3 (letzter Zugriff: 16.01.2023).

Branden, N. (2018): Die 6 Säulen des Selbstwertgefühls: Erfolgreich und zufrieden durch ein starkes Selbst. München: Piper Verlag.

Chang, D. (2016): Mein Hirn hat seinen eigenen Kopf. Wie wir andere und uns selbst wahrnehmen. Hamburg: Rowohlt.

Coopersmith, S. (1968): The Antecedents of Self-Esteem. San Francisco: W. H. Freeman and Company.

Covey, S. R. (2018): Die 7 Wege zur Effektivität: Prinzipien für persönlichen und beruflichen Erfolg. Offenbach a.M.: GABAL.

Covey, S. R., et al. (2014): Der Weg zum Wesentlichen. Der Klassiker des Zeitmanagements. Frankfurt a.M.: Campus Verlag.

Dhammapada (o. J.): Buddha in: Dhammapada, 1. Abschnitt, Vers 1–5. Unter: https://buddhismus-unterricht.org/wp-content/uploads/2017/01/Wir-sind-was-wir-denken.pdf (letzter Zugriff: 22.02.2024).

Dumoulin, H. (2019): Geschichte des Zen-Buddhismus. Band I: Indien und China. Tübingen: Narr Francke Attempto Verlag.

Dürr, H.-P. (2012): Geist, Kosmos und Physik. Gedanken über die Einheit des Lebens. Amerang: Crotona Verlag.

dwds (2023): Die Persönlichkeit. Unter: https://www.dwds.de/wb/Pers%C3%B6nlichkeit (letzter Zugriff: 02.12.2022).

Ende, M. (1973): Momo. Stuttgart: Thienemann Verlag.

Enomiya-Lassalle, H. M. (1991): Erleuchtung ist erst der Anfang. Texte zum Nachdenken, hrsg. v. Gerhard Wehr. Freiburg i.Br.: Herder.

Esch, T. (2016): Präsentation im Rahmen des 4. Kongresses »Meditation & Wissenschaft«, Berlin, 25.11.2016.

Ethik Heute (2020): Menschen eine spirituelle Heimat bieten. Unter: https://ethik-heute.org/menschen-eine-spirituelle-heimat-bieten/ (letzter Zugriff: 24.02.2024).

Frankl, V. (1977): ... trotzdem Ja zum Leben sagen. München: Penguin Verlag.

Fromm, E. (1977): Gespräch zu Haben oder Sein. In: Angst, Depression: Warum nehmen psychische Erkrankungen zu? (Sternstunde Philosophie. SRF Kultur). Unter: https://www.youtube.com/watch?v=VOPl3SqYLmk (letzter Zugriff: 12. 02. 2024).
Fuchs, M. (2021): Wenn Stress krank macht. Universität Zürich. Unter: https://www.news.uzh.ch/de/articles/2021/hochschulmedizin.html (letzter Zugriff: 22. 02. 2024).
Ghandi, M. (2017): Wut ist ein Geschenk: Das Vermächtnis meines Großvaters. Köln: DuMont.
Giattino, C., et al. (2020): https://ourworldindata.org/working-hours (letzter Zugriff: 14. 02. 2024).
Gigerenzer, G. (2008): Bauchentscheidungen. Die Intelligenz des Unbewussten und die Macht der Intuition. München: Goldmann Verlag.
Glaser, R., & Kiecolt-Glaser, J. (2005): Stressinduzierte Immunschwäche: Auswirkungen auf die Gesundheit. In: Nature Reviews Immunology, 5, 243–251.
Goethe, J.W. (1922): Faust. Der Tragödie erster Teil. Berlin: Vereinigung wissenschaftlicher Verleger, Walter de Gruyter & Company.
Harari, Y. N. (2020): 21 Lektionen für das 21. Jahrhundert. München: C. H. Beck.
Hauser, U. (o.J.): Lasst Kinder Kinder sein. Unter: https://www.stern.de/familie/kinder/foerdern-und-fordern-lasst-kinder-kinder-sein--3915530.html (letzter Zugriff: 16. 01. 2023).
Hofmann, S. G., et al. (2011): Loving-kindness and compassion meditation: Potential for psychological interventions. In: Clinical Psychology Review, 31 (7), 1126–1132.
Horvath, A.O., & Greenberg, L.S. (1989): Development and Validation oft he Working Alliance Inventory. In: Journal of Counseling Psychology, 36 (2), 223–233.
Hutcherson, C. A., et al. (2008): Loving-kindness meditation increases social connectedness. In: Emotion, 8 (5), 720–724.
Hüther, G. (2004): Die Macht der inneren Bilder. Unter: https://www.deutschlandfunk.de/gerald-huether-die-macht-der-inneren-bilder-100.html#:~:text=H%C3%BCther%3 A%20 Vertrauen%20ist%20einfach%20diese,der%20einem%20dann%20weiter%20hilft (letzter Zugriff: 23. 02. 2024).
Jacobi, J. (1971): Der Weg zur Individuation. Olten & Freibur i. Br.: Walter Verlag.
Jacobs, T. L., et al. (2011): Intensive meditation training, immune cell telomerase activity, and psychological mediators. In: Psychoneuroendocrinology, 36 (5), 664–681.
Jäger, W. (2005): Das Leben ist Religion: Stationen eines spirituellen Weges. München: Kösel-Verlag.
Jäger, W. (2010): Die Flöte des Unendlichen: Mystische Rezitationstexte aus Ost und West, hrsg. von Beatrice Grimm. Holzkirchen: Wege der Mystik.
Jäger, W. (2020): Die Welle ist das Meer. Freiburg i.Br.: Verlag Herder.
Jäger, W. (Hrsg.) (o. J.): Mystische Spiritualität. Textsammlung.
Jäncke, L. (2017): https://www.spektrum.de/magazin/neuroplastizitaet-wie-lernen-das-gehirn-veraendert/1437617#:~:text=Inzwischen%20wei%C3%9F%20man%2C%20dass%20das,sondern%20sogar%20 %C3%BCbergeordnete%20anatomische%20Strukturen (letzter Zugriff: 22. 02. 2024).
Janosch, G. (2017): Dank Schmerz erwacht. Interview mit Vidyamala Burch. In: moment by moment: Das Magazin für Achtsamkeit, 4, 38–43.
Center for Contemplative Research (o.J.): Das Shamatha-Projekt. Unter: https://de.centerforcontemplativeresearch.org/kontemplative-wissenschaft/das-shamatha-projekt/ (letzter Zugriff: 21. 02. 2024).
Jobs, S. (2011 [2005]): Bleiben sie hungrig und verrückt. Unter: https://www.welt.de/print/die_welt/politik/article13646281/Bleiben-Sie-hungrig-und-verrueckt.html (letzter Zugriff: 16. 01. 2023).
Jung, C.G. (1959): BBC-Interview in seinem Haus in Küsnacht. Unter: https://www.youtube.com/watch?v=oBYEFX2dqpM (letzter Zugriff: 16. 01. 2023).
Juul, J. (2013): Aggression – Warum sie für uns und unsere Kinder notwendig ist. Berlin: Argon Balance, Hörbuch.

Kabat-Zinn, J. (2013): Gesund durch Meditation. Das vollständige Grundlagenwerk zu MBSR. München: O. W. Barth.
Kabat-Zinn, J. (2017): Interview. In: moment by moment: Das Magazin für Achtsamkeit, 1, 54–63.
Kabir (1984): Im Garten der Gottesliebe. Heidelberg: Hermes Verlag.
Kaluza, G. (2018): Gelassen und sicher im Stress: Das Stresskompetenz-Buch: Stress erkennen, verstehen, bewältigen. Berlin: Springer.
Kathpedia (o.J.): https://www.kathpedia.com/index.php?title=Thomas_von_Aquin (letzter Zugriff: 24.01.2024).
Klein, M. (2020): Dalai Lama: Die Macht des Lächelns. Unter: https://www.deutschlandfunk.de/dalai-lama-die-macht-des-laechelns-100.html (letzter Zugriff: 22.02.2024).
Kleisz, E. M. (2007): https://www.kirche-im-swr.de/beitraege/?id=2101 (letzter Zugriff: 24.02.2024).
Kohl, C. T. (2006): Quantenphysik trifft Buddhismus. Unter: https://www.raum-und-zeit.com/bewusstsein/quantenphysik-und-spiritualitaet/ (letzter Zugriff: 23.02.2024).
Kornfield, J. (2004): Das Tor des Erwachens. Berlin: Ullstein Verlag.
Kornfield, J. (2008): The Buddhist Review Tricycle. Unter: https://tricycle.org/magazine/question/ (letzter Zugriff: 12.02.2022).
Kornfield, J. (2010): Nach der Erleuchtung Wäsche waschen und Kartoffeln. Wie spirituelle Erfahrung das Leben verändert. München: Goldmann Verlag.
Kornfied, J. (2014): Das weise Herz: Die universellen Prinzipien buddhistischer Psychologie. Gütersloh: Arkana.
Kross, E., et al. (2011): Social rejection shares somatosensory representations with physical pain. In: Proceedings of the National Academy of Sciences, 108 (15), 6270–6275.
Laotse (2010): Tao te king – Das Buch vom Sinn und Leben. Köln: Anaconda Verlag.
Max-Planck-Institut für Kognitions- und Neurowissenschaften (o.J.): Selbstständige Forschungsgruppen: Social Stress and Family Health. Unter: https://www.cbs.mpg.de/selbststaendige-forschungsgruppen/social-stress-and-family-health. (letzter Zugriff: 25.02.2024).
Meister Eckehart (1958): Meister Eckharts Predigten, hrsg. und übersetzt von Josef Quinnt, Band 1. Stuttgart: W. Kohlhammer Verlag.
Motschnig, R. (2015): Der Personzentrierte Ansatz nach Carl Rogers. Unter: https://cewebs.cs.univie.ac.at/ffkse/ss15/index.php?m=D&t=info&c=show&CEWebS_what=Der~32~Personzentrierte~32~Ansatz~32~nach~32~Carl~32~Rogers (letzter Zugriff: 21.02.2024).
Nelson, P. (2012): Autobiography in Five Short Chapters. In: Dies.: There's a Hole in My Sidewalk: The Romance of Self-Discovery. New York: Schuster & Schuster.
Ney, N. (2019): Auswirkungen von Mindfulness Based Stress Reduction auf die subjektiv erlebte Aufmerksamkeit und Depressivität. Bachelorarbeit, HSD Hochschule Döpfer.
Nietzsche, F. (1883): Also sprach Zarathustra. Band 1. Chemnitz: Schmeitzner, Prolog, Abschnitt 3.
Ott, U. (2019): Vortrag im Rahmen der 13. Konferenz »MBSR-MBCT«, 08.–10.11.2019, Ottobrunn.
Perls, F. S. (1974): Gestalt-Therapie in Aktion. Stuttgart: Ernst Klett Verlag.
Phipps, C. (2007): Interview mit Steve McIntosh: Das Zeitalter der integralen Politik. In: What is Enlightenment?, 26, S. 61.
Piron, H. (2020): Meditationstiefe als Dimension. Die 5 Tiefenbereiche meditativen Erlebens. Unter: https://www.meditationstiefe.de/meditationstiefe-als-dimension/ (letzter Zugriff: 17.12.2022).
Rahner, K. (1966): Frömmigkeit früher und heute. In: Ders.: Zur Theologie des geistlichen Lebens. Einsiedeln et al.: Benziger-Verlag, S. 11–31.
Ricard, M., et al. (2015): Drei Wege zum Nirwana. Unter: http://www.spektrum.de/magazin/meditation-veraendert-das-gehirn/1335995 (letzter Zugriff: 02.02.2021).
Rogers, C. R. (1973): Die Klient-bezogene Gesprächstherapie. München: Kindler Verlag.

Roth, G. (2008): Hirnforschung. Mit Bauch und Hirn. Unter: http://www.zeit.de/2008/48/M-Schaltstelle-Gehirn (letzter Zugriff: 22. 02. 2024).

Roth, G. (2019): Persönlichkeit, Entscheidung und Verhalten. Warum es so schwierig ist, sich und andere zu ändern. Stuttgart: Klett-Cotta.

Samy, A. (2005): Zen und Erleuchtung. Zehn Meditationen eines Zen-Meisters. Bielefeld: Theseus-Verlag.

Sauerbrey, A. (2014): Verwandelt in Gott. Meister Eckharts häretisches Verständnis einer unio mystica in den deutschen Predigten. Unter: https://unipub.uni-graz.at/obvugrhs/download/pdf/242864?originalFilename=true (letzter Zugriff: 24. 02. 2024).

Schiersmann, C., & Thiel, H.-U. (2011): Organisationsentwicklung. Prinzipien und Strategien von Veränderungsprozessen. Wiesbaden: VS Verlag.

Silverton, S. (2012): Das Praxisbuch der Achtsamkeit: Wirksame Selbsthilfe bei Stress. München: Kösel Verlag.

Simmons, S. (2017): Warum war ich nicht Sussja? Unter: https://www.juedische-allgemeine.de/religion/warum-war-ich-nicht-sussja/ (letzter Zugriff: 15. 01. 2024).

Singer, T. (2017): Ein mentales Training, um toleranter Weltbürger zu werden. Unter: https://www.mpg.de/11514867/interview-singer-neue-meditationstechnik-fuer-empathie (letzter Zugriff: 21. 09. 2022).

Singer, T. (2018): Fitness fürs Gehirn. In: GEO, 2, 58–60.

Smiljanic, M. (2016): Wie unser Gehirn die Welt sortiert – Schubladen für das Denken. Unter: https://www.deutschlandfunk.de/wie-unser-gehirn-die-welt-sortiert-schubladen-fuer-das-100.html (letzter Zugriff: 23. 02. 2024).

Sprenger, R. K. (1995): Das Prinzip Selbstverantwortung. Frankfurt a.M.: Campus Verlag.

Stier, F. (1981): Vielleicht ist irgendwo Tag. Aufzeichnungen. Heidelberg: F. H. Kerle.

Stoorvogel, H., & Poppe, E. (2015): Geboren um zu fliegen. Leben, wozu Gott uns bestimmt hat. Kraftvoll. Majestätisch. Himmelwärts. Inspiration für ein Leben mit Aufwind. Holzgerlingen: gerth medien.

Stüvel, H. (2010): Meditieren verändert das Gehirn. Unter: https://www.welt.de/welt_print/wissen/article7649346/Meditieren-veraendert-das-Gehirn.html. (letzter Zugriff: 13. 05. 2021).

Süddeutsche Zeitung (2014): DAK-Gesundheitsreport: Arbeitslose sind gestresster als leitende Angestellte. Unter: https://www.sueddeutsche.de/karriere/dak-gesundheitsreport-arbeitslose-sind-gestresster-als-leitende-angestellte-1.2004280 (letzter Zugriff: 15. 02. 2024).

Suzuki, D. T. (2003): Die große Befreiung. Einführung in den Zen-Buddhismus. München: O. W. Barth.

Thanissaro Bhikkhu (2010): Sona Sutta: About Sona (AN 6.55). Unter: https://zugangzureinsicht.org/html/tipitaka/an/an06/an06.055.than_en.html#more (letzter Zugriff: 24. 02. 2024).

Tolle, E. (2018): Jetzt! Die Kraft der Gegenwart. Bielefeld: Kamphausen Media.

Trainor, K. (2004): Buddhismus. Köln: Evergreen GmbH.

Treier, M. (2011): Personalpsychologie kompakt. Weinheim: Beltz.

Tversky, A., Kahneman, D. (1974): Judgment under Uncertainty: Heuristics and Biases. In: Science, 185 (4157), 1124–1131.

van den Brink, E., & Koster, F. (2013): Mitfühlend leben: Mit Selbst-Mitgefühl und Achtsamkeit die seelische Gesundheit stärken: Mindfulness-Based Compassionate Living – MBCL. München: Kösel-Verlag.

van der Braak, A. (2004): Liegestütz zur Erleuchtung. Lehrjahre bei einem amerikanischen Meister. Zürich: Edition Spuren.

Vlamynck, A. (2022): Was bewirkt Bonding? Unter: http://www.astrid-vlamynck.com/9/bonding.htm (letzter Zugriff: 01. 07. 2022).

von Weizsäcker, C. F. (1977): Der Garten des Menschlichen. Beiträge zur geschichtlichen Antropologie. München: Hanser.

Walch, S. (o.J.): https://www.walchnet.de/glossar-holotropes-atmen/anleitung-technik (letzter Zugriff: 12. 02. 2024).
Wallace, A. (2007): Im Gespräch mit Michaela Haas: Buddhismus im Labortest. Unter: http://www.zeit.de/2007/12/Meditation-Interview (letzter Zugriff: 10. 07. 2021).
Weltdorf (o.J.): https://de.scoutwiki.org/Weltdorf (letzter Zugriff: 16. 01. 2023).
Williamson, M. (2019): Unsere tiefste Angst. Übersetzung eines Auszugs aus: A Return To Love: Reflections on the Principles of A Course in Miracles. Harper Collins, 1992. Unter: https://www.yogazeit.at/unsere-tiefste-angst-ein-text-von-marianne-williamson/ (letzter Zugriff: 24. 02. 2024).
Witte, F. (2021): Achtsamkeitstraining mit Nebenwirkungen. Unter: https://www.nzz.ch/wissenschaft/achtsamkeitstraining-mit-nebenwirkungen-ld.1788118 (letzter Zugriff: 10. 02. 2024).
Yamada (2011): Die torlose Schranke Mumonkan. Zen-Meister Mumons Koan-Sammlung. München: Kösel Verlag.

Schmuckzitate

Sämtliche Quellen wurden nach bestem Wissen und Gewissen recherchiert. Wo zu Schmuckzitaten keine genauere Schriftquelle angegeben ist, handelt es sich um Bibelzitate oder allgemein bekannte Aussagen berühmter Persönlichkeiten, deren ursprüngliche Quelle trotz gründlicher Recherche nicht gefunden werden konnte. Wir danken für Hinweise.

Seite 5 Henry David Thoreau: Walden, oder Leben in den Wäldern. Zürich: Diogenes Verlag, 2014, S. 104.

Seite 21 Jack Kornfield im Interview mit Christiane Wolf mit (2020). Unter: https://www.christianewolf.com/jack-kornfield/ (letzter Zugriff: 16. 01. 2023).

Seite 28 Plinius der Ältere: Vorwort. In: Naturalis Historia. Buch 1.

Seite 35 Edward de Bono: I Am Right, You Are Wrong: From This to the New Renaissance: From Rock Logic to Water Logic. London: Penguin Books, 1991, S. 10 (Übersetzung des Zitats für den vorliegenden Band: Renato Kruljac).

Seite 38 Steve Jobs: Bleiben sie hungrig und verrückt (2011 [2005]). Unter: https://www.welt.de/print/die_welt/politik/article13646281/Bleiben-Sie-hungrig-und-verrueckt.html (letzter Zugriff: 16. 01. 2023).

Seite 40 Jon Kabat-Zinn: Im Alltag Ruhe finden. Meditationen für ein gelassenes Leben. München: O. W. Barth, 2024, E-Book.

Seite 44 Christian Morgenstern: Stufen. Frankfurt a. M.: Outlook Verlag, 2022, S. 164.

Seite 46 Marie von Ebner-Eschenbach: Aphorismen. Berlin: Verlag von Gebrüder Paetel, 1890, S. 48.

Seite 49 Hartmut Lohmann (2012): Grundlagen der energetischen Heilung. Warum sie wirkt, wie sie funktioniert. Burgrain: KOHA-Verlag, 2012. Hier zitiert nach: https://www.mystica.tv/hartmut-lohmann-geschichte-eines-erwachens/ (letzter Zugriff: 16. 02. 2023).

Seite 52 Rumi. Mystik, Spiritualität, Liebe. Norderstedt: Books on Demand, 2024, S. 13.

Seite 55 Rupert Lay: Vom Sinn des Lebens. Berlin: Ullstein, 1990, S. 129.

Seite 58 Willigis Jäger: Vorwort. In: Brian Swimme: Das Universum ist ein grüner Drache. Bielefeld: Aurum Verlag, 2007, S. 6.

Seite 60 Rainer Maria Rilke (2012): Du mußt Dein Leben ändern. Leipzig: Insel Verlag, 2012, E-Book.

Seite 64 Robert Frost, zit. nach: Briten und Deutsche. Entfernte Verwandte. Norderstedt: Books on Demand, 2022 (Übersetzung des Zitats für den vorliegenden Band: RK).

Seite 68 Leonard Cohen: Anthem. Aus: Future. Columbia Records, 1992.

Seite 74 Joannes Tauler, zit. nach: Mystische Texte aus Ost und West. Norderstedt: Books on Demand, 2021, S. 95.

Seite 77 Jack Kornfield: Nach der Erleuchtung Wäsche waschen und Kartoffeln. Wie spirituelle Erfahrung das Leben verändert. München: Goldmann Verlag, 2010, S. 20.

Seite 81 Intermezzo 2, nach Heinrich Böll: Anekdote zur Senkung der Arbeitsmoral. In: ders.: Erzählungen. Köln: Kiepenheuer & Witsch, 2009, E-Book, S. 447–449.

Seite 86 Thitch Nhat Hanh: Gekürzte Fassung des Gedichts »Nenne mich bei meinen wahren Namen«. Zit. nach: Buddhismus aktuell, 4, 13–21.

Seite 90 Rabindranath Tagore: Eine Antologie, hrsg. von Amiya Chakravarty. Freiburg i. Br.: Hyperion-Verlag, 1961, S. 302 f.

Seite 92 Blaise Pascal: Das Herz hat seine Gründe, die der Verstand nicht kennt: Schöne Gedanken (Kleine Philosophische Reihe). Wiesbaden: marix Verlag, 2012.

Seite 95 Alan Wallace im Gespräch mit Michaela Haas: Buddhismus im Labortest. Unter: http://www.zeit.de/2007/12/Meditation-Interview (letzter Zugriff: 10. 07. 2021).

Seite 99 Jon Kabat-Zinn, zit. nach: Antje Sonntag: Stressbewältigung durch Meditation. Wiesbaden: Springer Fachmedien, 2016, S. 4.

Seite 102 Herbert Benson & William Proctor: Relaxation Revolution. The Science and Genetics of Mind Body Healing. New York: Scribner, 2011, S. 203 (Übersetzung des Zitats für den vorliegenden Band: Miriam Seifert-Waibel).

Seite 105 Arnold Beisser: Gestalttherapie und das Paradox der Veränderung. Unter: http://www.gestalt.de/beisser_paradox.html (letzter Zugriff: 15. 02. 2024).

Seite 113 Rumi, zit. nach: Eva Gütlinger: Tanz mit Licht und Schatten. Norderstedt: Books on Demand, 2017, S. 25.

Seite 120 Michaela Fritzges: Hindernisse auf dem Weg (2005). Unter: http://www.buddhismus-heute.de/archive.issue__40.position__9.de.html (letzter Zugriff: 02. 12. 2022).

Seite 125 Hermann Hesse: Jedem Anfang wohnt ein Zauber inne. Frankfurt am Main: Suhrkamp, 1986.

Seite 137 Martin Heidegger: Der Feldweg. Frankfurt a.M.: Vittorio Klostermann, 2006, S. 7.

Seite 142 Peter Horton: Die zweite Saite. Aphorismen, Satire, Zärtlichkeiten. Würzburg: Echter, 2004, S. 75.

Seite 144 Willigis Jäger: In jedem Jetzt ist Ewigkeit: Worte für alle Tage. München: Knaur Verlag, 2007, S. 166.

Immer informiert sein! 

Melden Sie sich zu unserem Newsletter an und verpassen Sie keine Neuerscheinung.

Außerdem erhalten Sie von uns frühzeitig Informationen über Kongresse und andere aktuelle Ereignisse sowie ausgewählte Empfehlungen.

Hier geht es zum Newsletter:

www.klett-cotta.de/newsletter

Folgen Sie uns auf Social Media:

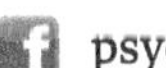 psychologiebuch
 SchattauerVerlag
 klettcotta_fachbuch
 schattauer_verlag

Hier geht es zu unserem Shop:
www.klett-cotta.de/fachbuch